1 MONTH OF
FREE
READING

at

www.ForgottenBooks.com

By purchasing this book you are eligible for one month membership to ForgottenBooks.com, giving you unlimited access to our entire collection of over 1,000,000 titles via our web site and mobile apps.

To claim your free month visit:

www.forgottenbooks.com/free1294532

ISBN 978-0-267-08484-5
PIBN 11294532

This book is a reproduction of an important historical work. Forgotten Books uses
state-of-the-art technology to digitally reconstruct the work, preserving the original format
whilst repairing imperfections present in the aged copy. In rare cases, an imperfection in
the original, such as a blemish or missing page, may be replicated in our edition. We do,
however, repair the vast majority of imperfections successfully; any imperfections that
remain are intentionally left to preserve the state of such historical works.

Briefe

aus dem

Fernen Osten

von

E. Haffter.

Dritte Auflage.

Frauenfeld.
J. Hubers Verlag.
1888.

J. Hubers Buchdruckerei.

Vorwort.

———

Als Rekonvaleszent von einer schweren Krankheit schloß ich mich im Sommer 1883 einem nach Indien übersiedelnden Neffen als Reisegesellschafter an, um bei dieser Gelegenheit die Wohltat einer längern Seefahrt genießen zu können.

Die nachfolgenden, unterwegs skizzirten Reiseeindrücke wurden in der Form von Briefen an die „Thurgauer Zeitung" abgesendet und sollten mich in geistigem Kontakt erhalten mit meinen zahlreichen Freunden und Bekannten, die zu den Lesern des genannten Blattes zählen. Es ist nicht ein Buch, das ich schreiben wollte, sondern es sind fliegende Blätter, die nicht immer unmittelbar zusammenhängen und die — wenig verändert — erst nachträglich auf mehrfach geäußerten Wunsch in Buchform erschienen.

Frauenfeld, im November 1885.

Dr. E. Haffter.

Inhaltsverzeichnis.

Daheim.

VII.

Unterwegs.

I.

Fahrt über Genf nach Marseille. — Zur See. — Unser Dampfer. — Neapel. — Stromboli. — Meerenge von Messina. — Kreta. — Reisegesellschaft.

Im Roten Meere, am Bord des „Sindh",
den 19. Juni 1883.

Seit zweimal 24 Stunden schwimmen wir auf dem Roten Meere und erfreuen uns einer Temperatur von 55 Grad Celsius an der Sonne und 38 Grad Celsius am Schatten. Zum Vergnügen und aus bloßer Reiselust fährt zur jetzigen Jahreszeit niemand nach den Tropen. So besteht denn auch unsere Schiffs-gesellschaft, mit der ich die Leser später bekannt machen will, meist aus Geschäftsleuten, politischen Botschaftsträgern und französischen Offizieren (nach Tongkin bestimmt), alle in Geschäften, die keinen Aufschub gestatten. Alles seufzt, schwitzt, lechzt, schmachtet, und der Kapitän gibt uns die tröstliche Versicherung, daß bis Aden die Temperatur noch steigen werde, um dann allerdings in den indischen Gewässern wieder nachzulassen. Dafür verheißt er uns dort ein stark bewegtes Meer und allgemeine Seekrankheit. So kämen wir vom Bösen zum Schlimmen, von der Scylla in die Charybdis. Die Aussicht, nach Aden wahrscheinlich eine zeitlang nicht mehr schreiben zu können, — denn ein seekranker Passagier hat anderes zu tun, — veranlaßt mich, trotz der Gedanken und Energie tötenden Schwüle jetzt schon einiges von den bisherigen Erlebnissen zu Papier zu bringen.

Die Zufahrtslinie nach Marseille (über Bern, Genf und Lyon) ist bekannt genug, bietet auch im ganzen wenig Interessantes und wird im Expreßzug viel zu rasch passirt, als daß sich viel darüber erzählen ließe. Bei Palézieux, wo der Genfersee unerwartet vor das Auge des Reisenden tritt, warf der bis dahin bewölkte vaterländische Himmel plötzlich einige helle Sonnenstrahlen auf das prachtvolle Landschaftsbild; Auge und Gemüt waren dafür so empfänglich, wie eine wohlpräparirte photographische Platte, und diese ideelle Photographie macht als letzter freundlicher Abschiedsgruß des lieben Schweizerlandes die Reise nach Indien mit. In Genf wurde gerastet bis zum folgenden Tage. Am vielberühmten Denkmal des Herzogs von Braunschweig, das ich zum ersten Male sah, scheint mir der Platz, auf welchem es errichtet wurde, das Schönste. Die in Erz gegossene Reiterstatue des Verstorbenen, der das ungeheure Verdienst hatte, 20 Millionen zu besitzen, ruht auf einem gewaltigen Postamente, einer unglücklichen Nachbildung des Denkmals der Scaliger in Verona, in der untern Hälfte historisches Monument, in der obern Hälfte kirchlicher Altar. Es sind darin eine Unmasse der herrlichsten Detailarbeiten zu einem geschmacklosen Ganzen zusammengestellt; ein dazu gehöriges schmiedeisernes Gitter hat allein 200,000 Franken gekostet. Leider sieht man dem Ganzen nicht einmal an, was dafür bezahlt wurde; es erfüllt also seinen Zweck durchaus nicht vollständig. Das richtige Postament wäre eine nüchterne Geldkiste, welche die 6 Millionen in gemünzten Talern enthielte. Der verstorbene Herzog hat genaueste Angaben über die von ihm gewünschte Ausführung seines Denkmals hinterlassen; die Kostenfrage war mit dem kleinen Sätzchen erledigt: Prenez ad libitum des millions. Genf wurde beneidet wegen der reichen Erbschaft; man würde die republikanische Stadt aber bewundert haben, wenn sie die braunschweigischen Millionen ausgeschlagen hätte.

Von Genf nach Marseille fährt ein Expreßzug in nicht

ganz 12 Stunden. Etwas abgeschlagen kommt man morgens vor 6 Uhr dort an; zuvorkommend winken die Droschkiers; dienst- beflissene Jungens, Gasthofportiers und zudringliche Kommissäre fallen über die aussteigenden Fremden her und teilen sich in die Beute.

Marseille ist Weltstadt. In rastlosem Gedränge wogen Menschen aller Nationen, Fuhrwerke jeder Art durch die Straßen. Das Leben und Treiben am Hafen ist sinnbetäubend; das noch ungewöhnte Auge, das schon anfangs auf alle Details Acht geben möchte, wird bald verwirrt und müde, und die armen Ohren, die Kettengerassel, Schreien und Brüllen in allen Sprachen, Dampfpfeifen, Rollen von Wagen, Kreischen von Papageien u. s. w. zugleich genießen und analysiren sollen, bedanken sich auch bald für die Arbeit und werden stumpf. Doch gewöhnt man sich in wenig Tagen an Lärm und Getümmel.

Am 10. Juni, vormittags 9 Uhr, bestiegen wir (ich habe bis Singapore einen lieben, mir nahestehenden Reisegefährten) den Dampfer Sindh (der Messageries Maritimes), der um 10 Uhr abfahren sollte, wegen Verspätung der Pariser-Post aber erst um halb 12 Uhr seine Anker lichten konnte. Bald schwammen wir bei herrlichstem Wetter im Golfe du Lion und hatten Marseille in kurzer Zeit aus den Augen verloren. Unser Kurs ging nicht wie gewöhnlich durch die Straße von Bonifacio, sondern führte an der Nordküste von Corsica und der Insel Elba vorbei längs der italienischen Westküste nach Neapel.

Der Sindh gehört nicht zu den allergrößten Schiffen, besitzt aber eine hervorragende Geschwindigkeit (13—14 Knoten per Stunde, d. i. 14mal 1852 Meter oder ungefähr 26 Kilometer), welche Eigenschaft man erst schätzen lernt, wenn man, auf einer längern Seereise begriffen, sehnlichst deren Ende entgegensieht. Unser Schiff ist 120 Meter lang und 12 Meter breit; drei gewaltige Mastbäume tragen Segel, die bei günstigem Wind die

Dampfkraft (5—600) Pferde unterstützen sollen. Zwei enorme Kamine entleeren den Qualm, der aus 18 beständig glühenden Feuerherden stammt; 54 nubische Neger besorgen die Feuerung, indem sie — in drei Gruppen geteilt — nach je 4 Stunden Arbeit 8 Stunden Ruhe haben. Dafür erhalten sie einen Monats= lohn von 34 Fr. per Mann. Europäer, die wir ja gegenwärtig in freier Luft fast nicht existiren können, wären kaum im stande, diese höllische Hitze der Feuerungsräume zu ertragen und dazu noch bedeutende Arbeitsleistungen zu verrichten. Der tägliche Kohlenverbrauch beläuft sich auf 850 bis 1000 Zentner, eine kolossale Ausgabe, wenn man bedenkt, daß in Shanghai, dem jeweiligen Endpunkte der Fahrt, wo das Schiff, wie auch in Port Saïd, Aden, Colombo und Singapore, Kohlen zu fassen hat, die Tonne (20 Zentner) auf 84 Fr. zu stehen kommt. Die Zahl der Angestellten beträgt 175 Mann, darunter 54 Schwarze, 30 Chinesen zur Besorgung von Küche, Keller, Bäckerei, Schlächterei und niederer Arbeit, 40 Matrosen u. s. w. Zu den größern Aus= gaben, welche die Schiffsverwaltung bei jeder Fahrt hat, zählt auch das Passagegeld im Suezkanal, das für die einzelne Durch= fahrt 30—40,000 Fr. ausmacht, nämlich je 10 Fr. per Tonne und 10 Fr. per Passagier. Der Sindh ist aber für 2000 Tonnen (40,000 Zentner) und 1600 Passagiere eingerichtet. Trotz dieser ungeheuren Spesen macht die Compagnie des Messageries doch glänzende Geschäfte, denn die Einnahmen für eine einmalige Fahrt von Marseille bis Shanghai belaufen sich auf 6—800,000 Fr. — Wie alle neueren Dampfer wird der Sindh durch eine Schraube vorwärts bewegt; da sich diese hinten am Schiff, unmittelbar unter dem Steuer, befindet, die Dampfmaschine aber in der Mitte des Schiffkörpers, so geschieht die Uebertragung der ungeheuren Dampfkraft auf die Schraube vermittelst einer 68 Meter langen, eisernen Achse von $^3/_5$ Meter Durchmesser. Von welcher Wichtigkeit es ist, daß diese Transmission aus solidem, gut gearbeitetem

Material bestehe, beweist u. a. das Schicksal des holländischen
Dampfers „Koning der Neederlande"; dasselbe erlitt vor ungefähr
einem Jahre auf offenem Meere zwischen Aden und Colombo
einen Achsenbruch nahe der Schraube; das mit der Maschine in
Verbindung stehende Fragment der eisernen Walze rotirte mit
ungeheurer Gewalt und Schnelligkeit weiter, wurde aus dem
Lager gerissen und zerschmetterte den Schiffskörper so, daß ein
unheilbares Leck entstand und trotz energischer Arbeit aller Dampf-
pumpen das Schiff im Verlaufe einiger Stunden versank. Von
den acht mit Menschen vollgepfropften Notschiffen landete eines
nach zehntägiger Fahrt in Aden, ein zweites in Colombo und
ein drittes wurde von einem englischen Dampfer aufgenommen.
Die übrigen sind und blieben spurlos verschwunden.

Unter den Schiffskellnern unserer Kajüte fanden wir auch
einen Bündner aus Dissentis, der schon seit 18 Jahren in dieser
Stellung ist und alle Weltteile gesehen hat. Wohl hat er sein
Bündner-Deutsch etwas vergessen, nicht aber seine Heimat; denn
oft, wenn wir das Gespräch darauf leuten, werden seine Augen
naß, und sein höchster Wunsch ist, schließlich wieder in das Vaterland zurückkehren zn können. Seine jetzige, ziemlich einträgliche
Stellung ermöglicht es ihm besser, als jede andere ähnliche auf
dem Festlande, seinen alten blinden Vater zu unterstützen. Der
grundehrliche und brave Bündner ist seither unser aufmerksamer
Leibkellner geworden und bedient uns mit ganz besonderer Zuvorkommenheit. Die andern „Herren Kellner" rekrutiren sich aus
Franzosen und Italienern, sind meistens ältere Knaben, tragen
blendendweiße Hosen, welche — unten ziemlich eng — gegen die
Mitte des Körpers geradezu fürchterliche Dimensionen annehmen
und dort unter einem koketten schwarzen Jäckchen ihren Abschluß
finden. Das Ganze krönt ein wohlfrisirtes Haupt mit Cotelettes.
Die Verpflegung auf dem Sindh, wie überhaupt auf den französischen Schiffen, ist eine ganz vorzügliche. Einer besorgten Patientin

die meinte, man werde wohl auf dem Schiffe nichts zu essen kriegen, sondern sich den Proviant selbst mitnehmen müssen, melde ich, daß morgens von 6—8 Uhr Kaffee und Thee mit Butterbrod servirt wird; 9½ Uhr läutet's zum Frühstück — reichlich genug, um unter gewöhnlichen Umständen für einen ganzen Tag aus- znreichen; halb 1 Uhr zum sogenannten Tiffin, wo man Bouillon, kaltes Fleisch, Früchte aller Art, Wein und englisches Bier auf der Tafel trifft; um 5 Uhr ist das große Diner und um 8 Uhr stehen wieder Theekanne und Cognacflasche bereit. — Citronen und Eiswasser sind den ganzen Tag zu haben; schleppt doch unser Schiff 500 Zentner Eis von Marseille mit; freilich stammt auch das Trinkwasser von dort und ist eine Abkühlung mit Eis durchaus notwendig, um es genießbar zu machen. — Wer alle Mahlzeiten mitmacht, bringt einen großen Teil des Tages an der Tafel zu. Der Aufenthalt daselbst, d. h. in der Kajüte, wäre übrigens kaum erträglich, wenn nicht riesige Fächer über den Tischen angebracht wären, welche durch Chinesen in beständiger Bewegung erhalten werden, so daß man flatternden Haares (so man überhaupt noch welches hat) seine Mahlzeiten einnimmt. —

Nach 37stündiger Fahrt langten wir am 12. Juni, morgens 1 Uhr, im Hafen von Neapel an. Das Rasseln der Ankerketten weckte uns aus dem Schlafe und trieb uns auf das Verdeck. In majestätischer Ruhe lag die Stadt vor unsern Augen, durch das Licht der Mondsichel in ihren Umrissen deutlich genug gezeichnet. Zur Rechten zeigte ein leichter Feuerschein auf dem Gipfel des Vesuv, daß der Vulkan seine Arbeit noch nicht eingestellt hat. Von Zeit zu Zeit machte er seinem innern Grolle durch eine größere Feuergarbe Luft. Der schönste Sternenhimmel überdachte das Ganze und spiegelte sich in der glatten, dunkeln Flut, aus welcher in ganz kleiner Distanz die schwarzen Umrisse gigantischer Dreimaster in die Höhe stiegen. Kaum dämmerte der Tag, als sich auch schon die Umgebung unseres Schiffes zu bevölkern anfing.

Aus einer Barke mit Sängern, Guitarren, Geigen und Mandolinen zitterte und zupfte es die „Santa Lucia" zu uns herauf. Auch der „Trovatore" ließ nicht auf sich warten und so entwickelte sich ein langes Menu von italienischen Volksweisen und Opern- melodien, Straußwalzern u. s. w. Die zerlumpten Kerls musizirten übrigens schöner und besser als manche, die schwarzbefrackt im Konzertsaal stehen, und ich erfuhr neuerdings, wie volkstümlich das musikalische Element in Italien ist. — Weniger entzückte uns ein die Schiffspassagiere mit glycerinsüßer Zudringlichkeit verfolgender, elegant-schäbiger italienischer Hühneraugenoperateur, der uns trotz energischen Protestes Hühneraugen zumuten und mit seinen rostigen Messern entfernen wollte. Ich fürchte, er hat auf unserm Schiff schlechte Geschäfte gemacht.

In dem ekelhaft schmutzigen Meerwasser produzirten sich zwei nackte Neapolitaner, indem sie schwimmend sich herumbalgten, nach hinuntergeworfenen Geldstückchen tauchten und diese mit großer Sicherheit und im Nu zwischen den Zähnen zurückbrachten.

Auf dem Verdecke hatte sich unterdessen ein förmlicher italienischer Markt entwickelt; Händler aller Art breiteten ihren Kram auf dem Boden aus, und der vorsichtigste Passagier ging auf den Leim und kaufte sich — verlockt durch die niedrigen Preise — irgend etwas, ein pince-nez, das 10 Minuten später den Dienst versagte und von dem ärgerlichen Besitzer ins Meer geschmissen wurde, oder eine Cigarettenspitze, „aus echtem Bernstein" natürlich, die beim ersten Gebrauch sich als Kolophonium entpuppte und lustig mitbrannte. Die letzten, welche unser sich in Bewegung setzendes Schiff verließen, waren die Musikanten, aus deren Barke noch einmal und wirklich schön das „Dolce Napoli" zu uns herauf- tönte und manchen Solbo herunterzauberte.

Leider lag ein dichter Schleier über Stadt und Golf, als wir den letztern verließen, und auch Capri und die benachbarten Inseln waren nur als undeutliche Nebelbilder zu sehen. — Gegen

Abend fuhren wir dicht an der vulkanischen Insel Stromboli
vorbei; sie ist ein prachtvoller, direkt dem Meeresspiegel entsteigender
Berg von der Form einer regelmäßigen Pyramide; am Fuße des
olivengrünen Ostabhanges liegt eine freundliche kleine Stadt
gleichen Namens, während der Nordabhang durch darüber fließende
Lava zu einer kahlen Fläche verödet ist. Der Krater, nicht ganz
an der Spitze liegend, rauchte, und auch aus dem erstarrten Lava-
strome sahen wir von Zeit zu Zeit Rauchsäulen aufsteigen, ein
Zeichen, daß die in der Tiefe noch feuerflüssige Masse die ober-
flächlich harte Schichte hie und da zu durchbrechen vermochte.

Um 11 Uhr abends erblickten wir Leuchtturm und Lichter
der Stadt Messina und gegenüber, auf dem italienischen Festlande,
die weiß schimmernden Häuser von Reggio. Im Halbdunkel der
Nacht passirten wir die Meerenge zwischen Sizilien und Calabrien.
Die Gegend von Catania bezeichnete uns der gigantische, aber oft
Schrecken erregende natürliche Leuchtturm, der Aetna, die ewig
glühende Werkstätte Vulkans und seiner Cyklopen.

Der Morgen des 13. traf uns auf offenem Meere; Sizilien
und Süditalien waren aus dem Gesichtskreis entschwunden. Del-
phine, die in der Nähe des Schiffes ihr lustiges Spiel trieben,
und einzelne Möven, die kreischend unsern Kurs verfolgten und
sich von Zeit zu Zeit auf dem glatten Meeresspiegel ausruhten,
bildeten einen Teil unserer Unterhaltung. Bei dieser Gelegenheit
konnte ich das äußerst scharfe Gesicht dieser Vögel erproben und
bewundern und neuerdings erfahren, daß — entgegen der Ansicht
des Herrn Professor Jäger in Stuttgart — der Gesichts- und
nicht der Geruchsinn es ist, welcher die Aastiere zu ihrer Nahrung
führt. Auf ein ins Meer geworfenes Fleischstück schossen die
Möven aus größter Entfernung mit Pfeilgeschwindigkeit herab;
sie änderten aber ihren Flug in keiner Weise, wenn ich Brod-
brocken, Pomeranzenschalen u. dgl. hinauswarf; auch in Fleisch-
sance getunktes Brod ließen sie unbeachtet, was im Falle einer

Wahrnehmung durch den Geruchsinn nicht stattgefunden hätte. Auffallend war mir, wie nach dem Hinauswerfen von Fleisch sehr bald Dutzende von Möven angeflogen kamen. Die Art des Hinabsteigens der vorher dem Schiffe folgenden mußte den Kameraden in weitesten Fernen sichtbar sein und ihnen anzeigen, daß Bente da sei.

Am 14. kam Kreta in Sicht; wir fuhren während zirka 12 Stunden längs der Südküste dieser gebirgigen und im südlichen Teile fast unbewohnten Insel, die unter türkischer Herrschaft steht. Die Berge erheben sich bis zu 2800 Meter Höhe und zeigten in gewaltigen Schluchten noch tiefe Schneelager, ein heimeliger Anblick für uns Schweizer, der gleich eine Menge schöner Erinnerungen wach rief, obschon ein mitreisender Frankfurter hartnäckig den Schnee für „ungelöschten Kalk" ansah. Als einziger Bekannter auf der sonst öden Insel grüßte uns im Osten der klassische Ida, der auch noch eine weiße Schlafmütze trug und sehr mißkreditirt olympisch aussah. Die südlichen Abhänge der kretischen Gebirgszüge müßten einen prächtigen Wein liefern; aber die Türken sind zu faul und zu koranfest, um solches Gift zu pflanzen. Einige südlich unseres Kurses gelegene Inseln hat ein Engländer der Pforte abgekauft und soll daselbst einen Wein erzielen, der mit dem Cyper konkurrirt.

Am folgenden Tag wieder nichts als Wasser und Himmel. Unterdessen haben wir Zeit, uns Schiff und Passagiere einmal anzusehen, und ich lade dich ein, zu diesem Zwecke mit mir einen Spaziergang auf Deck zu machen. Die Treppe aus der I. Klasse-Kajüte führt uns auf das Hinterdeck, welches mit einem gewaltigen Segeltuchzelte zum Schutz gegen die Sonne überspannt ist und den Passagieren I. und II. Klasse reservirt bleibt. Nur die Kabine des Schiffskapitäns erhebt sich als elegantes, harthölzernes Häuschen auf diesem Boden. Das neugierig zwischen die Jalousien hineinguckende Auge erblickt eine behaglich eingerichtete Bude mit Divan,

Schreibtisch, Fauteuils, Bibliothek, Karten und Meßinstrumenten
und hinter einem schweren Vorhang die Schlafstätte. — Außer
einigen harten und unbeweglichen Bänken trägt das Hinterdeck
keine Bestuhlung; fast jeder Reisende kauft sich in Marseille eine
aus Meerrohr geflochtene chaise-longue, auf welcher der größte
Teil des Tages und oft auch die Nacht zugebracht wird. So
sehen wir denn auch jetzt eine Anzahl Passagiere in mehr oder
weniger ästhetischen Stellungen auf ihre Sessel hingegossen, lesend,
schlafend, plaudernd oder sich langweilend. Jener Herr dort mit
dem grauen Knebelbarte, der seine 55 Jahre hinter sich haben
mag, ist ein in chinesischen Diensten stehender französischer General,
der es bis zur höchsten in China erhältlichen Auszeichnung, zur
Mandarinen-Würde, gebracht hat. Der Titel trägt jährlich
60—100,000 Fr. ein. Der Mann ist seit 25 Jahren in Peking
und kommt eben von einem sechsjährigen Urlaub aus Frankreich
zurück. Die Dame, die ihm vorliest, ist seine Frau; neben ihnen
liegt in der herausfordernd unästhetischsten Stellung ihr einziges
Söhnlein, ein rechtes enfant gâté, stets mürrisch und unzufrieden;
jetzt schlägt es der besorgten Mama, die ihm zur Linderung der
Hitze das Gesichtchen mit Eau de Cologne besprißt, die Parfüm-
flasche aus der Hand und wendet ihr die weniger schöne Körper-
hälfte zu, was ihm seitens der zärtlichen Dame einen Kuß einträgt.
Wir würden das ungezogene Söhnlein im Einverständnis mit
sämtlichen Mitreisenden gerne hinter den Coulissen so ein bißchen
zurechtweisen, wenn es nicht schon — 25 Jahre alt wäre.

Neben dem Notsteuer dort liegt bequem ausgestreckt, den
Blick nach Frankreich gewendet, der von einem Pariser Journal
nach Tongkin gesandte Spezialreporter. Er hat die Aufgabe, in
Saigon, der Hauptstadt Cochinchinas, zu lauben und von dort
aus die Bewegung des französischen Heeres mitzumachen. Nous
allons au Tongkin pour venger la mort du colonel Rivière,
sagte er. Wenn du ihn aber in einer hervorragenden Tätigkeit

sehen wolltest, müßte ich dich zur Tafel bitten. Die Herren, die sich jetzt mit ihm unterhalten, sind französische Offiziere in Zivil, die alle nach Tongkin gehen, großenteils nette, gebildete Leute, von größter Liebenswürdigkeit auch gegen Nichtkombattanten. Das immer wiederkehrende „nous allons au Tongkin" kam mir so bekannt vor, ohne daß ich erst wußte, warum. Endlich fand ich die rhythmische Uebereinstimmung mit dem „nous allons à Berlin" von 1870. Damit soll aber nichts Anzügliches oder Prognostisches gesagt sein. Denn zu der Tongkin-Expedition haben die Franzosen einen triftigen Grund — der ihnen allerdings sehr erwünscht kam — und über den Ausgang dieses Feldzuges wird man auch kaum im Zweifel sein. Bekanntlich ist Tongkin die reichste Provinz des Königreichs Anam, welche zudem eine Hauptverkehrsader (auch mit China), den roten Fluß, enthält. Im Jahre 1874 haben sich die Franzosen durch einen Vertrag mit dem König von Anam, Tü-Düc, den ungehinderten Handelsverkehr auf diesem Flusse zu sichern gesucht; der König erhielt 3 Kriegsschiffe und 100,000 Gewehre und übernahm die Verpflichtung, den roten Fluß von den chinesischen Piraten (den sogen. pavillons noirs) gesäubert zu halten. Die Franzosen durften dafür in Haiphong (nahe der Mündung des Flusses) und in Hanoï (in der Mitte des Landes auch am roten Fluß gelegen) ein Konsulat errichten und den Konsuln je 100 Mann als Leibwache beigeben. Die 10 Millionen Tongkinesen sahen diesen bescheidenen Anfang einer Invasion sehr gerne; denn das anamitische Joch, unter welches sie 1802 durch Gewaltstreich gebracht worden waren, drückte sie sehr. Als nun im vergangenen Frühjahr die räuberischen pavillons noirs wieder auftauchten und französische Handelsschiffe plünderten, als der König von Anam, durch chinesisches Geld bestochen, auf die Reklamationen von seiten Frankreichs nicht eintrat, und als endlich der Kommandant der französischen Garnison in Haiphon, Rivière, auf einer Rekognoszirungsfahrt an die chinesische Grenze in perfider

Weise eingeschlossen und mit den größten Teile seiner Mannschaft erschlagen wurde, da rüstete Frankreich und ist nun unterwegs nach Tongkin, um dieses reiche Land zu annektiren und den König von Anam für seine Wortbrüchigkeit zu strafen. Einige Offiziere sind der Meinung, daß der erste Streich direkt gegen die Haupt- und Residenzstadt Anams, gegen Hue, geführt werde. — Mit der Einnahme dieser Stadt wäre wohl der ganze Feldzug zu Ende, vorausgesetzt, daß China — vielleicht von freundnachbarlicher Hand gestupft (England) — sich nicht einmischt.

Gehen wir weiter in unsern Deckstudien!

Der freundliche Mann, der nun schon viermal im raschesten Spaziertrab an uns vorbeirannte, ist ein englischer Militärarzt, der nach Calcutta reist, ein urgemütliches Haus, das eben jetzt, wie nach jeder Mahlzeit, seinen Verdauungsbummel macht, um nachher um so behaglichere Siesta zu halten. Auf dem etwas erhöhten hintersten Teile des Deckes siehst du drei Stühle ganz nahe beisammen, von welchen der eine eben besetzt ist. Der In- saße, der so gesund schläft und als Beweis für die anerkennens- werte Absicht, etwas zu arbeiten, ein Buch über Mechanik neben sich am Boden liegen hat, ist der dritte von uns Thurgauern auf dem „Sindh" und reist nach Deli auf der Insel Sumatra. Stören wir ihn nicht; vielleicht versetzt ihn eben ein Traum um ein paar hundert Stunden zurück in die Heimat. Die Sektion Thurgau steckt natürlich sehr viel beisammen; abends 9 Uhr wird der Zapfenstreich gepfiffen und nachher gemeinschaftlich ge- seufzt, wie gut nun bei der Hitze ein Glas Bier aus der bai- rischen Bierhalle schmecken müßte.

Deutscher Zunge finden wir noch mehrere in unserer Gesell- schaft; da ist ein junger Kaufmann aus Westfalen, ein prächtiger Mann und liebenswürdiger Gesellschafter, der mit uns nach Singa- pore fährt. — Jener kreuzfidele Jüngling, der — die militär- hosenweißbekleideten Beine so ungeniert auf die Schiffsbrüstung hinaufstreckt, ist der alleweil vergnügte Frankfurter (Reiseziel: Deli), der stets pfeift und singt, stets vorzüglichen Appetit und Schlaf hat, auch wenn andere über das Gegenteil jammern, und immer bei guter Laune ist. In Marseille hat er für 6 Franken ein unfehlbares Mittel contre le mal de mer getauft und einen Marseillaner Dienstmann einen ganzen Tag wider Willen mit sich herumschleppen müssen, weil er zu gutmütig war und kein Französisch verstand, um sich den zuvorkommenden Dienstbeflissenen vom Halse zu halten. Weniger vergnügten Sinnes kam ein zweiter nach Deli reisender Westfale an Bord, der auf der Fahrt von Lyon nach Marseille das Pech hatte, all sein Gepäck zu verlieren und kaum Zeit fand, sich vor der Abfahrt noch das Nötigste zusammenzukaufen.

Jener würdige alte Herr, der an der Seite des Kapitäns auf- und ab spaziert, ist der Nachfolger des in Hanoi ermordeten Oberst Rivière und bisheriger Fregattenkommandant in der französischen Marine. Am Klavier, das seit heute — der großen Hitze in der Kajüte halber — aufs Verdeck gebracht und dort festgebunden ist, sitzt ein 22jähriger Engländer, ein sehr gebildeter Manu, der auch ganz geläufig Deutsch und Französisch spricht und eifrig Chinesisch lernt. Er ist von der chinesischen Regierung unter äußerst glänzenden Bedingungen als Zollbeamter engagirt. China kam in seinem Zollwesen nie zurecht; die Spitzbuben betrogen sich gegenseitig en gros, und das kaiserliche Ministerium fand es für besser, die Aufsicht in die Hände von wohlgeschulten Europäern zu legen, welche nun gegen hohen Lohn als Zollbeamte funktioniren und dem Staate China zu einer bedeutenden Einnahme verhelfen. Der große Herr, der zum Klavier singt, ist ein holländischer Geniehauptmann, au service de Sa Majesté l'empereur du Japon, wie auf seiner Visitenkarte steht; doch sieht er Japan auch zum ersten Male; er spricht, wie alle Holländer, in allen möglichen Zungen und ist sehr musikalisch, besitzt aber die kleine Schwäche, zwölf Lieder hinter einander zu singen, so oft man ihn um eins bittet, eine übrigens weit verbreitete Eigenschaft. Ich muß dankbar anerkennen, daß ich dem wirklich schönen Gesange des holländischen Hauptmannes gerne zuhorche. Das schöne Geschlecht ist wenig vertreten. Zwei Hamburger, der eine in Shanghai, der andere in Wladiwostök (Sibirien) etablirt, haben sich in ihrer Vaterstadt Frauen geholt und verpflanzen sie nun nach der neuen Heimat. Der letztere hat schon zweimal auf ungefedertem russischem Postkarren den ganzen asiatischen Kontinent durchquert. Dazu braucht's 3½—4 Monate Zeit und gutes Sitzleder. Wladiwostök liegt im südöstlichen Zipfel Sibiriens, nahe der Mandschurei, und soll herrliche Vegetation und prachtvolles Klima haben, wie übrigens Südsibirien überhaupt.

Weitere Vorstellungen erlasse mir; es wird dir und mir zu langweilig. Uebrigens kennst du ja nun einige der handelnden Personen und der Roman kann beginnen. Doch erst sehen wir uns das noch interessantere Vorderdeck an. Unterwegs begegnen wir einem gottlob gesund aussehenden, kugelrunden, fröhlichen Menschen à 1 Kilozentner, mit blauer Brille, Tabakspfeife, Schiffsuniform. Und warum sollte er nicht fröhlich sein, der Schiffsdoktor? Er hat weder Sorgen noch Patienten und kommt eben vom Mittagsschläfchen, um im Offizierssalon seinen Kaffee zu trinken. Wer einen Blick in seine Bude wirft, entdeckt hinter dem einen Sophakissen still verborgen eine Flasche Amer Picon, hinter dem andern eine Bouteille Sirop de Citron. — Ich weiß nicht, was soll es bedeuten.

Der mittlere Teil des Verdeckes ist durch Mastbaum, Kamine, Oberlicht für die Maschinenräume, Feuerspritzen, Notkanonen, Offizierskabinen, Küche, Bäckerei u. s. w. eingenommen; wir gehen weiter und kommen auf das malerische, aber weniger appetitliche Vorderdeck. Chinesen, größtenteils von abschreckender Häßlichkeit, den Kopf bis zum Scheitel kahl rasirt und das Büschel Scheitelhaar

zu einem langen Zopf zusammengeflochten. Juber, Neger, Araber,
teils Paffagiere, teils Schiffsangestellte, sitzen oder liegen herum,
wie der Zufall sie hinwarf, so daß man Mühe hat, zwischen
Köpfen und Leibern seinen Weg zu finden. Ein Haufen schweiß-
triefender Nubier erholt sich an der frischen Luft von der heißen
Arbeit im Feuerraume des Schiffes; lachend, schwatzend, schlafend,
Tabak kauend verbringen die schwarzen Kerls, in malerische
Gruppen formirt, ihre freie Zeit, und wer eine etwas empfindliche
Nase hat, kann unterscheiden, daß — um mit Profeffor Jäger zu
reden — ihr Seelenstoff anders duftet, als derjenige der Europäer.

Rechts und links am Schiffsrande befindet sich in einer Anzahl Holzstallungen unser lebendige Proviant, zahllose Hühner,
Wachteln, Truthähne, Kaninchen, Schafe, Kälber und drei große
Ochsen, denen wir täglich mehrere Besuche abstatten, um ihnen ihr
wenig beneidenswertes Los durch mitgebrachte Leckerbissen und
teilnehmendes Krabbeln am Halse zu verschönern. Von Zeit zu
Zeit fehlt einer unserer Freunde und wir sehen ihn abends als
Rindfleisch oder Beefsteaks auf der Tafel wieder. — Die freund-
schaftlichen Beziehungen zu diesen Mitpassagieren machen es mir
unmöglich, mit gehörigem Appetite von ihrem Fleische zu effen.

Eine Treppe führt uns in den mittleren Schiffsraum, welcher
außer den Kajüten oder Speisesälen, Maschinenräumlichkeiten u. f. w.
hauptsächlich die Kabinen für die Paffagiere enthält. Die der
I. Klasse enthalten 2, diejenigen der II. Klasse 6—8 Couchetten
oder Kojen (Schlafstellen), die hürdenartig über einander aufgebaut
sind. Wer zu unterst liegt, riskirt manches; für den, der oben zu
liegen das Glück hat, ist das Insbettsteigen eine alpenklubbistische
Leistung, bei welcher sein Kopf oft mit den eisernen T-Balken
unliebsame Bekanntschaft macht. — Bei unruhigem Meer werden
die Kabinen hermetisch abgeschloffen und es ist in diesen eisernen
Käften, in welche kein frischer Luftzug kommt, nicht zum Aushalten.
Dann bringt man die Nacht — wenn das Meer es erlaubt —

auf dem Verdeck zu ober aber in den größern Schiffsräumlichkeiten; wo gerade ein freier Platz ist, wird eine improvisirte Schlafstelle daraus gemacht. Die Schiffsordnung gestattet, von abends 8 Uhr bis morgens 8 Uhr in Nachttoilette herumzugehen, welche große Wohltat Herren und Damen profitiren. Morgens macht man sich wohl einmal das Vergnügen und läßt sich von den das Verdeck scheuernden Matrosen mit Wasser begießen. — Für Bäder ist prächtige Gelegenheit geboten; vier reinliche, gut ventilirbare Badezimmer mit schönen Wannen und Donche stehen jederzeit zur Verfügung der Passagiere und ein immer dienstfertiger Chinese besorgt das Nötige. So kann man auch zu Schiff eine veritable Badekur machen.

II.

Am 15. Juni, abends ½ 8 Uhr, sahen wir in weiter Ferne den Leuchtturm von Alexandrien, an seinem rotirenden unterbrochenen Lichte erkennbar. Fünf Stunden später lagen wir in Port Saïd vor Anker. Der Mond verschwand eben hinter dem Horizonte und der prächtigste Sternenhimmel tat sich auf. Die Milchstraße glänzte in herrlicher Klarheit, so daß auch die weitere Umgebung des Schiffes in scharfen Umrissen deutlich zu erkennen war, auch der dem Hafen zunächst gelegene Stadtteil. — Trotz der vorgerückten Stunde entstand bald ein Höllenskandal in unserer Nähe: Kleine Barken mit schreienden Insaßen umschwärmten uns und suchten sich den Vorrang an der Schiffstreppe abzustreiten. Schwere Kohlenboote wurden per Dampf an beide Schiffsseiten

geschleppt, und sofort begann das Geschäft des Einladens. Einige
fünfzig Neger trugen unter fortwährendem infernalischen Gebrüll
den Brennstoff beim Scheine einiger erhöhter Kohlenbeckenfeuer auf
ihren Schultern in unsern Schiffskörper und zwar mit bewunderungswürdiger Behendigkeit. Auch im Halbbunkel stachen die weißen
Zähne und glänzend weißen Augen grell von der pechschwarzen
Hautfarbe ab. — Ein Darsteller der Hölle könnte kein passenderes
Motiv finden.

Um 3 Uhr morgens verließ die Sektion Thurgau den Sindh,
um durch einen Spaziergang durch die Straßen der Stadt einigermaßen einen Begriff von ihr zu bekommen. Port Saïd ist mit
dem Suezkanal rasch aus dem Wüstenstaube erstanden. Das schon
früher dagewesene arabische Dorf ist ein Viertelstündchen von
der europäischen Neustadt entfernt. Wüstensandige, regelmäßige
Straßen, große, meist zweistöckige Neubauten mit den im warmen
Klima unentbehrlichen Veranden, wenig Vegetation, nur hie und
da eine Fächer- oder Dattelpalme, auch ein paar Bananen- und
Olivenbäumchen — das ist der Charakter von Port Saïd, der
Schlüsselstadt zum Suezkanal, deren Lebensader eine 85 Meilen
weit von Ismailia herkommende Süßwasserleitung (filtrirtes Nil-
wasser) in Pariserröhren ist. —

Auf den Straßen begegneten uns einige schweigsame egyptische
Gendarmen, aber keine von jenen, die schweizerdeutsch sprechen,
und vor den Häusern lagen in allen möglichen Positionen —
schlafend und schnarchend — Araber und Nubier und streckten
ihre nackten Beine oft bis weit in die Straße hinein. Als wir um
eine Ecke herumbogen, um unsern Dampfer wieder in Sicht zu
bekommen, da sahen wir ans Haus gelehnt einen europäisch gekleideten Mann in den Dreißigern, der unser Gespräch mit den
überraschenden Tönen unterbrach: „Wo weit er hi?" Der einsame
Eckensteher war ein Hr. F. aus Bern, der schon seit zwölf Jahren
in Afrika ist. Bei einem Schiffskapitän eingeladen, hatte er sich

verspätet und konnte nicht ins Haus hinein, weil der „Galge"-Portier fest hinter der Haustüre schnarchte und nicht aufzuwecken war. — Die unerwartete Begegnung wurde in einem Café mit einer Taffe Motka gefeiert.

Um 8 Uhr am Morgen des 16. Juni war unser Schiff endlich zur Abfahrt bereit; die Signalglocke ertönte; das Verdeck säuberte sich von zubringlichen egyptischen Verkäufern, arabischen Zauberkünstlern und anderen Schmeißfliegen; der für die Kanalfahrt vorgeschriebene Pilote bestieg den Platz des Steuermanns und vorwärts ging's, aber langsam. Die Fahrt durch den Suezkanal ist das Langweiligste, was man sich denken kann; um durch allzustarken Wellenschlag den sandigen Ufern nicht zu schaden, darf ein Steamer nur fünf Seemeilen (neun Kilometer) per Stunde zurücklegen, und so schleichen denn die Dampfkolosse träge durch die wenig über 25 Meter breite und nur durch fortwährendes Baggern tief genug zu erhaltende Wasserader. Nur in den verschiedenen, den Kanal unterbrechenden Seen ist größere Fahrgeschwindigkeit erlaubt. —

Rechts und links erblicken wir nichts als trostlose, graugelbe Wüste. Heiß zittert die Luft über dem glühenden Sande. Keine Vegetation; kein tierisches Leben; kein Vogel in der Luft. Oesters sieht man Sandhosen aufsteigen und am Horizonte täuschen Luftspiegelungen glänzende Wasserflächen mit Inseln und Fahrzeugen vor. Zur Seltenheit trottet ein Kamel schwerfällig am Ufer einher; oder ein nackter Negerjunge rennt an der Kanalböschung unserm Schiffe nach, mit großer Ausdauer die Hand ausstreckend und Bakschisch (Trinkgeld) rufend, während sein Herr Papa regungslos wie ein Kaiman im heißesten Sande liegt.

Alle fünf Meilen erweitert sich der Kanal so, daß zwei Schiffe an einander vorbeifahren können. An solchen Stellen sind Wachthäuser erstellt, welche — dank dem Ueberschuße aus der Süßwasserleitung — oft einiges freundliche Grün zeigen, einige Palmen,

Bananen oder blühende Oleander, in deren Schatten der wacht-
habende Posten vergißt, daß er sich mitten in der Wüste befindet.
Durch elektrische und andere Telegraphenapparate wird die Passage
der Schiffe geregelt. Es kann vorkommen, daß man an verschiedenen Stationen stundenlang zu warten und früher avisirte
Schiffe vorbeifahren zu lassen hat. Wir kreuzten an einem
Haltepunkt vier englische, zwei holländische und einen französischen
Steamer, und es ist gar nicht selten, daß ein Schiff von Port
Saïd bis Suez, also für die 185 Meilen, 3—4 Tage Zeit braucht.
Die Frequenz des Kanals nimmt aber noch von Jahr zu Jahr
zu und damit auch die Verkehrshemmung, so daß eine Abhülfe,
sei es im Sinne einer Erweiterung oder einer Neuerstellung,
dringend notwendig erscheint. Der Suezkanal ist ein großer
Triumph des menschlichen Genius; seine Herstellung in diesem
leichtbeweglichen heißen Flugsande eine Gigantenarbeit, von deren
Riesenmäßigkeit sich nur derjenige die richtige Vorstellung macht,
der ihn mit eigenen Augen gesehen hat. Die tägliche Einnahme
soll sich oft bis auf eine halbe Million belaufen; aber auch die
Unterhaltungskosten sind ganz kolossale.

Nachmittags erreichten wir den großen Timsahsee, an dessen
nordwestlichem Ufer Ismailia liegt, Endpunkt der Bahn von
Kairo, mit schönem Lustschloß des Vizekönigs in der Wüste und
entstehendem Seebade. Wo der Kanal in den See eintrifft, erhebt sich auf der Höhe ein villaartiger Bau, der seiner Zeit für
die Kaiserin Eugenie zur Benützung während der Eröffnungs-
feierlichkeiten extra erstellt wurde. Ein französischer Kaufmann
aus Savoyen, ein guter Bonapartist, zeigte mir diesen Pavillon
de l'impératrice; die andern Franzosen wollten nichts davon wissen.
So ändern sich die Zeiten.

In einer halben Stunde ist der See passirt und die Kanalfahrt beginnt von neuem. In prachtvollstem Farbenspiele glänzten
Wüstenhorizont und Himmel beim Sonnenuntergange; kaum war

aber das letzte Segment der goldenen Kugel verschwunden, so lag auch schon die Nacht über der Einöde und unser Schiff mußte, wo wir gerade waren, anhalten und den Morgen erwarten. Nach der Mahlzeit wurde auf Deck eine musikalische Soiree arangirt; der Einzugsmarsch auf der Wartburg aus „Tannhäuser", die Einleitung zu „Lohengrin", Chopin, Weber, Lieder von Schumann und Schubert tönten in die Nacht hinaus und verklangen ungehört und ohne Widerhall in der Einöde. Nachher gab's sogar eine Gesellschaft, die tanzte; der bonapartistische Seidenhändler aus Savoyen wollte durchaus die Quadrille du Prince impérial aufs Programm bringen, scheiterte aber an den republikanischen Gesinnungen der mitreisenden Franzosen. Der englisch-chinesische Zollbeamte spielte eine Menge deutscher Volksweisen, wobei unsere Kehlen wacker mithalfen. Der Heidelberger Bierwalzer hatte wohl zum ersten Mal die Ehre, im Suezkanal vorgetragen zu werden. Leider verunglückte das Gaudeamus, weil unser freundlicher Begleiter zu Klavier es hartnäckig und unkorrigirbar im ⁴/₄ Takt spielte — für einen alten Studenten und Bierbürger rein zum aus der Haut fahren. Schließlich hustete noch ein zugeknöpfter Anglo-Amerikaner ein unglaublich fades englisches Liebeslied in die Nacht hinaus, die letzte Strophe mit einem sinnbetörenden Fortissimo à la réveille du lion, wie's ja eigentlich für Wüstenverhältnisse gar nicht so übel paßte.

Endlich gab's Ruhe; alles schlief, auch das Wasser, denn keine einzige Welle störte durch Anschlagen an die Schiffsplanken die Stille dieser Nacht. Schreiber dies aber saß noch lange und einsam an der Schiffsbrüstung und schaute empor zu dem prachtvollen gestirnten Himmel und erfuhr, daß von allen Erlebnissen des vollbrachten Tages diese einsame Stunde in der stillen Nacht das allerschönste war.

Morgens früh um 4¹/₂ Uhr ging's weiter durch die großen Bitterseen und um 9 Uhr hielten wir vor Suez. Das Schiff

ankert so weit draußen auf dem Meere, daß man die (vor Eröffnung des Kanals ungleich wichtigere) Stadt mit ihren großen
Docks, weißen, hohen Administrationsgebäuden und schimmernden
Palästen nur aus ziemlich bedeutender Ferne sicht. Auch Suez
hat wenig Grün und steht auf dem Schlamme des Roten Meeres
und auf Wüstensand.

Nach Erfüllung nötiger Formalitäten und Einladung einiger
Passagiere durchschnitt unser Kiel enblich den Spiegel des Roten
Meeres. Die Temperatur stieg auch sehr bald auf die schon
anfangs gemeldete Höhe und der Aufenthalt auf dem Verdeck wie
in dem Schiffsinnern wurde gleich unangenehm und zeitweise
unerträglich. Während zirla zwölf Stunden führte unser Kurs
längs der westlichen, felsig-öden Küste der Sinai-Halbinsel; wir
kreuzten also den Weg, den die Juden vor breitausend Jahren gemacht haben. Nachts halb zwölf Uhr erschienen als riesige Schatten-
bilder die Berge Sinai und Horeb. Das Sinaikloster hätten wir
auch bei Tageszeit nicht sehen können, da es auf dem östlichen
Abhange liegt. — Am 18. Juni, mittags, befanden wir uns bereits
unterm 24. Grad nördlicher Breite, also sehr nahe dem Wende-
kreis des Krebses, den wir abends spät noch passirten. Man macht
sich keinen Begriff von der Monotonie der Küsten des Roten
Meeres; wo diese bisweilen sichtbar werden, starren sie uns in
menschenfeindlicher, trostloser Oede entgegen.

Das Rote Meer (schon von den Römern mare rubrum genannt) erhielt seinen Namen wegen einer stellenweise rötlichen
Färbung seiner Gewässer, die auf die Anwesenheit von mitro-
skopischen Zoophyten zurückgeführt wird. Unter den Ptolomäern
und Römern war es eine große Handels- und Verkehrsstraße und
schon damals durch einen schiffbaren Kanal, der aber immer und
immer wieder versandete, mit dem mittelländischen Meere verbunden. Durch die Entdeckung des Kaps der guten Hoffnung
verlor es die große Bedeutung und einige früher wichtige arabische

und abyssinische Häfen veröbeten ganz, bis die Schöpfung des Suezkanals die Verhältnisse wieder änderte. Das Wasser des Roten Meeres ist viel salziger als das der andern Meere; dies läßt sich begreifen, wenn man bedenkt, daß kein einziger Süßwasserzufluß existirt und daß die Verdunstung eine ganz ungeheure ist.

92 Stunden brauchten wir von Suez bis zum südlichen Ende des Roten Meeres, bis zur Straße Bab-el-Mandeb (Straße der Tränen), so genannt wegen der vielen Opfer, die der klippenreiche Weg früher gefordert hat. Die Hitze wurde immer unerträglicher; schon morgens 8 Uhr zeigte das Thermometer 36° C. im Schatten. Kontinuirliche Berieselung des Verdeckzeltes brachte nur wenig Erfrischung und auch die riesigen, von Chinesen stets in Bewegung erhaltenen Fächer bei Tische wehten die Kühlung bedürftige heiße Haut lauwarm an. Die massenhafte, Tag und Nacht gleich starke Schweißproduktion war, so lästig sie fiel, durch Entwicklung der begleitenden Verdunstungskälte schließlich noch das Wohltätigste. Einförmig und träge schleichen bei solcher Fahrt die Stunden dahin. Das Verlangen nach Erlösung hängt der Zeit Blei an die Füße. Unter derartigen Verhältnissen ist man sehr empfänglich und dankbar für jede kleine Abwechslung; ein Hut, der vom Kopfe eines ungeschickt manöverirenden Passagiers ins Meer fiel, genügte, um einige Aufregung in die schachmatte Gesellschaft zu bringen und die zum Atmen fast zu bequemen Zwerchfelle ein wenig zu erschüttern.

Die Küsten verloren wir bald aus dem Gesichtskreise, so daß wir von Yemen, dem glücklichen Arabien und der heiligen Stadt Mekka nichts mehr wahrnehmen konnten. — Am 19. überholten wir das nach Tongkin fahrende französische Kriegsschiff Bayard; der breite, eiserne Koloß war über und über bis hoch in die Masten hinauf mit Hosen, Jacken und Nastüchern behangen, welche die militärischen Schweißtropfen an die Luft abgeben sollten. Beide Schiffe hielten an; es wurden Grüße gewechselt und ein bemanntes Boot ruderte vom Bayard zu uns herüber, um Korrespondenzen in Empfang zu nehmen. Dann ging's weiter und bald hatten wir Schnellfahrer das Panzerschiff aus dem Gesichte verloren.

Gleichen Tags brachte ein komisches, kleines Malheur wunderbare Beweglichkeit in die leblose Schiffsgesellschaft, so daß unser Dampfer einem aufgestörten Ameisenhaufen glich. Eine Korbflasche voll Salmiakgeist war auf dem Verdeck ausgelaufen und sickerte durch alle Ritzen in die Tiefe, so daß die Atmosphäre des Schiffes und seiner Umgebung mit Ammoniakdämpfen verpestet war. Alles rennt, flüchtet mit zugehaltener Nase treppauf und treppab; aber wo man sich hinwendet, ist die Sache noch schlimmer. Die Matrosen husten, pusten, nießen und schneuzen sich, und die an und für sich schon häßlichen Chinesen verziehen ihre Gesichter zu Fratzen von nie geahnter Abscheulichkeit, und lange dauert es, bis man sich von der „tränenreichen“ Katastrophe erholt hat.

Den 20. Juni, morgens, durchfuhren wir das klippenreiche Südende des Roten Meeres, das sich dort rasch zur Straße Bab-el-Mandeb verengt. Herren dieser Straße sind natürlich — wie in Gibraltar — die Engländer. 1858 versetzten sie sich durch Handstreich in den Besitz der Insel Perim, welche inmitten der Straße liegt und ein hübsches, neues Fort, sowie einen Leuchtturm trägt. Die Gefährlichkeit dieser Passage bei Nebel demonstriren zwei unweit von einander gestrandete Dampfer; der eine streckt traurig die kahlen Masten, ein verrostetes Kamin und das Hinterdeck über den Meeresspiegel empor; der andere liegt als Wrack fast ganz auf dem Trockenen. Unser Schiff änderte den Kurs und fuhr direkt nach Osten, um abends halb 6 Uhr in der Rhede von Aden anzulegen. Es waren wieder die Engländer, welche früher als alle andern Mächte die Bedeutung des Punktes Aden für die Schifffahrt nach Indien erkannten und sich schon 1839 in den Besitz

dieses Terrains setzten, um dort ein Kohlendepot zu haben. Eine
weitere große Bedeutung gewinnt der Platz dadurch, daß aller
Kaffee des benachbarten Mokka hier in den Handel und zu Schiff
kommt.

Die Bucht von Aden ist rings von mächtig hohen, grauschwarzen Felsen eingerahmt, die alles und jedes Grüns entbehren.
Die Verwitterungsprodukte dieser Felsen und der angeschwemmte
Meersand haben ein Terrain geschaffen, welches die halb arabische,
halb europäische Hafenstadt trägt. Sie präsentirt sich, vom Meere
her gesehen, gar nicht übel; denn die englischen Kasernen, Ver-
waltungsgebäulichkeiten und Spitäler, sowie einige Hotels sind
große, blendend weiße Bauten mit mächtigen Kolonnaden, die
sich von dem grauschwarzen Hintergrunde hübsch abheben. Aber
das Auge vermißt eben schmerzlich das wohltätige Grün. Feuer-
rohre größten Kalibers schauen drohend nach allen Richtungen
der Windrose; starke Festungsmauern erklimmen im Zickzack die
höchsten Felsen und schließen das englische Besitztum gegen Arabien
ab. Da, wo eine zwischen die Felsen gesprengte Straße ins Innere
des Landes und vorerst in die zirka eine Stunde vom Meere
entfernte arabische Stadt Aden führt, ist ein stolzes Fort in
die Mauern eingeschaltet und jeder Passant hat im Hofraum der
Festung zwischen den Augen englischer Wachtposten Spießruten
zu laufen. So ist eine Gefährdung des englischen Hafenplatzes
von Seiten der Araber eine absolute Unmöglichkeit.

Kaum lag unser Schiff still, so kam auf ausgehöhlten Baumstämmen eine Menge nackter braunroter Jungen hergefahren, die
ihr primitives Fahrzeug vermittelst eines kleinen, abwechselnd
von der einen Hand in die andere wandernden Ruders mit
erstaunlicher Schnelligkeit vorwärts trieben. Die Wellen schlugen
über den kleinen Meerfahrern zusammen, aber im Nu war das
eingedrungene Wasser mit den Händen wieder ausgeschöpft. Die
muntern, lebhaft gestikulirenden und stetsfort schreienden kleinen

Teufel befanden sich offenbar in ihrem gewohnten Elemente und tauchten mit fabelhafter Sicherheit nach Geldstücken, die ins Meer geworfen wurden. Oft schossen 6—8 gleichzeitig nach demselben Punkte in die blaue Flut und man konute deutlich mit den Augen verfolgen, wie sich die braunen Leiber in einer Tiefe von 5—10 Fuß herumbalgten, um dann endlich pustend und schnaubend wieder zum Vorschein zu kommen, der eine als Sieger das Geldstück im Munde zeigend. Am meisten Bewunderung erregte ein zirka sechsjähriger Junge, der sein linkes Bein in der Höhe der Hüfte (durch einen Haifisch) verloren hatte, aber mit seinem einzigen Beine gewandter zu tauchen und zu schwimmen verstand, als alle andern. In rhythmischem Zusammenklange riefen sie unermüdlich im Chore: „à la mer, Oho! à la mer, Oho!" u. s. w., bis ein herunter geworfenes Geldstück dem Gekreisch plötzlich ein Ende machte, gleichwie ein fallender Stein dem ohrzerreißenden Gequacke einer Legion von Fröschen.

Am Lande bestiegen wir einen der sich uns aufdrängenden Wagen, ein lotteriges, gebrechliches Vehikel, gezogen von einer Schindmähre, deren einzige und höchste Leistung bergauf und bergab ein äußerst gutmütiger Galopp war, und geführt von einem Araber, der hinter grinsendem Lachen ein rechtes Spitzbubengesicht verbarg.

Wir fuhren bei eintretender Dämmerung nach Arabisch-Aden. Die staubige Straße führt zuerst an gewaltigen Steinkohlendepots vorbei, dann in großen Windungen hinauf zur Höhe des Forts, passirt die Tore, die von einem englischen Soldaten geöffnet werden, und ist dann zirka 80 Meter tief in die Felsen gesprengt, so daß sie eine gewaltige, glühend heiße Hohlschlucht bildet. Die senkrecht emporsteigenden Wände sind oben durch eine nur von der Festung aus zugängliche Brücke verbunden. Nachher fällt die Straße rasch abwärts und senkt sich zu dem Tale, in welchem Arabisch-Aden steht. Nirgends ein Gräslein, nirgends ein Tropfen

Waſſer, keine Spur von Vegetation auf der ganzen Route. Es begegnen uns beladene Kamele, Araber, zu Fuß oder auf kleinen Eſeln trabend, verhüllte Wetber, zudringliche Straußenfedern=verkäufer, türkiſche Soldaten, Beduinen, Neger mit waſſergefüllten Ziegenfellſchläuchen beladen u. ſ. w.

Bei Nacht kamen wir in der arabiſchen Stadt an (zirka 25,000 Einwohner) und hielten auf dem Marktplatz, wo eine zahlloſe Menge von ſchreienden Käufern und Verkäufern, Faul=lenzern und Buben durcheinander wogte. Bald waren wir um=ringt von einer Schar jener Blutſauger, die uns dann auch überall hin nachfolgten, ſich gegenſeitig in Betrügereien und Ueber=forderungen unterſtützten und am Ende aller Enden, wenn ſie nichts ausrichteten, Stück für Stück ſchreiend und ſchimpfend zurückblieben. Immerhin war's noch ein nettes Häufchen, das uns beim Eintritt in ein arabiſches Café begleitete und uns erſt mit zudringlichen Liebenswürdigkeiten und — als nichts Klingendes dabei heraus=kam — mit der Kehrſeite traktirte. Der brave Kutſcher, mit dem ich ein Fahrgeld von 2 Dollars abgemacht hatte, benützte die Gelegenheit, zu erklären, daß wir 3 Dollars zahlen müſſen. Belehrt durch früher in Algier gemachte Erfahrungen ſagte ich ohne Weiteres zu, um Skandal zu vermeiden und um ja noch zur Zeit wieder in Aden=Hafen zu ſein; denn eine halbe Stunde Verzögerung konnte uns in die fatale Lage verſetzen, die Nacht hier zubringen zu müſſen, da die Feſtungspaſſage von 9 Uhr abends an unerbittlich geſchloſſen bleibt. Nach der Ankunft an unſerm Beſtimmungsort bezahlte ich dann die kontraktgemäßen 2 Dollars, wechſelte dabei mit dem wackern Roſſelenker einige Artigkeiten und lud den Schimpfenden ein, mit auf die Polizei zu kommen, was er aber unterließ. Uebrigens war die Rückfahrt wunderſchön; der Mond war unterdeſſen am Himmel aufgegangen und ſtund, als wir die Feſtung paſſirt hatten, gerade in der Lichtung des felſigen Hohlweges und beleuchtete die zu unſern

Füßen liegende Bucht von Aden, die weiße Brandung des Meeres, die geisterhaften Formen der dunkeln Felsen, welche das ganze Bild einrahmten.

In der Nähe von Arabisch-Aden befinden sich, in Felsen eingehauen, die sogenannten Tanks, kolossale, schon von den Römern erstellte, von den Engländern restaurirte und cementirte Wasserreservoirs, die terrassenförmig übereinander angebracht sind. Regen fällt in Aden nur alle 4 bis 6 Jahre einmal, dann aber in so kolossaler Menge, daß die Wasserbehälter sehr bald gefüllt sind und nun jahrelang für Tausende von Menschen und Vieh das zum Leben so wichtige Naß liefern können. Von morgens früh bis zum Untergang der Sonne erscheinen am Ausflusse dieser Tanks Karawanen von arabischen Lastträgern, welche das Wasser in Ziegenfellschläuche füllen und nach Hause tragen. Es ist ein großartiger Triumph menschlicher Kraft, daß auf einem Boden mit lauter lebensfeindlichen Verhältnissen eine jetzt sogar in starkem Wachstum begriffene Stadt sich entwickeln konnte.

Die Getränke werden in Aden von Europäern alle mit Eis genossen, das in gewaltigen Eismaschinen hergestellt wird und sehr billig ist. — Im British Indian Hotel war großartiges Konzert angekündigt; in Wahrheit spielte ein mehr als mittelmäßiges, aus österreichisch-böhmischen Musikern beider Geschlechter bestehendes Orchester in einem schwülen und unreinlich gehaltenen Saale ein miserables Programm herunter, wofür pro Person drei Franken bezahlt werden mußten. Im langsamsten Adagio erklang aus dem Munde einer in Schweiß gebadeten Sängerin das Gumbertsche „O bitt' euch, liebe Vögelein.“ Dazu wurde geseufzt, gegähnt, geschwitzt, schlechtes Bier für 2½ Franken die Flasche probirt, dann Sodawasser, und endlich auf unserm wenigstens straßenstaubfreien Schiffsverdecke Schutz vor Hitze und vor Mosquitos und andern Musikanten gesucht, aber nicht gefunden. Wir waren herzlich froh, als sich des andern Morgens

8 Uhr unſer Dampfer wieder in Bewegung ſetzte und ſchieden ohne alles Bedauern von Aden, dieſer Stadt in der Wüſte, und hatten erfahren, daß der Menſch mit ſeiner Kunſt und mit ſeiner Kraft allein wenig Schönes zu ſtande bringt, wenn nicht die herrliche Baumeiſterin Natur mithilft und ihre grünen Farben aufträgt.

Im Golf von Aden, zu deſſen Durchquerung wir zirka 25 Stunden brauchten, war das Meer noch ziemlich ruhig. Del-phine ſpielten ſcharenweiſe in der Nähe unſeres Schiffes, und Tauſende von fliegenden Fiſchen ſchoſſen, durch den Schiffskiel und die lärmende Maſchine aufgeſcheucht, in die Luft, um nach einer Flugbahn von 10—50 Meter Länge wieder unterzutauchen oder ſich von der mit ausgeſpannten Flügelfloſſen geſchlagenen Waſſer-fläche weiter zu ſchnellen. Hie und da fiel ein allzu ungeſtümer Flüchtling auf unſer Verdeck, wurde aber — nachdem wir ſeine zu flügelartigen Gebilden entwickelten Bruſtfloſſen durchmuſtert hatten — barmherzig dem naſſen Elemente wieder zurückgegeben.

Am Morgen des 23. Juni ſahen wir zur Rechten wieder die klippenreiche afrikaniſche Küſte; hier muß es geweſen ſein, wo vor vier Jahren der prachtvolle Meſſageriedampfer „Mecong“ auf ſeiner Rückfahrt von China im Nebel auffuhr und verſank. Die an unwirtſchaftliche Küſte geretteten Paſſagiere wurden ge-plündert, kamen aber mit dem Leben davon bis auf einen, welcher nachträglich dem Sonnenſtich erlag. Stolz und teilnahmslos durch-ſchnitt unſer Schiff die Wellen, vielleicht birekt über den Maſten ſeines verſunkenen Kollegen.

Unterdeſſen entwickelte ſich bei der Schiffsbemannung eine rührige Tätigkeit. Taue und Stricke wurden feſter angezogen und allzu bewegliche Gegenſtände gut verſorgt, andere ſorgfältig feſtgebunden. Auf der Tafel fanden wir den Violon aufgeſetzt, ein Netz von ſtramm angezogenen Stricken, zwiſchen welchen Teller, Gläſer und Flaſchen auch bei bewegter See ſichern Halt finden.

Der Kapitän erwartete im indischen Ozean, wo wir die schützende Mauer des afrikanischen Kontinents verlieren mußten, heftigen Wind. Sorgfältig wurden alle Lucken geschlossen und aus dem Schiffskörper ein gut abgeschlossener, hohler Raum geschaffen.

Die versprochene Brise blieb nicht aus. Kaum hatten wir Cap Guardafui, den östlichsten Punkt des kahlfelsigen afrikanischen Festlandes, passirt und waren auf der Höhe der (noch von wilden Araberstämmen bewohnten) Insel Socotra angelangt, als sie gewaltig von Südwesten her zu blasen anfing. Unser Schiff neigte sich bedenklich auf die Seite und hob abwechselnd Vorder- und Hinterteil in die Luft. Das machte anfangs Spaß. Die Damen kreischten, die Herren lachten. Die chaises longues flogen von einem Schiffsrand zum andern, oft samt den darauf ruhenden Besitzern. Den guten Frankfurter schmiß es mit aller Gewalt gegen die eiserne Schiffsbrüstung, was letzterer nichts schadete, ihm aber eine tüchtige Beule zuzog. Mein lieber Reisegefährte machte die nämliche Tour auf seinem Stuhl und kam mit dem Schrecken davon, während der Sessel zerschmettert wurde. Wer auf dem Verdeck herumgeht, wankt und balancirt wie ein Betrunkener und je nach der Neigung des Schiffes werden zierlich kleine und hüpfende Tanzschrittchen gemacht oder aber mit alpenklubbistischen wuchtigen Schritten die Wirkungen der Schwere zu überwinden gesucht.

Der heftige Wind ist uns günstig; alle Segel sind aufgehißt und unser Schiff stürzt mit Pfeilgeschwindigkeit in gewaltige Wellentäler, um sich rasch wieder von einer nachfolgenden Welle in die Höhe tragen zu lassen. Unsere mittlere Geschwindigkeit beträgt jetzt 14,5 Knoten oder Seemeilen per Stunde (= 26 Kilometer = 5½ Stunden).

Unabhängig von dieser lächerlichen Schiffsbewegung schreitet der chinesische General auf dem Verdeck einher; würdevoll behauptet er — während alle andern wanken — seinen gewohnten

militärischen Schritt und, die Hände auf den Rücken gelegt, seine
stramme, soldatische Haltung. Plötzlich legt das Schiff auf die
Seite. Das ändert die Situation; unter Zuhülfenahme der jetzt
in der Luft herumfuchtelnden Arme wird ein Versuch gemacht,
in mühsamem Bergsteigerschritt die Schiffsmitte zu erklimmen;
während der größten Anstrengung wechselt das Schiff seine Lage
und unser General verfällt in einen trippelnd hüpfenden Gang
und umarmt einen eben vorbeigehenden schmutzigen Chinesen, als
ob er einen lange vermißten Freund wieder gefunden hätte. Der
Tonglin erobernde Reporter — im Begriffe, einer Dame eine
Artigkeit zu sagen — macht eine unfreiwillige Bewegung, als
ob ihn 'was gestochen hätte; beim Versuche, das Gleichgewicht
wieder herzustellen, kommt ihm das Schiff zu Hülfe und er küßt —
den Boden. Sogar der Schiffsposthalter rutscht mit der Geschwindigkeit eines Knoten über das Verdeck, stolpert über ein
Tauende und sieht sich — wie man so zu tun pflegt — entrüstet
um nach dem unbewußten Uebeltäter am Boden. Der Schreiber
dieser Zeilen muß ehrlich sein und gestehen, daß ihm und seinem
Reisegefährten auch nicht immer die Füße zu unterst waren.

Bald wurde die Szene weniger lebhaft. Die Damen ver-
stummten; das fröhliche Lachen der Herren hörte man immer
leiser und seltener. Eines nach dem andern verduftete, bei Tische
fehlte da und dort ein teures Haupt und wer da war, zeigte,
mit Ausnahme der echten und eingefleischten Seeratten, ein
bleiches Milchsuppengesicht. Auch die Sektion Thurgau hatte einen
Verlust zu beklagen: „Was willst du, D . . . . ., so trüb und
so bleich?" „„Mannhaft habe er ausgehalten bis zur zweiten
Platte, dann aber sei's nicht mehr gegangen·"" Freilich versicherten
die meisten Seekranken, ihr Uebel käme von dem miserabeln Bier
in Aden (auch solche die keines getrunken hatten), denn seekrank
will niemand sein. Aber der Berichterstatter weiß das besser
und das Meer war eben nachgerade so, daß auch gewohnte Meer=

reisende, welche die Seekrankheit vorher nie gekannt hatten, unter-
lagen und für zwei Tage in ihren Kabinen verschwanden. O
Frankfurter! Warum haft du dein sechsfränkiges Universalmittel
contre le mal de mer ins Rote Meer geschmissen.

Auf Deck sah's abends bedenklich dünn und blöde aus. Die
meisten Passagiere lagen traut zu Bette. Sogar dem jetzt veröbeten und sorgfältig in Teppiche ein- und festgebundenen Klavier
war's unbehaglich im Leibe. Von Zeit zu Zeit, bei heftigen
Windstößen oder wenn eine Welle über Bord ging, ächzten seine
Saiten in schauerlichen Dissonanzen. Nur der fröhliche Frankfurter pfiff und sang, aß und trank wie gewohnt, und auch
Thurgau hatte seine katzenjämmerliche Stimmung vorüber.

Der holländische Hauptmann bewies eine auffallende, früher
nie gezeigte Vorliebe für den Sternenhimmel und schien ihn,
einsam über die Schiffsbrüstung gelehnt, mit größter Aufmerksamkeit zu betrachten, obschon kein einziger Stern zu sehen war.
Ich habe aber bemerkt, daß er von Zeit zu Zeit sein Haupt senkte
und „unter der Hand" den dunkeln Wogen seine Naturbegeisterung
offenbarte. Da machte es ein älterer französischer Zivilbeamter
schon ungenirter. Er setzte sich neben das Klavier, sagte sein
Sprüchlein vor der Gesellschaft offen heraus und ging nachher
zu Bette. Das Sprüchlein hat ein unter solchen Umständen stets
dienstbeflissener Matrose schleunigst wieder ausgewischt. — Genug
davon! Gesunde Mitreisende haben mich vor Jahren auch ge-
höhnt, als mir das Herz vor Seekrankheit in Stücke gehen wollte,
und die Rache ist süß und hier ja nicht so sehr grausam.

Sicher ist, daß alle gegen das mal de mer empfohlenen
Mittel nichts helfen. Der Körper, der vom festen Lande auf
den beweglichen Boden eines Schiffes kommt, muß sich diesem
beweglichen Dasein akkommodiren, wie jeder andern ungewohnten
Lebensbedingung. Der eine macht diesen Angewöhnungsprozeß
schnell durch, der andere langsam. Sicher aber kann man ihn

3

mit festem Willen und etwas Selbstüberwindung beschleunigen. Wer kontinuirlich liegt, wird allerdings lange nicht zu diesem Punkte gelangen, denn bei jeden Versuche, aufzustehen, wird ihm schwindlig und übel. Wer fastet, bricht, so bald er wieder etwas in den lange Zeit leer gebliebenen Magen bringt. Wer — was häufig empfohlen wird — übermäßig ißt und trinkt, um den Magen zu „zwingen“, ist keinen Augenblick vor einer gewaltigen Explosion sicher. Wer aber nach wie vor seine gewohnte Tages= tour zu machen sich bestrebt, von Zeit zu Zeit etwas kompakte, leicht verdauliche Nahrung zu sich nimmt, mit Vermeidung über= mäßiger Anstrengungen seinem Körper doch die notwendige Be= wegung verschafft, nicht bloß das Liegen, sondern auch das Stehen, Gehen und Sitzen probirt, der wird am raschesten Herr über das Uebel und gewöhnt sich am schnellsten an das Rollen und Schaukeln des Schiffes. Es ist — wie mir auch eigene Erfahrungen zeigen — unrichtig, betäubende Mittel (Morphium, Chloral) gegen die Seekrankheit zu geben, da dieselben, wenn sie auch für Mo= mente von dem elenden Krankheitsgefühle erlösen, die An= gewöhnungskraft schwächen und den Sieg über das Uebel immer weiter hinausschieben oder geradezu unmöglich machen.

Die Fahrt von Aden bis Colombo dauert 7 Tage. Die Entfernung beträgt 2092 Seemeilen, also zirka 800 Stunden. Die wichtigste Tageszeit ist für Reisende, die sich auf einer längern Meerfahrt befinden, die Mittagsstunde. Da wird die geographische Lage des Punktes bestimmt, an dem sich das Schiff eben befindet (was die Franzosen faire le point heißen); das Resultat wird mit Angabe der seit dem letzten Hafenplatze durchlaufenen und bis zum nächsten noch zu durchlaufenden Distanz als Schiffsbulletin veröffentlicht und ungeduldig erwarten gegen Mittag die Passagiere den Dienst tuenden Schiffsoffizier, der die Affiche zu machen hat.

Nachts wurde das Meer noch unruhiger als am Tag und jagte eine Welle nach der andern über Bord, so daß der Aufenthalt

auf Deck oft unmöglich war und man sich wohl oder übel in die
hermetisch verschlossenen Kabinen verfügen mußte, um am Morgen
als tausendfach hin- und hergerolltes, gerädertes Menschenkind
vom harten Lager wieder aufzustehen, sofern die Seekrankheit
diese Veränderung überhaupt zuließ. — Aber manch einer, der
ahnungslos und sich wohl fühlend die horizontale Lage mit der
vertikalen vertauschte, brachte es nur bis zu den Unterhosen und
lag dann stöhnend und ächzend — ein rechtes Bild des Jammers,
— wieder in seiner schmalen Schlaftrucke, die revolutionäre Kühn-
heit des Aufstandes büßend. Die Gewalt des Windes mag die
Erzählung illustriren, daß ein starkes Segel am Hauptmaste wie
Zunder mitten entzwei gerissen wurde. — Mitten im indischen
Ozean verlor unsere Schiffsschraube einen ihrer riesigen Flügel,
wobei wir einen gewaltigen Knall hörten. Das Ereignis blieb
ohne schlimme Folgen. Die Maschine hatte dadurch nur mehr
Arbeit, um das Schiff mit der frühern Schnelligkeit vorwärts
zu bringen. — Aber hernach unterhielt man sich doch mit großer
Lebhaftigkeit über die Eventualität einer Katastrophe und hörte
von Schiffen erzählen, welche ein wegfliegender Schraubenflügel
am Hinterteil getroffen, leck gemacht und zum Sinken gebracht
hatte.

III.

Ankunft in Colombo (Ceylon). — Herrlicher Sonnenaufgang. — Einwohner
der Insel. — Schönheit der singhalesischen Kinder. — Flora. — Buddhatempel. —
Kaffeepilz. — Fahrt nach Singapore. — Straße von Malakka. — Imposantes
Gewitter. — Meerleuchten. — Szenerie der malayischen Inselwelt.

Donnerstags den 28. Juni, abends halb 8 Uhr, tauchte
endlich in weiter Ferne ein erlösender Schimmer auf — das Licht
des Leuchtturmes zu Colombo. Das gab frisches Blut in die

Adern. Es wird überall gepackt und Toilette gemacht. Der nach=
lässig gekleidete, seekränkelnde Schiffsmensch verwandelt sich in
eine salonfähige Landratte und schwelgt im Gedanken an ein
herrliches Bett im Gasthof und an festen Boden unter den Füßen.
Geldwetten werden eingegangen; der Pilot, d. h. der von den
jeweiligen Landungsplätzen dem Schiff entgegenfahrende Steuer=
mann, der dasselbe in den Hafen zu bugfiren hat, ist Haupt=
gegenstand dieser Wetten: Zu welcher Minute wird er aufs Schiff
kommen? Trägt er Schnurrbart oder nicht? Er hält eine brennende
Cigarre im Munde, wettet der eine; er raucht kalt, der andere.
— Wird er erst den rechten oder den linken Fuß auf Deck setzen?
Zum Unglück für die Teilnehmer an der letztern Wette sprang
der Pilot (der an einer Strickleiter am Schiffskörper in die Höhe
klettert und über die Brüstung steigt) mit beiden Füßen gleich=
zeitig ab.

Um 12¹/₂ Uhr nachts lag unser dampfende Koloß endlich
ruhig da und hatte zu keuchen aufgehört. Wir brachten die Nacht
noch auf dem Schiff zu, wo aber vor Kohlenstaub und Ketten=
gerassel und dem Höllenskandal der Kohlenträger keine Ruhe zu
finden war.

Endlich kam er — der sehnlichst erwartete junge Tag. Maje=
stätisch erhob sich die Sonne im Osten und beleuchtete ein Panorama,
welches das an die eintönige Unendlichkeit des Meeres und die
öden Küsten Arabiens gewöhnte Auge in unbeschreibliches Entzücken
versetzte. Vor uns lag das zauberhafte Eiland Ceylon, ein un=
absehbarer grüner Wald von Palmen, hineingebettet die durch
ihre großen weißen Magazine, Kasernen und Abministrations=
gebäulichkeiten und die freundlichen europäischen Wohnhäuser
schon aus weiter Ferne sichtbare Stadt Colombo.

In scharfen Umrissen hob sich die reichbewachsene Insel schon
in der Dämmerung am Horizonte ab; dann umgab sie ein herr=
licher goldener Saum, und alle die Lücken zwischen den Kronen

der Palmen und den Wipfeln gewaltiger Gummi- und Brodbäume schienen mit lebendigem Feuer ausgefüllt — ein unbeschreiblich schönes Farbenspiel mit dem mannigfachen Grün der Vegetation, den daraus hervortretenden schneeweißen Häusern und dem tiefblauen, von Schiffen aller Art belebten Meere.

In wütender, brausender Brandung wälzte sich das Meer über den Hafendamm und in dem weißen Gischt wurden die Strahlen der Morgensonne in alle Farben gebrochen. Kaum aber war die Sonnenscheibe am Horizonte sichtbar, so änderte sich auch das Bild. Die lebendigen Farbentöne wurden matter und ein feiner Dunst verhüllte schleierhaft das schöne Naturgemälde.

Schon wimmelte die Umgebung unseres Schiffes von Kähnen aller Form. Vor allen fallen die eigentümlichen singhalesischen Boote in die Augen. Sie bestehen aus einem schmalen, tief ausgehöhlten Baumstamme; durch starke Bambusbogen von zirka 1½ Meter Spannung mit ihm verbunden schwimmt im Wasser, parallel zum Nachen liegend, ein solider Holzbalken, der dem letztern einen bedeutenden Halt gewährt und ein Umwälzen durchaus unmöglich macht. Oft schlagen die Wellen gänzlich über dem Fahrzeug zusammen; aber es kann nicht sinken, sondern kommt immer wieder zum Vorschein, und die nackten Insaßen haben das eingedrungene Wasser sehr rasch mit den hohlen Händen wieder herausgeschafft.

Für 1½ Rupien (zirka 3 Fr.) kontrahirten wir (Sektion Thurgau) mit einem blatternnarbigen Kahnführer und einige Minuten später betraten wir den Boden Ceylons. Ein Schwarm von schreienden Jungen, Kutschern, Geldwechslern, Händlern, Hotelwerbern umgab uns sofort und Auge und Ohr tauchten in ein verwirrendes Chaos von Bildern und Tönen. Als Blitzableiter und Führer engagirte ich einen kleinen, schwarzäugigen Buben, worauf die Massenbewerbung etwas nachließ. Immerhin klebten uns noch drei weitere an den Fersen und wetteiferten im Demonstriren von Sehenswürdigkeiten, bis wir uns durch einen Wagen ihrer lästigen Gesellschaft entzogen.

Ceylon (das Trapobane der Alten, Singhala der Hindostaner) mit seinen fruchtbaren Gestaden, seinen elefantenreichen Wäldern und seiner schönen Gebirgswelt im Innern wäre wohl im stande, einen Reisenden wochenlang zu fesseln. Uns blieben leider nur wenige Stuuben, in denen wir einen Blick in dieses Paradies werfen konnten, gerade genug, um große Sehnsucht nach „Länger und Mehr" zu erwecken. Die Insel hat einen Flächeninhalt von 63,000 Quadratkilometer, ist also 1½ mal so groß als die Schweiz. 1507 von den Portugiesen erobert, kam sie später in holländische Hände, bis sie im Frieden von Amiens den Herren der Welt, den Engländern, zugesprochen wurde. Seither ist sie englisches Kronland geblieben und steht mit dem indischen Kaiserreiche in keiner administrativen Verbindung. Die Einwohnerzahl beläuft sich auf 2½ Millionen. In den ungelichteten Wäldern leben zurückgezogen die jagdtreibenden Ureinwohner, die Veddas, die aber nur noch in spärlicher Anzahl (zirka 8000) vorhanden sind und sich durch Sprache, Sitten und Schädelbildung von allen andern Bewohnern der Insel durchaus unterscheiden. Sie gehen fast nackt, treiben mit den Nachbarn einen stummen Tauschhandel und erwerben sich von diesen gegen Elfenbein und Wachs Geräte, wie sie unsere Vorfahren in der Eisenzeit gebrauchten. Mitten unter vielweiberischen Völkern lebend, halten sie streng auf die Ehe mit einem Weibe und haben das Sprüchwort: Der Tod allein kann Mann und Frau scheiden. Dieselbe auffallende Erscheinung der strengen Monogamie traf ich s. Z. auch bei den Kabylen Algiers.

Durch eine vor zirka 3000 Jahren von Indien her erfolgte Invasion bildete sich der jetzt der Zahl nach auf der Insel Ceylon dominirende Stamm der rotbraunen Singhalesen. Daneben findet man aber noch ein beträchtliches Kontingent von Indiern (namentlich der malabarischen Küste), Bengalesen, Malayen, Mohren, Kaffern und arabischen Mohammedanern. So gestaltet sich das Leben auf den Straßen Colombos zu einem überaus malerischen und bunten und wie in einem Kaleidoskop drängen sich jetzt die verschiedenen hübschen Straßenbilder und Racentypen in meiner Erinnerung an einander vorbei.

Da ist der rotbraune Singhalese mit seinem pechschwarzen langen Haare und den oft wahrhaft klassisch schönen Gesichts= zügen. Die meist großen Gestalten zeigen weiche, schöne Körper= formen und Apollo hätte im Paradiese Ceylon manchen Kon= kurrenten gefunden. Aeußerst originell ist ihr Fuhrwerk, ein hölzerner, zweirädriger, federnloser Karren, dachstuhlartig ge= deckt und gezogen von einem oder zwei Stieren, welchen das schwere, hölzerne Joch quer über den Nacken gelegt ist; es findet nach rückwärts seinen Halt an einem großen kamelhöcker= artigen Buckel auf der Wirbelsäule, den alles Zugvieh auf Ceylon ohne Ausnahme trägt. Derselbe besteht größtenteils aus Fett und wird von den Eingebornen als Leckerbissen geschätzt. — Beim Anblick der so gebauten Tiere drängt sich der Gedanke auf, es möchte dieser Höcker auf dem Wege der Anpassung sich gebildet haben, so zwar, daß unter der beschriebenen Anwendungsweise des Joches im Verlaufe der Jahrtausende das eigentümliche Ge= bilde allmälig entstanden ist und sich endlich kontinuirlich vererbt hat. — Der Wagenlenker hockt mit gekreuzten Beinen hinten auf der Deichsel und treibt sein Tier durch Kneifen und Drehen des Schwanzes zu rascherem Laufe an.

Eine schöne Erscheinung ist das singhalesische und indische Weib. Die schwarzen Augen schauen feurig in die Welt hinein; die üppigen Haare sind in einen Knoten geschlungen oder hängen frei herunter. Ein leichter, anmutig umgelegter Ueberwurf deckt lose den Oberkörper, während der Sarong die Hüften bekleidet. Hand= und Fußgelenke schmücken vergoldete Spangen und auch das arme Weib trägt in Ohren und Nasenflügeln goldene Ringe oder Plättchen, die nach Art von Manschettenknöpfen eingefügt sind.

Aber das Schönste und Lieblichste unter der ganzen Bevölkerung sind die Kinder. Nirgends habe ich so prächtige Kindergesichtchen gesehen, wie auf Ceylon. Da patscheln sie nackt, höchstens eine bunte Kette um den Hals und metallene Reife um die runden Fußgelenke und Aermchen, vor den Häusern herum und verstehen es, in so naiv köstlicher Weise und ohne alle Zudringlichkeit zu betteln, daß auch das engst geschlossene Portemonnaie gerne von Zeit zu Zeit sich auftut. Augen haben sie wie große, schwarze Kirschen, krause Locken von Ebenholzfarbe, die immer und immer wieder, so oft sie auch zurückgestrichen werden, über die lieblichen Gesichtchen herunterhängen; Grübchen in den runden Backen, kugelrunde Glieder und eine wahrhaft graziöse Anmut in allen Bewegungen.

Aber wehe dir, wenn du es wagst, kosend mit deiner Hand durch den wilden Lockenkopf zu fahren. Es ist ein kleines Tierchen, das dir im Nu dein Ideal zerstört und dich erschrocken und ekelnd zurückfahren läßt. — Laus, du gemeines Vieh! Was wagst du es, dieses Engelsköpfchen zum Garten deiner Lüste zu machen? Unablässig wandern die kleinen Händchen kratzend auf dem Kopf herum, übrigens bei alt und jung, und vor vielen Häusern sieht man Gruppen, die sich in menschenfreundlicher Teilnahme gegenseitig ihre Peiniger bezimiren. Der Vater laust der Mutter, die Mutter dem Vater, und dem unglücklichen Großvater, der zu schwach ist, um Kokosnüsse und Bananen zu Markt zu tragen, bleibt es vorbehalten, die Köpfe seiner 12 bis 15 Enkel und Enkelinnen zu durchmustern.

Wie die Köpfe, so sind auch die oft elenden Hütten der Singhalesen voll Ungeziefer, und das Wanzerl ist noch der unschuldigsten eines, das dort vorkommt.

Einen überaus komischen Eindruck machen die Eingebornen

und namentlich Mischlinge, welche (zum Teil zum Christentum
bekehrt) auch in der Kleidung und dem äußern Auftreten ihre
Annäherung an die Europäer zeigen wollen. Den Reifrock, den
ich längst in der Welt ausgestorben wähnte, sah ich unter diesen
Leuten noch in schönster Blüte. Man kann sich keine größere
Karrikatur denken, als eines dieser gelbhäutigen Weiber, das in
weißem, groß karrirtem oder blumig bedrucktem Kleide, mit ungeheurer Krinoline — so zwar, daß unter der pendelnden Glocke
die breiten Füße noch bis über die Knöchel sichtbar sind — und
einem kokett kleinen, mit alten künstlichen Blumen schwer belasteten
Hute einherstolzirt, oder einen barfüßigen Mann, dessen mit
lottriger, zerrissener Hose und einem europäischerseits abgedankten,
verkommenen Rocke bekleideten Körper eine anderthalb Fuß hohe
schäbige Angströhre krönt.

Wer etwa im Begriffe war, für singhalesische Frauenschönheit
zu schwärmen, wird bedeutend ernüchtert durch die Wahrnehmung,
daß auch die Weiber ohne Ausnahme, wie die Männer, die ab-
surde Gewohnheit des Siri-Kauens haben. Siri ist ein Gemenge
von Arekanuß, Kalk und dem Blatte des Betelstrauches; ein bohnen-
bis nußgroßes Quantum dieser ziemlich kompakten Masse wird in
den Mund geschoben; Zähne und Lippen werden dadurch schmutzig
rot gefärbt und alle Augenblicke erfolgt eine Explosion einer rotbraunen Flüssigkeit, welche die unappetitliche Paste im Munde
zusammenzog. Zudem erscheint die eine Wange durch den Siri-
knollen wie durch eine Geschwulst aufgetrieben — das jammer-
hafte, schiefe Bild des Zahngeschwürs.

Man verzeihe diese ernüchternden Bemerkungen zu dem Loblied auf die singhalesische Schönheit.

Um so reiner und ungetrübter ist der Genuß, den die Natur
bietet. Um möglichst viel davon zu sehen, unternahmen wir eine
Fahrt nach einem zirka 3 Stunden von Colombo entfernten großen
Tempel des Buddha. Der Weg war herzlich holprig und schlecht,

der Wagen dito, so daß wir sehnlichst nach Luftkissen verlangten. Er führte uns erst zirka eine Stunde lang durch Eingebornen-Quartiere, deren hervorragendste Eigenschaft nicht die Reinlichkeit ist. Aber die schlechteste Hütte steht in einem kleinen Paradiese und ist beschattet von den Kronen der Palmen, während Pisang, Mangobäume, Limonen, Auanas u. s. w. dem Adam und der Eva und ihren Kindern ungesorgte Nahrung liefern. Die Natur gibt sich alle Mühe, die verlotterten Wohnungen, die herumliegenden Abfälle und andere Spuren menschlicher Trägheit und Gleichgültig-keit unter ihrem frischen Grün zu verbergen. — Der Weg führte uns weiter über eine große Schiffsbrücke, welche die beiden Ufer eines breiten Flusses verbindet. Der Ausblick von dieser Brücke ist herrlich: Kaum haben die Ufer Platz genug für die erdrückende Menge von gigantischen Laubhölzern, Bambussen, Palmen und Pflanzen aller Arten; das Laubwerk der erstern drängt sich in einer Höhe von 100 und mehr Fuß überhängend weit hinein gegen die Flußmitte, während zwischen den Stämmen Sträucher und gewaltige Schlingpflanzen urwaldähnlich die Lücken ausfüllen. Die Perspektive nach beiden Seiten des Flusses, der sich in der Ferne durch eine Krümmung dem Auge entzieht, ist herrlich und ich habe noch wenig Schöneres gesehen, als diese majestätische, von üppigem Grün beiderseits eingerahmte Wasserader.

Auffallend ist in Colombo und Umgebung, wie überhaupt im größern Teile von Ceylon, der Reichtum an Blumen, die ich in anberen tropischen Ländern, z. B. auf Java, sehr vermißte. Auf der ganzen Fahrt brangen berauschende Düfte von Jasmin, Zimmt, Zitronenblüten u. s. w. zu unsern Nasen, die seit Wochen nichts als Schiffsküche- und Kajütendunst genossen hatten.

Der Tempel des Bubbha, den wir besuchten, steht auf einem kleinen Hochplateau, zu welchem man auf einer gewaltigen terrassen-förmigen Treppe gelangt. Es ist ein möglichst unschönes, wunder-liches Bauwerk, das aus verschiedenen Gebäuden und Säulen-

gängen besteht und hauptsächlich durch seine Kolossalität sich aus-
zeichnet. Im zentralen Haupttempel befindet sich eine liegende
Statue des Buddha, ein fürchterliches Machwerk von gewiß 17
bis 18 Meter Länge. Gefärbte Reliefs an der Wand stellen
Episoden aus dem Leben des königlichen Religionsstifters dar und
sind, wie auch der Tempel, etwa zweitausend Jahre alt. Es sind
traurige, fratzenhafte Figuren, gar nicht zu vergleichen mit den
Skulpturen alt-indischer Kunst. Die Spitzbuben von Aufsehern
oder Priestern, die uns herumführten, hielten uns, nachdem sie ein
großes Trinkgeld eingesteckt, noch eine „heilige" Gelbblechbüchse
entgegen und bedeuteten eindringlich, daß wir da etwas hineinlegen
müßten. Auf diesen Leim gingen wir aber nicht, sondern zogen
uns zurück, ohne dem Buddha, resp. seinen bescheidenen Dienern,
ein weiteres Opfer dargebracht zu haben.

Verfolgt durch einen Schwarm von schwarzen Buben und
Erwachsenen, von welchen jeder etwas zu zeigen, jeder eine Blume
zu spenden, eine Türe zu öffnen, oder einen — wenn auch noch
so kleinen — Stein aus unserem Wege zu räumen hatte und Geld
dafür haben wollte, retteten wir uns nach unserm beweglichen
Zufluchtsorte und rollten unter Palmen und beschattet von mächtigen
Bäumen auf einem etwas andern Wege nach der Stadt zurück,
wobei Hunderte von fremden Bildern und ungewohnten Eindrücken
an uns vorüber gingen: das schwer mit Früchten beladene singhalesische Weib, dessen Gemahl und Gebieter unbelastet und träge neben-
her schreitet; der turbanumwundene dunkelfarbige Kling; der Benga-
lese, der seinen spindeldürren schwarzen Leib nur in einen weißen
Fetzen geschlagen hat, und unverdrossen seine entblößte Stirne den
glühenden Sonnenstrahlen preisgibt; singhalesische Dörfer mit ihren
gebrechlichen, auf vier Palmstämme gebauten und mit Blättern
gedeckten Hütten, vor welchen die Bewohner ihre verschiedenen
häuslichen Arbeiten verrichten, Tane flechten, kochen, Früchte
sortiren 2c.; Gruppen von malayischen Weibern, die plaudernd

im Schatten einer Palme stehen; spielende und schlafende, lachende und weinende Kinder; bügel- und zügellose Reiter, die ihren kleinen Tieren so nachlässig und faul als möglich hinten auf dem Schwanz sitzen; Wasserträger; auf der Straße rasirende Neger; badende Weiber und Kinder; der Markt mit seinem infernalischen Lärm, seinen keifenden Händlern und feilschenden Käufern und den hunderterlei Früchten und tropischen Erzeugnissen anderer Art, und bei der Annäherung an die europäische Stadt englische Soldaten, ganz in Weiß gekleidet, einen Miniaturspazierstock zwischen den Fingern balancirend, europäische Geschäftsleute, die Manilla im Mund, bequem in ihren Wagen zurückgelehnt u. s. f., und über all dem bunten Leben und Gewühle ein wolkenloser Himmel, aber auch eine sengende Sonne, die nachgerade Energie und Gedanken lähmte und uns sehnsüchtig nach unserm von kühler Seebrise umfächelten Schiffe hinausblicken ließ.

Trotzdem unternahmen wir noch zu Fuß einen längern Spaziergang durch die mehr europäischen Quartiere, bewunderten die schönen, oft ganz aristokratischen Häuser, die herrlichen Gärten und öffentlichen Promenaden, die massiv steinernen, aber luftigen Kasernen und besahen uns das den Hafen beherrschende, von Kanonen strotzende Fort, aus welchem eben eine donnernde Salve abgegeben wurde zur Begrüßung eines nach Tongkin bestimmten französischen Kriegsdampfers.

Die Stadt Colombo enthält über 100,000 Einwohner und ist wohl der größte Handelsplatz auf Ceylon, dessen kostbare Produkte, Kaffee, Elfenbein, edle Holzarten, Gewürze, Reis u. s. w., größtenteils dorthin zu Markte gebracht werden. Eine gewaltige Kalamität traf die sonst glückliche Insel durch die Kaffeekrankheit; sie wird verursacht durch einen Pilz (Hemileia vastatrix), der sich an der untern Seite der Blätter des Kaffeebaumes entwickelt und das Blatt und damit auch die Ertragsfähigkeit des Baumes ruinirt. Die letzte Kaffee-Ernte lieferte infolge dessen nur $^1/_{70}$

des früheren Ertrages. Auch auf Java zeigt sich die Krankheit, wenn auch noch nicht im gleichen Maße. Sie beginnt mit punkt= förmigen, gelblichen Verfärbungen an den Blättern, welche sich rasch verbreiten und in kurzer Zeit das Blatt saftlos und dürr machen. Alle bisher angewendeten Mittel, z. B. Bespritzen der Plantagen mit verdünnter Carbollösung, sind nuß= und machtlos.

Um halb 12 Uhr kehrten wir auf unser Schiff zurück, dessen Abfahrt um 12 Uhr stattfinden sollte. Sie erfuhr aber eine Ver= zögerung um eine Stunde, da die Süßwasser=Reservoirs noch nicht gefüllt waren. Aus großen Wasserschiffen wurde das kost= bare Naß durch lederne Schläuche herübergepumpt und per Tonne (20 Zentner) mit 25 Fr. bezahlt. Es mag auch dann und wann ein Schweißtröpfchen der am Pumpwerk beschäftigten Neger mit= gelaufen sein; aber darau denkt der dürstende Schiffspassagier nachher nicht mehr.

Endlich ertönte der urstierartig brüllende Pfiff zur Abfahrt; unsere dreiflügelige Schraube peitschte wieder die salzige Flut und wir entfernten uns mehr und mehr von der feenhaften Insel, an welcher der Blick noch lange sehnsüchtig hängen blieb. Da wir parallel der Westküste nach Süden fuhren, verloren wir sie bis abends nicht aus den Augen, und sahen bei einbrechender Dämme= rung Point de Galle, die früher von allen Postschiffen angelaufene Hafenstadt, und vorher in nebelhafter Ferne den Gipfel des be= rühmten 2250 Meter hohen Adamsberges; nach der Sage hat dort der Fuß des Buddha (nach christlicher Ueberlieferung der= jenige Adams) einen sichtbaren Eindruck hinterlassen. Ein buddhi= stischer Tempel deckt die heilige Stätte.

Von Singapore, dem Ziele unserer Fahrt, trennte uns noch eine Entfernung von zirka 1300 Meilen. Das Schiffsbulletin vom 1. Juli lautete:

Distance parcourue: 330 m.   Latit. 5o, 20′, 15″.
„   à parcourir: 969 m.   Longit. 87o, 16′, 35″.

Wir rechneten aus, daß wir zufolge unserer östlichen Lage die Sonne 6 Stunden und 40 Minuten früher aufstehen sehen als unsere Angehörigen zu Hause, und daß sie vielleicht eben erst die höchsten Gipfel unserer lieben Schweizerberge morgenrot vergoldet, während schon brennend heiße Strahlen fast senkrecht auf unsere Häupter fallen.

Am 2. Juli, gegen Abend, kam eine schön grüne, gebirgige Inselwelt zum Vorschein, die nördlichen Vorposten von Sumatra. Eine dieser kleinen bis hinab zum Meeresspiegel dicht bewaldeten Inseln trägt in einer Waldlichtung den holländischen Leuchtturm, welcher die Einfahrt in die Straße von Malakka bezeichnet. Der schlanke weiße Turm auf der grünen Waldwiese — nebenan ein freundliches Wohnhaus für den Wächter und seine Familie — bildet ein hübsches Miniaturgemälde im gewaltigen Rahmen des tiefgrünen Ozeans. Bald erschienen auch die Bergspitzen von Atschin, dem nördlichen Teile von Sumatra, und eine Zeit lang sahen wir deutlich die sanft abfallenden, größtenteils noch mit Wald bedeckten Ufer, hie und da auch eine Lichtung mit menschlichen Ansieblungen und ein aufsteigendes Räuchlein. Wer mochte glauben, daß hinter diesem friedlichen Naturgemälde seit Jahren blutiger Kampf gewütet habe und neuerdings wieder erbitterter als je geführt werde. Die Atschinesen wehren sich tapfer für ihre Freiheit; man muß sie deshalb bewundern und kann nicht ohne Sympathie daran deuken, wie sie immer und immer wieder die ihnen aufgedrängte holländische Herrschaft abzuschütteln suchen, so ungleich auch der Kampf ist, den sie mit europäisch bewaffneten und instruirten Soldaten zu führen haben. — Die Holländer sprechen mit Begeisterung von der Zeit ihrer Befreiung vom spanischen Joch, als der glorreichsten Periode ihrer Geschichte, und dem damals erwachten Freiheitsgefühl und nationalen Bewußtsein. Aber ist's denn etwas anderes, das den Atschinesen, diesem urwüchsigen Bergvolke, die Waffen in die Hand gibt?

Die Nacht vom 3. auf den 4. brachte uns ein mächtiges Gewitter. Noch um 9 Uhr abends überdeckte die Welt ein Sternenhimmel von nie gesehener Pracht. Wie ein feuriger Strom, der sich in zwei Arme teilt, floß die Milchstraße zwischen den Tausend und Tausenden von Sternen, welche nicht, wie im Norden, ein funkelndes, sondern ein planetarisch ruhiges Licht auszustrahlen scheinen. Das südliche Kreuz und der große Bär, diese auffälligsten Vertreter beider Hemisphären, waren gleichzeitig zu sehen. — Balb erfolgten geräuschlose, aber mächtige elektrische Entladungen am östlichen und westlichen Horizonte. Alle paar Sekunden wurde die Nacht zum unheimlich grellen Tage und unser Schiff glitt geisterhaft über die dunkle Meeresfläche.

Bald sammelten sich schwarze Wollen rings am Horizonte und schoben sich schwerfällig gegen das Himmelsgewölbe vor; das letzte Sternlein verschwand hinter dieser dichten Mauer und rabenschwarze Nacht deckte die Erde. Das Meer sah aus wie Tinte, zeigte aber, wo der dunkle Flüssigkeitsspiegel bewegt wurde, die herrliche Erscheinung des Meerleuchtens. — Der Schiffskiel schien flüssiges Feuer zu schneiden, und wenn man näher zusah, waren es Milliarden von leuchtenden Punkten, welche diese Erscheinung bewirkten und oft, wie Funken einer Esse, nach allen Seiten auseinander sprühten und die schwarze Meeresfläche für Augenblicke und auf kurze Strecken zum herrlichsten sternenbesäeten Teppiche machten. — Die Ursachen dieses Phänomens sind, wie die naturwissenschaftliche Untersuchung nachgewiesen hat, Infusorien, welche bei einem gewissen elektrischen Zustande der Luft zu leuchten beginnen, sobald das Medium, indem sie sich befinden, also das Meerwasser, bewegt wird. — Ein ins dunkle Meer geworfener Gegenstand brachte sofort unzählige dieser unsichtbaren Wesen zum Leuchten und verwandelte die tintige Flut wie durch einen Zauber in sprühendes Feuer.

Aus dem dichten Gewölk entlud sich nach Mitternacht ein

furchtbares Gewitter. Blitz folgte auf Blitz, Schlag auf Schlag. Rechts und links vom Schiffe schien's einzuschlagen und halb betäubter Sinne lag oder saß man da, ergriffen von dem groß= artigen Naturschauspiele. Unser Schiff mußte mehrere Male an= halten, weil der Kurs nicht verfolgt werden konnte. — Endlich erlahmte die Gewalt in einem tropischen Regen und in wenigen Minuten waren die Wolken als Wasser auf die Erde gekommen und freundlich — wie vorher — leuchteten die Sterne und die eben aufgehende Mondsichel auf uns hernieder.

Der 4. Juli, der letzte Tag unserer Fahrt, brachte ein über= raschendes, schönes Bild nach dem andern: Die Straße von Malakka wird enger und enger; gegen Osten sieht man die Küste der Halb= insel mit der Stadt gleichen Namens, die in englischem Besitze ist. Dann führt der Weg durch eine wunderbar schöne, reiche, grüne Inselwelt; immer tauchen neue, schönere, üppiger bewachsene Eilande auf; oft scheint die Vegetation direkt dem Meere zu entsprießen. Bald sieht man auch im Schatten von überhängenden Baumkronen und Palmen malayische Dörfer, Pfahlbauten, deren Bewohner mit Fischen, Netzeflechten u. s. w. beschäftigt sind. Schon ist auf einem noch ziemlich weit entfernten und durch vor= geschobene Inseln zum Teil noch verdeckten Hügel der Flagstaff von Singapore sichtbar, an dessen riesigem Maste die ankommenden Schiffe durch Aufhissen der verschiedenen Flaggen signalisirt werden. Unser Schiff windet sich, vom Piloten gelenkt, zwischen einzig schönen, durch kleinere, aber stets grüne, hügelige Inseln gebildeten Coulissen durch, und plötzlich liegt vor unsern Augen die Rhede von Singapore, von Schiffen aller Nationen besetzt, und eingerahmt von Docks und Lagerhäusern und den durch kleinere Landzungen von einander getrennten Anlegeplätzen und Quais der verschiedenen hier verkehrenden Dampfschifffahrts= gesellschaft. — Schon erkennen wir unter der am Ufer stehenden bunten Menge einen lieben Bekannten, Herrn M. aus St. G.;

Tücher wehen durch die Luft; langsam nähert sich unser Schiffs-
koloß dem ins Meer hinaus gebauten hölzernen Steg; die Brücke
wird gelegt und eine Minute später drücken wir unserm Kompatrioten die Hand und bringen ihm die neuesten Grüße und
Nachrichten aus dem lieben Vaterlande, erzählen von dem herrlichen Frühling, den wir dort erlebt und den guten Aussichten,
welche das Jahr erlaubt, das will's Gott unserm Bauernstande
wieder auf die Beine hilft, von der Landesausstellung u. s. w. u. s. w.

Ein bequemer Wagen führte uns nach Lady Hill, unter
dessen gastlichem Dache wir vorerst vergaßen, daß eine Entfernung
von verschiedenen tausend Stunden uns von der teuren Heimat
trennte.

IV.

Lady Hill auf Singapore. — Sprache der Malayen. — Sehenswürdigkeiten
in Singapore. — Malayische Pfahlbauten. — Europäischer Durst in den Tropen.
— Vaterländische Abende in der Fremde. — Jagdvergnügen. — Unerwartetes
Zusammentreffen mit einem Genossen der Jugend. — Innerlicher Zwiespalt.

Lady Hill, du herrlich grüner, freundlicher Hügel, du
liebliches, stilles Tusculum, zu dessen schattigen Verauben der
sinnenbetäubende Lärm der Stadt und das Getriebe der Welt
nicht bringen, sei mir gegrüßt! Wie schön bist du mit deinen
stolzen Palmen, deinen weiten Rasenplätzen, deinen dichtbelaubten
Frucht- und ehrwürdigen Waringinbäumen, in deren Laubwerk
unermüdlich und nie durch eine rohe Hand gestört ganze Scharen
buntbefiederter Sänger eine endlose Symphonie aufführen, während
Blumen und duftende Sträucher den Spielplatz einer Legion von
Schmetterlingen bilden. Wie freundlich grüßt aus all dem Grün
heraus mit seinen weißen Säulenreihen und luftigen Veranden

das schöne Haus, dessen fürnehmster Schmuck eine Gastlichkeit ist, wie man sie in Europa nur selten in gleichem Maße findet. Der sie ausübt, ist ein mir befreundeter Kompatriote, dessen Wiege nicht weit von der meinigen stand. Leider mußte er am Tag nach meiner Ankunft in Singapore aus Gesundheitsrück= sichten nach Europa verreisen; aber die Rolle des liebenswürdigen Gastwirts übernahm in seinem Auftrage Herr R . . . . aus Bischofszell, der den Lesern der „Thurgauer Zeitung" durch die Beschreibung seiner Reise=Erlebnisse im Orient bekannt ist. („Von Alexandrette nach Aleppo.")

Unter dem gastlichen Dache Lady Hills also sitze ich, nachdem ich von einer dreiwöchigen Tour auf Java zurückgekehrt bin, und finde endlich Zeit, meine Erlebnisse niederzuschreiben. Aber nur mit Mühe läßt sich das Auge auf das tote Papier bannen, wo das Leben und Weben der Natur es in herrlichster Form umgibt; und manches Erlebte blaßt in der Erinnerung etwas ab gegenüber den überwältigend schönen Eindrücken der Gegenwart.

Ein erfrischender Regen, wie er in Singapore fast jeden Tag fällt, hat die Luft etwas abgekühlt und man atmet mit einer Leichtigkeit, die den Europäer vergessen läßt, daß er in der Nähe des Aequators sich befindet. Von meiner Veranda aus sehe ich tropische Riesenpflanzen und Coniferen der gemäßigten Zone dicht nebeneinander; Heinrich Heines träumender Fichten= baum und trauernde Palme haben hier ihre Sehnsucht gestillt und sich zusammengefunden. — Schön belaubte Fruchtbäume, Wellingtonien, australische Nadelhölzer, Fächer=, Sago=, Areka=, Kokosnußpalmen, blühende und Früchte tragende Kaffeebäumchen, riesenmäßige Orchideen wunderlieblichster Form, den Baum= stämmen als Parasiten aufsitzend, Ananas, Tapioka, die schönsten Begonien und Crotonpflanzen beleben den paradiesischen Hügel und bilden Gruppen, an denen sich das Auge weidet. Ueberall ist die kunstsinnige und naturfreundliche Hand des Besitzers zu

erkennen, welcher sich durch 16 Gärtner sein Eldorado pflegen
und in Ordnung halten läßt. Ein ganz beschränkter Teil des
Hügels ist noch mit Djungle, wildem urwaldähnlichem Gestrüpp,
bedeckt; dort befindet sich ein kleiner Teich, welcher den stolzen
Namen Vierwaldstättersee trägt; eine nebenan liegende Erhöhung,
die mit drei Sätzen zu ersteigen ist, heißt natürlich der Rigi.
Ich freue mich darüber, wie überhaupt über jeden Beweis von
Anhänglichkeit und lebhafter Erinnerung auswärtiger Schweizer
an unser liebes Vaterland.

Von Lady Hill aus erblickt man nach allen Seiten andere
teils zu Gärten umgewandelte, teils noch mit Djungle bedeckte
Hügel, welche Europäer sich zum Wohnsitze auserwählt haben.
Diese Hügelformation erstreckt sich über die ganze, zirka 9 Quadratmeilen große Insel Singapore und auch alle die benachbarten
kleinen und kleinsten Inseln sind nicht flach, sondern erheben sich
als grüne Berge aus dem Meere, auf welche Weise die schon
erwähnten verborgenen Buchten und die oft ganz herrlichen Ve-
buten entstehen. Noch vor 70 Jahren war Singapore ein un-
bekanntes malayisches Fischerdorf; den eben aufblühenden Handel
mit China und Japan vermittelte Batavia, die Hauptstadt Javas,
das damals vorübergehend in englischen Händen lag. Als aber
Java im Wiener Frieden den Holländern wieder zugesprochen
wurde, beschloß der frühere Generalgouverneur, Sir Stamford
Raffles, aus Singapore, dessen günstige Lage er sofort erkannte,
einen Konkurrenzhafen für Batavia zu machen. England kaufte
die Insel vom damaligen Besitzer, dem Rajah von Johore, und
schuf einen Freihafen, welcher seither zu einem Zentrum des
Welthandels geworden ist. Das Singapore der Jetztzeit zählt
140,000 Einwohner, worunter allerdings 87,000 Chinesen, 22,000
Malayen, zirka 20,000 Menschen anderer Racen und nur 2700
Europäer (einschließlich der englischen Garnison). Im vergangenen
Jahr betrug der Export zirka 290 Millionen Franken, der Im-

port zirka 350 Millionen, welche Zahlen am besten ein Bild von der Handelstätigkeit der Stadt geben.

Vom Festlande, der Halbinsel Malakka, wird Singapore durch eine Meerenge getrennt, die so schmal ist, daß sie z. B. durchaus keine Abwehr gegen Tiger bildet. Sie schwimmen mit Leichtigkeit herüber, werden aber durch den lebhaften Verkehr doch mehr und mehr abgehalten. Während noch Hildebrandt, der Singapore anno 1862 besuchte, erzählt, daß daselbst fast täglich ein Eingeborner den Tigern zum Opfer falle, ist heutzutage eine Begegnung mit diesem Raubtiere eine Seltenheit. Immerhin hat zu Anfang dieses Jahres ein junger Landsmann von uns dadurch sein Leben verloren, daß er bei einem Spaziergang im Innern der Insel, durch frische Tigerspuren erschreckt, auf einen Baum stieg, von dem er — wahrscheinlich vom Schlaf überwältigt — herunterfiel und tot blieb, eine traurige Entdeckung für seine Freunde, die ihn erst nach zweitägigem bangem Suchen wiederfanden.

Die Sprache, die in Singapore, wie auch auf Malakka, dem größten Teil der Inseln des indischen Archipels und auf Madagaskar (welche Teile nach der Ansicht der Geologen früher einen zusammenhängenden Kontinent bildeten) gesprochen wird, ist das Malayische. Es ist eine höchst einfache Sprache, ohne Ausdrücke für abstrakte Begriffe und jedenfalls auf der frühesten Stufe der Entwicklung stehend. Konjugation und Deklination gibt's nicht. Das Zeitwort kommt nur in einer Form vor. Djalang heißt z. B. gehen, bedeutet aber ebenso gut den Imperativ geh'! und ist außerdem noch die Bezeichnung für das, worauf gegangen wird, heißt also auch Weg, Straße. Die Vergangenheit drückt man mit dem Wörtchen Suda aus; suda djalang heißt gegangen; suda wird aber auch sonst bei jeder Gelegenheit gebraucht, bedeutet schon, vorbei, fertig, genug u. s. w. und kehrt in der Konversation immer wieder. Suda sagt man dem einschenkenden

Diener, wenn man genug hat, suda dem Chinesen, mit dem man die Unterhandlungen abbricht, weil man über den Preis nicht einig wird u. s. w. Um zu zeigen, wie die an Worten arme Sprache verschiedene Begriffe mit einem, aber stets passenden Ausdruck deckt, führe ich einige Beispiele an:

Mata heißt Auge; Mata ruft man aber auch dem Wächter des Hauses; und Mata Mata, zweimal Auge, bedeutet die Polizei, welcher mit dieser Quadratur ein Kompliment gemacht wird, daß sie nicht überall verdient. Mata hari, d. h. Auge des Tages, ist die Bezeichnung für die Sonne. Eier heißt Wasser, battu Steine, eier battu Wassersteine, d. i. Eis. Minum heißt trinken, eier minum Trinkwasser. Anak, d. i. Kind, wird sehr viel gebraucht; Kuda bedeutet Pferd, anak kuda Pferdkind, d. i. Füllen; anak sapi Kuhkind, d. i. Kalb; anak lidah Kind der Zunge, womit das Zäpfchen gemeint ist. Sarong bezeichnet ursprünglich das um die Hüften geschlagene Tuch, das allgemein verbreitete Kleidungsstück; nun heißt aber in weiterer Verwendung sarong kaki Kleid der Beine, d. h. Strumpf, sarong tangan Handschuh, sarong surat Briefkleid, d. h. Briefcouvert. Ein Trinkgeld kennen die Malayen nicht, wie z. B. die Deutschen und Franzosen (Pourboire), sondern nur ein Wang siri, d. h. Sirigeld oder Betelgeld, wie sie denn auch jeden übrigen Cent für dieses Kaumaterial und nicht für Getränke verwenden. — Bezeichnend ist, daß die malayische Sprache keinen Ausdruck kennt, um zu danken. Wer etwas geschenkt kriegt, sagt: Trima kassy; trima ist empfangen; kassy = geben; trima kassy also kaufmännisch gesprochen: Ich bescheinige den Empfang. — Wenigen bekannt dürfte es sein, daß die Bezeichnung Orangutan malayisch ist; orang heißt Mensch, uatan (nicht utang) Wald.

Ich erlebe auf Lady Hill das wahrhaftige Märchen: „Tischlein deck' dich!" Tagsüber, wenn die Herren im Geschäftslokal in der Stadt sitzen, bin ich oben allein Herr und Meister und

ein mir speziell zur Disposition gestellter chinesischer Boy hat
auf meine Wünsche zu horchen. Statt „Tischlein deck' dich!"
sage ich „Makan" (b. h. essen) und im Nu wird aus der leeren
Tafel eine reich besetzte, und das Zauberwort passang (b. i. an=
spannen) ruft augenblicklich Kutscher und Wagen vors Haus, die
mich zur Stadt führen. Ihre staubige, drückend heiße Atmosphäre
könnte mich freilich nie aus meinem grünen Paradiese fortlocken,
wenn nicht das interessante Völkergemisch auf den Straßen mich
hie und da hinzöge. Es gibt vielleicht keinen andern Platz in
der Welt, der bei einer so geringen Flächenausdehnung so viele
und mannigfaltige Menschenracen trägt. Alle Hautfarben vom
unschuldigsten Weiß der englischen Lady bis zur Druckerschwärze
des Hindu und Afrikaners sind hier vertreten. Die Unterschiede
in Form und Farbe der Kleidung sind ebenso bedeutende und
ich wüßte nicht, was sich an Buntscheckigkeit mit der Bevölkerung
einer lebhaften Straße in Singapore vergleichen ließe. Dazu
kommt noch der durch starken Gehalt an Eisen rot gefärbte Boden
und ein gesättigt blauer, aber allerdings oft durch Wolken ver=
hüllter Himmel. — Alle diese Farben heben sich hier viel leb=
hafter ab als bei uns; die mit Feuchtigkeit gesättigte, heiße Luft
Singapores ist ein anderes Medium zur Lichtbrechung, als wir
es irgendwo in der gemäßigten Zone haben.

Unsere Reisegesellschaft vom „Sindh" sahen wir nach der
Ankunft in Singapore nicht mehr. Man hatte sich wohl ein Rendez=
vous geben wollen, aber die großen Distanzen in dieser Stadt
erlaubten keine Verabredungen, wie sie bei uns gewohnt sind,
wo man sich zwischen 8 und 9 in der „Post" oder im „Schwert"
oder im „National" trifft, und als ich zwei Tage später ins
Hotel de l'Europe kam, waren alle, auch die Delipflanzer, schon
abgereist und sind seither, wie ich höre, gut angekommen und
gut aufgehoben. Jeder Steamer bringt neuen Zuwachs aus Europa
nach Deli, und dort scheint jetzt so recht der Ort zu sein, wo

die gebratenen Tauben einem in den Mund fliegen, so lange — der Tabak gut gerät und hoch im Preise steht.

Den Abschiedsschmerz von dem französischen Reporter hatte ich mir auch erspart, um so lieber, als der kleine Mann immer furchtbarer und blutdürstiger wurde, je näher er Tonglin, dem Schauplatze seiner zukünftigen Taten, kam und an der Schiffstafel zwischen dem sechsten und siebenten Gange sogar etwas von baldigster Revanche für 1870/71 hinter den stark beschäftigten Stockzähnen verlauten ließ. Ueber seinen Besuch bei Arabi Pascha — der als Verbannter auf Ceylon lebt und in Colombo vis-à-vis dem Museum einen stattlichen Palast bewohnt — hat er einen detaillirten Bericht an sein Journal gesandt. Die Einleitung dazu lag schon vor der Ankunft in Colombo fertig da; der Schluß kam nachher. Ich kann aber versichern, daß der Reporter von Arabi Pascha keinen Hosenknopf gesehen hat, da der Egypter für mehrere Tage nach Kandy zur Jagd verreist war.

Die Sehenswürdigkeiten Singapores, die allenfalls in einem Bädecker stehen könnten, sind bald abgetan. Reizend ist der botanische Garten, in welchem jeden Samstag Abend Konzert der englischen Militärkapelle stattfindet. Da sieht man die elegante europäische Welt, aber auch vornehme Araber und chinesische Krösusse Korso fahren. — Das Museum enthält außer einer hübschen Schlangensammlung wenig Kompletes; es fehlt eine sachkundige Hand, welche Ordnung in den zum Teil verwahrlosten Kram bringt. — Ein herrlicher Spaziergang, am frühen Morgen zu unternehmen, führt auf den im Westen der Stadt gelegenen, überall sichtbaren Hügel, der die Signalstange trägt, auf welcher alle von hier aus wahrzunehmenden Schiffsbewegungen und -Ereignisse durch Aufhissen von Flaggen bekannt gemacht werden. Man sieht von diesem Standpunkte aus die wundervolle Einfahrt von der Malakkastraße nach Singapore aus der Vogelperspektive, ein Panorama, das man nie vergessen kann. Der Signalhüter, ein verwetterter Engländer mit einer Rotte kläffender Hunde, der schon 16 Jahre diesen Posten bekleidet, ließ uns einen Blick in das vorzügliche Teleskop tun, durch welches auf eine Distanz von 25 bis 30 Meilen Details an auftauchenden Schiffen schon zu erkennen sind.

Längere Fußtouren zu machen, ist in Singapore nicht statthaft und zwar schon deshalb, weil diese Anstrengung für den Europäer im hiesigen Klima zu groß und die Schweißproduktion dabei eine ganz ungeheure ist. So existiren denn — abgesehen von den Privatequipagen — fehr viele Mietkarren (Palankins) mit kleinen Pferdchen und hindostanischen Kutschern. Außerdem laffen sich Nicht=Europäer fehr häufig in den massenhaft herumstehenden zweirädrigen Handkarren befördern, welche von Chinesen und oft im reinsten Wettlaufschritt gezogen werden. — Es wird für einen Europäer auch nicht als comme il faut angesehen, wenn er zu Fuß geht. Das hinderte mich aber nicht, stundenlang in den chinesischen und malayischen Quartieren herumzubummeln und den geschäftigen Chinesen zuzusehen, die alle Berufsarten von der niedersten bis zur höchsten treiben. Die malayischen Kampongs sind veritable Pfahlbaudörfer von unbeschreiblichem Schmutz und Gedränge; zur Zeit der Flut stehen sie im Waffer, während der Ebbe in schmierigem Schlamme. — Die Roste sind unordentlich und lotterig ungleichmäßig aufgeführt und manche dieser Bauten gleichen einem schräg geblasenen Kartenhaufe. — Aber ein malayisches Pfahlbauerdorf, in irgend einer grünen Bucht verborgen, ist à distance betrachtet eines der schönsten und interessantesten Landschaftsbilder, die mir im Gedächtnisse bleiben; und was unsere Paläontologen mühsam aus verkohlten Bruchstücken und stummen Funden sich zusammenleimen und =reimen, das sieht man hier lebendig und in natura vor sich.

Ob man fahre oder laufe, so begleitet den frisch angekommenen Europäer überallhin ein gewaltiger Durst und das an kühles

Vier gewöhnte Gemüt leidet anfangs fehr darunter. Nun hat allerdings die Mutter Natur in den Tropen eine Legion saftiger Früchte geschaffen, um diesem Uebel zu begegnen; aber ich bin ketzerisch genug, zu sagen, daß diese tropischen Früchte alle, so verführerisch oft die Form ist, die Konkurrenz mit einer guten Birne oder einem kräftigen Apfel nicht aushalten. Nur dir sei ein Loblied gesungen, Mangustine, dir schönster der Früchte, die du mich in einer stillen Nacht, als der Boy kein Sodawasser in meinem Zimmer zurecht gelegt hatte, von den Qualen des Durstes erlöst haft. — Aus Dankbarkeit und Ueberzeugung gestehe ich, daß die Mangustine die herrlichste Frucht ist, die ich in den Tropen genossen und eine von den wenigen Erzeugnissen der heißen Zone, die ich gerne mit in die gemäßigte herübernähme.

Ueber die Frage, welches Getränk in Singapore am ehesten zu empfehlen sei, gebe ich dem Hotel de l'Europe daselbst das Wort, welches an den Wänden seiner Veranda verkündet:

De Win gewt Gicht,
De Branntwin Kopper im Gesicht,
De Porter ons das Blot verdickt,
Champagner gor de Been ons knickt,
De Grog makt domm, de Koffee bliud,
De Thee makt ons de Kraft to Wind.
Dat wat de Mensch noch drinken kann,
Is Flensburg Beer, dat nehrt de Mann,
Makt fresch dat Hart, de Darmkens rein
Und klar de Kopp und flink de Bein.

Ich habe nichts dazu zu bemerken, als daß ich nicht begreife, wie in den heißen Ländern von den Europäern (namentlich von Holländern) so gewohnheitsgemäß gebrannte Wässer, in allerdings scheinbar geringer Quantität, aber in zahllosen Auflagen, genossen werden. —

Die Berichte über meine Erlebnisse auf Java, in welchem

Zauberland ich drei Wochen zubrachte, sind mir größtenteils (mit andern Papieren) durch einen unverschämten Windstoß über Bord getrieben worden und beschäftigen wohl längst die Verdauungs-organe eines Haifisches oder liegen in den Fangarmen eines Tintenfisches, dem ja das „Fressen" sehr bekannt vorgekommen sein muß. — Die so entstandene Lücke werde ich baldigst aus-füllen und hier nur bemerken, daß mein Aufenthalt auf Java dank einer großartigen Gastfreundschaft im Hause unseres Landes-mannes, Herrn Z. von Frauenfeld, und dank einer zuvorkom-menden Aufmerksamkeit von seiten meines Gastwirtes, sowie des schweizerischen Vizekonsuls in Batavia, des liebenswürdigen Herrn D. aus St. Gallen, zu einem recht genußreichen geworden ist.

Neun Tage blieb ich — nach meiner Rückkehr von Batavia — unter dem gastlichen Dache Lady Hills und erlebte während dieser Zeit in Singapore so viel Schönes und Freundliches, daß mir die Zeit fehlt, alles zu beschreiben, und die Worte, um kräftig genug dafür zu danken.

Es bleibt mir unter anderem namentlich in freundlicher Erinnerung ein Abend, den ich in Gesellschaft mit andern Schweizern (es sind deren im ganzen zwölf in Singapore) bei einem jungen Freunde, Herrn M. aus St. Gallen, zubrachte. Wie frei und froh tönten unsere Schweizerlieder von der hohen Veranda her in die stille Nacht hinaus, und wie gerne waren wir stets dabei, wenn der unermüdlichste aller Sänger, Herr St. aus Wyl, immer „noch eines nehmen" wollte. Es tat mir in der Seele wohl, zu sehen, daß die Anwesenden alle ihre Liebe zum Vaterlande und das Interesse für seine Geschicke lebendig erhalten haben, im Gegensatze zu einer hochfahrenden Gleichgültigkeit und Interesse-losigkeit, wie ich sie bei vereinzelten Schweizern im Auslande wahrnehmen konnte.

Bei Herrn R. aus Altstätten, einem Kunstmäcen, der mit seinem Freunde, Herrn H. (aus Winterthur), das schönste Haus

in Singapore bewohnt, versammelt sich jeden Freitag eine musikalische Gesellschaft, zu welcher ich freundlichst auch eingeladen
wurde. Ein großer, reich dekorirter Saal enthält in der Mitte
einen herrlichen Hamburgerflügel und ist eine Tonhalle, wie man
sie sich nicht besser wünschen möchte. Der Zauberer Beethoven
entführte mich mit den Klängen seiner F-dur-Violinsonate (von
dem Gastgeber und Herrn R. aus Bischofszell meisterhaft gespielt) weit nach Westen und beim Abagio erwachten so lebhafte
Erinnerungen an die Heimat, daß ich am liebsten stracks heim-
gefahren wäre. So aber blieb ich dort und heulte beim nachher
exekutirten Quartettgesang tapfer den II. Baß.

Viel Vergnügen machte mir eine auf Sonntag den 5. August
arrangirte Jagdpartie, die damit endigte, daß wir nach vierstündiger heißer Arbeit auf eine Distanz von 500 Meter einen
schwarzen Hirsch davonspringen sahen; ein nachgejagter Schuß
hatte den fabelhaften Erfolg, daß das Vieh aus einem gemütlichen
Trab in einen wilden Galopp verfiel. Aber es war eineweg
schön auf der Jagd: da fuhr man erst in der Morgenkühle einige
Stunden weit in die Insel hinein, vorbei an malayischen Kampongs, durch Kokosnuß- und Sagopalmen-Pflanzungen, und erwartete im Schatten eines chinesischen Landhäuschens die Jagd-
genossen. Es kam einer nach dem andern, jeder in den schlech-
testen Kleidern, die er hatte auftreiben können; der stets zu Spaß
geneigte Collega Dr. Tr..... trug eine riesige Feder senkrecht
auf seinem tellerförmigen Korkhute, welche ihn bei den passirenden
Malayen und Chinesen in ungeheuren Respekt setzte. — Alles
Weiße wurde sorgfältig verbaut, um das scharenweise erwartete
Wild nicht zu verscheuchen, und sogar der nagelneue, blinkende
Hut unseres Waidgenossen St. von Wyl mußte dieser Notwendigkeit zum Opfer fallen und wurde unerbittlich mit Dr... an-
gestrichen. Nach genauer Revision der allseitig mitgebrachten,
für ein Bataillon berechneten Mundvorräte, ging's vorwärts,

zirka eine Stunde weit, durch Gesträpp und Sumpf und über
frisch abgeholzte Hügel dem Walde zu. Nach dieser Anstrengung
ergab eine Abstimmung das überraschende Resultat, daß man erst
essen und dann jagen wolle. Hühner, Eier, Schinken ꝛc. verschwanden mit wunderbarer Schnelligkeit; ebenso flog eine leere
Bierflasche nach der andern in die Luft. Nur Collega Tr....,
ein neuer Diogenes, begnügte sich — dem Grundsatze getreu, daß
Gurgeln den Durst auch lösche und das Trinken überflüssig sei
— damit, den Mund mit Wasser zu spülen, unbekümmert um
einen kleinen, schwarzen Roßkopf, der munter in dem Inhalt
seines kokosnussenen Schöpflöffels herumschwamm.

Endlich ging's los; 16 malerisch oder auch gar nicht gekleidete schwarze Treiber sorgten für den gehörigen Lärm; aber
das Resultat des mehrstündigen Höllenskandals waren einige auf-
flatternde Vögel und der oben entlaufene Hirsch. Dagegen fehlte
es nicht an köstlichen und gemütlichen Szenen; alle Augenblicke
wurde wieder etwas auf den Zahn genommen und sogar der
ascetische Collega Tr..... verlangte in der Hitze des Tages
und Gefechtes nach einem Labetrunke. Eine köstliche Erfrischung
bildet in diesen heißen Jagdgründen die Kokosnuß mit ihrem süß-
flüssigen, kühlenden Inhalte.

Frische Eindrücke in weichem schlammigem Grunde, die wir
als Tigerspuren qualifizirten, wurden von dem unerbittlich skep-
tischen Dr. Tr..... zu Tritten eines „wild gemachten Hundes"
begrabirt und so kann ich nicht mit gutem Gewissen erzählen, in
der Nähe eines dieser gefürchteten Raubtiere gewesen zu sein.
Uebrigens will ich hier beifügen, daß man sich bei uns eine falsche
Vorstellung von ihrer Gefährlichkeit macht. Auf Java wie in
Singapore hörte ich, daß ein nicht verwundeter Tiger sehr selten
einen Menschen angreift und überhaupt eher ein scheues Tier zu
nennen ist, so lange ihn nicht der Hunger zum Aeußersten treibt.
Müde fuhren wir am späten Abend nach Singapore zurück;

ein schönes Schauspiel gewährten bei dieser Fahrt die zur Feier des Neujahrstages (5. August) vor den Hütten der mohamme-banischen Bevölkerung brennenden Feuer, welche oft eine bunte Familienszene beleuchteten und gewaltige Schatten der benachbarten Palmen auf unsern Weg warfen.

Im Hotel de l'Europe, diesem Riesengasthof in Singapore, fand ich in der Person des Geschäftsführers einen ehemaligen Schulkameraden, Herrn F. aus Zürich. Wir haben vor 15 Jahren zusammen die thurgauische Kantonsschule besucht. Er sperrte die Augen nicht übel auf, als plötzlich einer vor ihm stand, der einst mit ihm auf derselben Schulbank gesessen hatte. Nun ging's an ein Fragen und Erzählen. Lebt denn der noch? Und was macht der und der? Denkst du noch daran u. s. f. Manch einen aus unserer gemeinschaftlichen Erinnerung mußte ich totmelden und mit Wehmut gedachten wir der Lehrer, über welche sich seit unserer Schulzeit das Grab geschlossen hat. Uns alten Knaben wurde ganz weich ums Herz, als wir uns so in unsere Jugendzeit zurück-versetzten; wir saßen öfters zusammen, um immer und immer wieder davon zu plaudern und ich habe neuerdings erfahren, ein wie starkes Band gemeinschaftlich verlebte Jugendjahre sind und daß Genossen der Schulbank auch nach langer Zeit sich rasch und gerne wieder zusammenfinden.

So verflossen denn die Tage in Singapore in recht an-genehmer Weise, dank namentlich auch der allezeit für mich be-sorgten Aufmerksamkeit und Freundlichkeit des Herrn R.... Aber neben dem Menschen, der sich in dieser neuen und schönen Welt behaglich und ungemein zufrieden fühlte, regte sich in mir auch ein zweiter, der stark nach Hause verlangte — und die zwei lagen sich beständig in den Haaren. Wenn der eine davon alle die fremden Eindrücke und ungewohnten Bilder begeistert in sich aufnahm, so kam der andere, der Konservative, und sagte: „Aber am schönsten ist's doch im lieben Vaterlande, und so recht froh kannst du doch nicht werben, bis du wieder daheim und bei deinem Berufe bift."

Saß ich wie ein Sultan im bequemen Wagen, auf dem Bocke einen malayischen Kutscher, auf dem Rücktritte einen chinesischen Jungen, und fuhr unter Palmen und riesigen Mimosen in die tropische Pracht hinein, so lachte dem Fortschrittlichen das Herz darüber; aber dann kam der Konservative und meinte, lieber wär's ihm doch, mit Hugelshofers krummbeiniger „Lisi" auf den bekannten heimeligen Wegen herumzukutschiren und tausendmal schöner als diese auf die Dauer herzlich langweilige Palmenwelt sei ein Taunen- oder Buchenwald. So händelten die Zwei beständig zusammen; nachts in schlaflosen Stunden war der Konservative Meister, tagsüber, wenn interessante Erlebnisse aller Art den Geist beschäftigten — der welterstürmende Fortschrittliche. Aber seine Macht stund auf schwachen Füßen und ein Stück einer alten Nummer der „Thurgauer Zeitung", ein heimatlicher Brief mit bekannten Schriftzügen, ja sogar der Anblick eines Stückes — Schweizerkäse genügte, ihn über den Haufen zu werfen, und so war denn das Ende des Kampfes die Ueberzeugung, daß ich die Tropen mit all ihrer Pracht und ihren Wundern gerne wieder und je bälder desto lieber mit dem heimatlichen Boden vertausche und daß die fremden Länder mit ihren mannigfachen Reizen mich niemals vom Vaterlande abziehen könnten. — So schnürte ich denn mein Bündel und machte mich reisefertig; um aber den Hauptzweck meiner Reise — die lange Seefahrt — und damit die Restauration meiner Gesundheit zu erreichen und gleichzeitig noch ein Land meiner Jugendträume, Japan, kennen zu lernen, entschloß ich mich, den Weg über Yokohama und Amerika zur Heimkehr zu wählen.

V.

An Bord des englischen Postdampfers „Ancona", den 12. August 1883, im chinesischen Meere auf der Höhe von Cochinchina.

Am 9. August, morgens 6 Uhr, meldete, wie gewohnt, ein weithin dröhnender Kanonenschuß die Ankunft des englischen, von Europa herkommenden Postdampfers; andern Tags 10 Uhr sollte er nach China weiter fahren und zur festgesetzten Zeit war ich — begleitet von meinem lieben Reisegefährten bis Singapore und einigen andern Schweizern — an Bord, wo noch einmal die Gläser auf glückliche Reise und frohes Wiedersehen klangen, bevor die Hand zum letzten Abschiedsgruße gereicht wurde. — Auf dem Schiffe gab's unterdessen viel zu sehen. Zirka 250 bis 300 Chinesen (meist Kulis oder kleinere Krämer, die sich etwas er-spart hatten und nach ihrem Vaterlande zurückkehren wollten) mit Weibern und Kindern und Tausenden von Kisten, Säcken, Koch-apparaten, Theekannen — kurz ihrem ganzen Hausrate — stiegen als Deckpassagiere ein und mußten alle auf dem Vorderdeck plazirt werden. Von einem erhöhten Standpunkte aus konnte ich das ameisenhaufenartige Gewimmel deutlich übersehen und ich wun-derte mich ordentlich, wie die vielen Leute sich in dem engen Raume arrangiren und aus den Bergen von Bagagen ihre Kleinig-keiten wieder herauslesen würden. Es war ein furchtbares Durch-einander und ein beständiger Kampf zwischen den Matrosen, welche die Lucken decken und das Schiff zur Abfahrt rüsten sollten und dem halbnackten Menschenknäuel, welcher sich drängend und brüllend

Plätze zu erobern trachtete. Prügel und Fußtritte flogen nach allen Seiten, auch wohl Koffern, so daß sie platzten, und die tausend Kleinigkeiten, die sie enthielten, herausfielen, um größtenteils zerstampft zu werden. Aber Ordnung kam erst in die Sache, als zwei energische Schiffsoffiziere einige der vorlautesten Chinesen mit Händen und Füßen über den Haufen und ihre den Matrosen stets in den Weg gelegten Bett- und Gepäckstücke ins Meer warfen. Ich war erstaunt über die Ruhe und Selbstverständlichkeit, mit der die Chinesen dies alles hinnahmen, mußte mich aber überzeugen, daß diese mir anfangs roh erscheinende Behandlungsweise der einzige Weg war, um die unverschämte und zudringliche, auf keine Befehle horchende Bande zur Ordnung zu bringen.

Endlich war das Schiff zur Abfahrt bereit und mein Auge wandte sich weg von der praktischen Lösung der sozialen Frage unserer Schiffschinesen zu den schönen Bildern, welche die Natur vorbeiziehen ließ. Langsam fuhren wir aus der verborgenen grünen Bucht, dem Anlegeplatz der englischen Steamer, zwischen prächtigen Inseln hinaus auf die Rhede und sahen von dort aus noch einmal die ganze Stadt vor uns liegen; immer rascher arbeitete die Schiffsschraube und in kurzer Zeit schwammen wir auf offenem Meere und erblickten nur noch gegen Westen als Begrenzung des Horizontes einen schmalen grünen Streifen, den letzten Gruß von Singapore und der umgebenden feenhaften Inselwelt.

Unterdessen waren die staatlichen Verhältnisse Chinas auf Vorderdeck in bewunderungswürdiger Weise geordnet worden. Die zahllosen Koffern und Gepäckstücke standen als gewaltige Mauern da; teils zwischen denselben, teils auf den Koffern selbst und oft mit einem fabelhaft kleinen Platz sich begnügend, lagen nun Männer, Weiber, Kinder, Leute, die sich vorher blutig geprügelt, friedlich neben einander; beispielsweise zählte ich in einem Raume von zirka 100 Quadratfuß 19 Personen, welche alle ihre nackten Füße radiär gegen den Mittelpunkt des Platzes richteten und dort buchstäblich aufeinander türmen mußten. Und die Reise in dieser Weise dauerte nun mindestens 5—6 Tage; die Ausschmückung der Szenerie während unruhiger See und im Stadium der Seekrankheit überlasse ich dem Leser. Für den Fall einer Schiffskatastrophe wären wir paar Europäer gegenüber dieser zum großen Teil aus Riesen bestehenden Bande gewiß total verloren; denn auch die Schiffsleute sind Asiaten, auf welche man sich im Ernstfalle nicht verlassen könnte.

Eben habe ich wieder eine Visite bei den Kindern Chinas abgestattet, was ich nie tun kann, ohne ein dankbares Gefühl im Innern dafür, daß ich nicht auch in diesem Pfuhl von schmutzigen Leibern, Ungeziefer, nassen Windeln, Tabakspfeifen und Reispfannen zu liegen brauche. — Ueberall wird gekocht, gegessen, Tabak oder Opium geraucht, und wo immer ein leeres Plätzchen ist, und wäre es auf dem Dache eines Hühnerstalles, haben sich je 8 bis 10 um einen improvisirten Spieltisch gruppirt, wo sie der Leidenschaft des Hazardspieles fröhnend ganze Haufen von Silberdollars neben sich liegen haben und stundenlang, teils mit fieberhafter Hast, größtenteils aber kalten Blutes, ihren Geldvorrat kleiner oder größer werden sehen.

So spielt sich ein wichtiger Teil der Kulturgeschichte Chinas in lebenden Bildern vor unsern Augen ab. — Eben gab's eine aufgeregte Szene: Ein junger Chinese sprang jammernd und sich die Stirne schlagend auf unser Deck und zeigte uns einen kleinen Koffer, welcher, wie er eben entdeckt haben wollte, in der vergangenen Nacht aufgebrochen und leer gemacht worden war. Er soll aber sein ganzes Ersparnis (zirka 100 Dollars), mit welchem er heimzukehren gedachte, enthalten haben. Eine vorgenommene Untersuchung unter dieser Gesellschaft von Spitzbuben, die sich, wenn Gelegenheit da ist, alle unter einander bestehlen, ergab natürlich nichts. Mir erschien das Auftreten des jammernden Chinesen, sein Händeringen, sein tränenloses Heulen, mit dem er

5

nach Belieben sofort ausfetzen konnte, so gemacht und theatralisch, daß ich geneigt bin, ihn für einen Betrüger und den Diebstahl als ersonnen zu betrachten.

Einen andern Chinesen fand ich eifrig mit Lesen in einem mit schönen Holzschnitten versehenen chinesischen Buche beschäftigt. Eine in den Bildern immer wiederkehrende Figur schien mir große Aehnlichkeit mit Livingstone zu zeigen und wirklich sagte mir auf mein Befragen der etwas englisch sprechende Leser, daß er Living= stones Reisen in chinesischer Uebersetzung vor sich habe und daß das Buch in China sehr verbreitet sei. — Ich ließ mir einzelne Stellen ins Englische übertragen und fand, daß es sich dabei nicht bloß um eine unterhaltende, mit Abenteuern gespickte Reise= beschreibung handelt, sondern daß wirklich der Wortlaut der Livingstoneschen Schriften mit all den wissenschaftlichen Erörter= ungen vorliegt. — Der Besitzer und eifrige Leser ist ein gewöhn= licher Ladenschreiber, und ich dachte so bei mir, wie mancher seines Staubes wohl bei uns im zivilisirten Europa zu finden wäre, der seine vorigen Batzen zum Ankauf solcher Bücher und seine freie Zeit zur Lektüre derselben benützte.

Die „Ancona", die mich nach Hongkong bringt, ist ein gut eingerichtetes, noch fast ganz neues Schiff der englischen P. und O.= Dampfschiffahrtsgesellschaft, welches die Tour von London via Bombay nach Shanghai und zurück zweimal im Jahre zu machen hat. Man hört so viel schimpfen über die englische Schiffsküche; aber ich muß hier — so wenig mich sonst das Thema „Küche" zum Kampfe begeistern kann — eine Lanze für sie brechen und sagen, daß das famose Habermus des Morgens und der jederzeit erhältliche ganz ausgezeichnete Thee allein im stande wären, mich für sie einzunehmen; dagegen ist die Disziplin hier lange nicht dieselbe, wie auf dem Messageriedampfer „Sindh", der uns von Marseille nach Singapore brachte. Es mag dies größtenteils am Oberhaupte liegen. Der Kapitän des „Sindh" ist ein ernster,

würbiger Mann, der stets auf seinem Posten steht und die Zügel
nie aus der Hand gibt. Unsern jetzigen Schiffskommandanten
aber habe ich noch nie arbeiten sehen als bei Tische und an der
Seite oder auch zu Füßen einer emanzipirten englischen Lady,
welcher er in solcher Weise den Hof macht, daß das Paar bereits
Gegenstand der Chronique scandaleuse an Bord wurde.

Unsere Schiffsgesellschaft ist im ganzen eine herzlich langweilige (mich natürlich inbegriffen): Ein englischer Hauptmann
schlagflüssigen Aussehens, der mit seinen zwei Töchtern à 30 und
32 Frühlinge von Westindien nach Hongkong versetzt wurde; er
hat das Malheur, jeden Lehnstuhl — und wenn er sich noch so
sachte darauf setzt — unter der ungeheuerlichen Zumutung erschöpft
zusammenbrechen zu sehen. Dazu ein sechzigjähriger englischer
Junggeselle, der sich ein bischen die Welt ansehen möchte; ein
achtzehnjähriger englischer Lord oder was dergleichen, den sein
Vater auf Reisen schickte, weil er daheim nicht zu verbrauchen
war und der zwanzigmal per Tag — den Hut auf dem Kopfe
— sich vors Klavier setzt, zwanzigmal denselben Walzer im Leichen-
bittertempo herunterorgelt und gelegentlich auch unsern Altmeister
Beethoven schändet; endlich ein Commis aus Penang, der wegen
„Magenleiden" nach Yokohama geht und deshalb beim Essen von
jeder Platte nur einmal herausnimmt; und ein Doktor aus der
Schweiz, der nach Osten fährt, während es ihn doch nach Westen
zieht. — Voilà tout. Also alles kuriose Leute. Doch vergaß ich
noch zwei Passagiere, die zusammen acht Beine haben; die zwei
englischen Damen führen nämlich zwei kleine Hunde mit, denen
— dank der Liebenswürdigkeit und Toleranz des Kapitäns —
alle möglichen Rechte eingeräumt sind. Die niedlichen Tierchen
fressen und .... auf unserm Verdecke, spazieren gelegentlich auf
den Tischen der Kajüte herum, benehmen sich überhaupt in jeder
Weise sehr ungenirt. Nun meinte ich, mir auch eine Freiheit
herausnehmen zu dürfen und rauchte gestern meine Cigarre auf

Deck — also in freier Luft — aber allerdings in bedrohlicher Nähe für Ladies und Hunde. Sofort kam der galante Kapitän auf mich zu und hauchte mir ins Ohr: Ladies dont like smoking. Ich ging natürlich weg und dachte: and gentlemen dont like Hunds ..., war aber zu artig, es zu sagen. — Zwei Stunden später fand ich den Kapitän mit brennender Pfeife bei seiner Schönen sitzen und seither ist stillschweigend Rauchkonsens erteilt. — Glücklicherweise haben wir bald unser erstes Ziel, Hongkong, erreicht. Morgen, Mittwoch den 15., mittags, soll die chinesische Küste in Sicht kommen.

VI.

Ankunft in China. — Zudringlichkeit der Chinesen. — Hongkong. — Mein Kulikepper. — Blütenreichtum Chinas. — Bankgeschäft mit Hindernissen. — Nächtliche Fahrt auf dem Perlfluß. — Kanton. — Feindliche Haltung der Bevölkerung. — Greuel im Gerichtshofe. — Richtstätte. — Tempel der Schrecken. — Tempel der 600 Götzen. — Marco Polo. — Examinationszellen. — Chinesische Hausindustrie.

---

20. August: An Bord des „Zambési"
zwischen China und der Insel Formosa.

Statt über Shanghai, wie ich ursprünglich vorhatte, nach Japan zu reisen, habe ich es vorgezogen, den von Hongkong direkt nach Nagasaki fahrenden englischen Dampfer Zambési zur Überfahrt zu benutzen. Auf diese Weise gewinne ich für Japan einige Tage und verliere an Shanghai, das eine ganz europäische Stadt mit französischem, englischem und deutschem Viertel sein soll, nichts Originelles.

Das Wetter ist so schlecht als möglich: Konträrer Wind von ungewöhnlicher Stärke, hohe See, zeitweilige Regengüsse und dabei doch eine schwüle, schwere Luft und immer noch eine Temperatur von 24—26° R. im Schatten. Gestern und vorgestern machte ich vergebliche Schreibversuche. Das stark rollende und mächtig geschüttelte Schiff erlaubte nichts Derartiges und ein See von Tinte auf dem Teppich des Kajütentisches war das einzige Resultat meines Schreibeeifers. Auch heute wird es mir schwer, die Feder zu führen, und in dem halb seekranken Gehirne taumeln die von China mitgenommenen Bilder und Eindrücke durcheinander, wie die klirrenden Gläser und Löffel im benachbarten Schranke. — Nun zurück nach China.

Mittags, den 15. August, sahen wir uns im Bereich der ersten chinesischen Inseln und passirten ganz nahe an einem vor kurzem gestrandeten englischen Dampfer, dessen von allen Mobilien entblößter Schiffskörper mit den anschlagenden Wellen auf- und abtanzte. Unter mannigfacher Veränderung des Kurses windet sich unser Schiff zwischen den grünen Eilanden hindurch; bald werden stattliche Gebirgszüge sichtbar, mit kleinen malerischen Forts, Signalstangen u. s. w., und mittags halb 1 Uhr biegen wir in den von der Natur geschaffenen, durch grüne Berginseln rings umschlossenen, gewaltigen Hafen von Hongtong ein und sehen die malerische Stadt vor uns liegen, die sich in ungeheurem Halb-kreise längs der Bucht ausbreitet und an dem 2000′ hohen Viktoria-Pic terrassenförmig und ähnlich wie Algier in Gestalt eines Drei-eckes in die Höhe steigt. — Hongkong macht dem vom Meere her-kommenden Beobachter den Eindruck einer recht reichen, italienischen Stadt; die dominirenden europäischen Häuser sind Paläste in italienischem Stile und auch die Pinien fehlen nicht, um das Bild vollständig zu machen.

Kaum war unser Schiff den Hunderten am Strande liegenden chinesischen Booten sichtbar, so begann unter denselben eine förm-liche Wettfahrt. Ihrer drei, mit je 7—8 Chinesen bemannt, kamen allen andern voraus, hielten sich mit eisenbeschlagenen Bambus-

haken an dem noch in voller Fahrt befinblichen Dampfer feft und
kletterten mit großer Behendigkeit längs der Schiffswandung in
die Höhe, während ihre gebrechlichen Fahrzeuge vom Strubel der
Schraube unbarmherzig hin und hergefchlagen wurden. Kaum
aber ftreckte der erfte — ein ganz gut in Seide gekleideter Chinefe
— den Kopf über die Brüftung und machte Miene, auf Deck zu
fteigen, fo fielen einige Matrofen über ihn her und bearbeiteten
ihn in einer nach europäifchen Begriffen unmenfchlichen Weife,
warfen ihm feinen Hut ins Meer und hämmerten mit Fäuften
und Schlüffeln auf feinen bis auf den Zopf kahlen Schädel los,
um ihn zum Rückzug zu zwingen. Ich mußte nicht, follte ich
mehr die Ausbauer des Chinefen oder die Erfindungsgabe der
Matrofen in neuen, noch nirgends gefehenen Liebenswürdigkeiten
bewundern. Mit einem Tauende wurde der Teil, den auch die
Chinefen zum Sitzen benutzen, aufs energifchfte behandelt; der
Chinefe blieb ftandhaft, wehrte fich nicht, wich aber auch keinen
Schritt zurück. (Uebrigens wäre er — hätte er losgelaffen —
ins Meer gefallen, was die Matrofen zu wollen fchienen.) Der
Zopf wurbe ihm um den Hals gefchlungen und feft zugebunden,
bis zu bedenklicher Bläue des Geficktes; der Chinefe behielt nach
wie vor feinen lächelnden Geficktsausdruck, rief beharrlich „Mama,
Mama" und zeigte aufs Vorderdeck, woraus ich fchloß, daß er
unter den bort befinblichen Paffagieren feine Mutter erwarte.
Unterbeffen gaben die andern Eindringlinge den Matrofen fo viel
zu fchaffen, daß der Erftbearbeitete glücklich entwifchen, unter
Deckung mit meinem Körper über die Barrieren hüpfen und mit
bem gewohnten Lächeln über Deck zu feinen Verwandten gehen
konnte, wo ich eine rührende Begrüßungsszene mit anfah. — Die
übrigen Zöpfe fetzten während der Zeit ihre zubringlichen Bemühungen fort, bis die Matrofen ihnen die Bambusftäbe zerbrachen
und die Schifftaue durchfchnitten und durch ein Bombardement
mit Steinkohlenftücken jeden Kalibers den Angriff abwehren konnten.

Grün und blau und schwarz, einige auch blutend, zogen sie sich zurück, ohne einen einzigen Ton des Unbehagens zu äußern. S'sind merkwürdige Leute, diese Chinesen, wie ich schon in Java zu sehen Gelegenheit fand; lassen sich malträtiren und beschimpfen, ohne zu murren, um einiger Cents willen, und kommen mit ihrer scheinbar stupiden, aber durchaus berechneten Ausdauer meist zum Ziele.

So roh das Verfahren der Matrosen schien, so mußte ich es angesichts der Tatsachen doch begreifen, war aber sehr ungehalten darüber, daß sie sich nachher eine große Inkonsequenz zu Schulden kommen ließen. Als wir uns nämlich dem Quai näherten, erschienen an der Schiffsseite andere Kinder des Reiches der Mitte, welche mit der nämlichen Unverschämtheit, wie ihre Vorgänger, die Kähne festhakten und den Schiffskörper erklommen, ohne daß ihnen irgend welcher Widerstand geleistet wurde. Es waren einige Häuschen junger, hübsch gekleideter, mit Gold reich dekorirter Chinesinnen, die sich sehr ungenirt unter die Passagiere mischten, ihr ganzes englisches Lexikon mit Good morning, Sir! Nothing to wash, Sir? All right, hersagten und sich dadurch als „Wäscherinnen“ qualifizirten. Dieselben stereotypen Figuren, unter denen zehn= und zwölfjährige sich befanden, sah ich nachher auch auf andern eben angekommenen oder zur Abfahrt bereit stehenden Steamern.

Unterdessen hatte unser Schiff angelegt und die Ueberschwemmung mit Kulis und anderm Ungeziefer begann. Wir aßen noch an Bord; der liebeskranke Kapitän war aber sehr schlechter Laune; zwei englische Lieutenants, die den erwarteten Hauptmann mit seinen Töchtern abholten und deren Galanterie sogar einen preußischen Gardelieutenant in den Schatten gestellt hätte, absorbirten die Aufmerksamkeit der Schönen so vollständig, daß für den armen Schiffskommandanten nichts mehr übrig blieb. — Am Lande warteten einige Dutzend Säuften und Jinrikshas (zweirädrige Handkarren), die einzigen Beförderungsmittel in China, auf uns. Einem Kuli, dem ich seiner erbarmungswürdigen

Magerkeit halber gerne etwas zu verdienen geben wollte, ver-
traute ich meinen Leib an, und ich hatte alle Ursache, mit dem
Kuliklepper zufrieden zu sein, denn er brachte mich mit einer
Langsamkeit vorwärts, die eine gemütliche Einsichtnahme beider
Straßenseiten ermöglichte; Jean Pauls durchbrennender Gaul,
der mit einem rechts und links seinen Beruf besorgenden Brief-
träger gleichen Schritt hielt, muß im Vergleich zu meinem Kuli
ein Schnelläufer gewesen sein. — Es widerstrebte mir anfangs,
ich weiß nicht recht warum, mich von einem Mitmenschen auf
diese Weise im Schweiße seines Angesichts befördern zu lassen;
aber die Macht der Gewohnheit, das tägliche Voraugensehen halfen
bald über die unmotivirten Bedenken hinweg, und ich denke sogar
ohne Gewissensbisse daran, daß ich vermöge meines Körpergewichtes
meinen Lastträgern mehr Schweißtropfen gekostet habe, als manch
anderer Mensch. Dafür kamen sie aber auch in der klingenden
Entschädigung nicht zu kurz.

Hongkong, die 16 Quadratmeilen große, am Ausflusse des
Kantonflusses gelegene Insel, war noch vor 40 Jahren nur von
Piraten bewohnt, welche den vorbeifahrenden Schiffen großen
Schaden zufügten. Mancher wackere Segler mit samt seiner Mannschaft hat in diesen Gewässern sein Grab gefunden. 1841 kam
es durch Kaufvertrag mit China in die Hände der Engländer
und ist seither Zentralstätte des europäisch-chinesischen Handels
geworden. Die nach der englischen Besitznahme entstandene Hauptstadt zählt bereits 80,000 Einwohner, worunter natürlich die
erdrückende Mehrzahl Chinesen. Die Anlage ist ganz europäisch,
d. h. auch die Inländer haben ihre Häuser nach bestimmten Vor-
schriften bauen und den Straßen eine vorgeschriebene Breite geben
müssen. Einzelne Straßenperspektiven sind geradezu prachtvoll;
die chinesischen Magazine übertreffen an Prunk die europäischen.
Doch gilt dies natürlich nur von den Hauptstraßen. In den
Nebengassen herrscht der gleiche Schmutz, dasselbe Gedränge und

Gekreische, wie in den chinesischen Quartieren von Batavia und
Singapore. — Die Engländer sprechen gerne davon, daß es ihnen
gelungen, die starren Chinesen an eine Stadtbauordnung zu
gewöhnen und betrachten dies als eine zivilisatorische Annäherung.
Aber der Chinese bleibt nach wie vor, was er ist, und so wenig
er seinen Zopf wegläßt oder das Geringste an seiner Kleidung
und seinen Gewohnheiten nach europäischem Muster ändert, so
starr bleibt auch sein Sinnen und Denken; die zivilisirenden
Europäer sind ihm eine verhaßte Last, die er jederzeit gerne
wieder abschüttelte, und nur die Geldgier, die bei keinem Volke
so groß ist wie bei den Chinesen, macht ihn duldsamer gegen
die fremden Eindringlinge, durch die eben doch, wie er ganz gut
weiß, ein größerer Geldumsatz ins Land gekommen ist. Die
Polizeiordnung in Hongkong darf eine musterhafte genannt werden.
Einige hundert aus Indien hergebrachte, imponirende, bärtige
Riesen, in gelben, europäischen Kleidern, mit rotem Turban und
gutem Schuhwerk, sorgen für die öffentliche Ordnung. Man kann
bei Tag wie bei Nacht keine 300 Schritte gehen, ohne auf einen
solchen Sicherheitswächter zu stoßen, und das Bewußtsein, überall
im Bereiche eines wachsamen Auges oder Ohres zu sein, wirkt
auf einem Boden, der so viel Haß, Mordlust und Habgier trägt,
sehr wohltätig.

Auffällig im Verhältnis zu den Tropen ist in China der
Reichtum an duftenden Blüten: Moosrosen von nie gesehener
Schönheit, duftende Camelien, Lilien aller Art, Blumen ganz
fremder Form und Farbe werden einzeln oder in riesigen Bouquets
an den Straßen feilgeboten und oft ist der von solchen Blumen-
märkten herkommende Geruch geradezu betäubend. Im übrigen
ähnelt die Vegetation sowohl Hongkongs als des chinesischen Festlandes den Tropen auch durchaus nicht. Die Palme erscheint
nur einzeln in Gärten. Coniferen bestimmen den Charakter der
Wälder; Obstbäume, in dichten Gruppen zwischen den Reisfeldern

stehend, erinnern ebenfalls eher an Südeuropa als an die Tropen. Dagegen ist die Banane eine viel gepflanzte und gut gedeihende Frucht.

Am Hafen Hongkongs herrscht ein reges Leben. Hunderte von kleineren und größeren Booten besorgen den Personen- und Güterverkehr mit den größtenteils weit draußen in der Rhede liegenden Schiffen. Viele dieser kleinen schwarzen Fahrzeuge bienen einer ganzen chinesischen Familie als ausschließliche und einzige Wohnung; Vater, Mutter, Kinder, Hühner, Hund und Katze teilen sich in den Kasten, der in irgend einer schmutzigen Ecke den Vorrat an Reis und gedörrten Fischen und die notwendigsten Küchenutensilien, Koch- und Theetopf enthält. Die Weiber, oft 1 bis 2 Kinder auf dem Rücken, zeigen sich als famose Ruderer, während der Mann vielleicht nebenan liegt und schläft ober die paar Cents, welche seine geplagte Gattin verdient, in einer Opiumbude verraucht. — Näheres darüber, sowie über allerlei Sitten und Gebräuche bei den Chinesen, werden meine Berichte über Java bringen, wo ich hinreichend Gelegenheit fand, die Söhne des himmlischen Reiches zu beobachten.

95 Meilen landeinwärts liegt am Ufer des Kanton- oder Perlflusses die eine Hauptstadt Chinas und Residenz des Vizekaisers, Kanton, mit gegen 2 Millionen Einwohnern, der Hauptpunkt für Seide- und Thee-Export. Im Jahre 1516 wurden von Portugiesen und Arabern die ersten Handelsverbindungen mit dieser Stadt angeknüpft; 1684 schufen die Engländer daselbst eine Faktorei, wonach der Thee-Export begann und bald riesige Dimensionen annahm. Aber die Verträge zwischen England und der chinesischen Regierung wurden von letzterer oft gebrochen; die wenigen in Kanton lebenden Europäer waren ihres Lebens nie sicher, und so sandte England 1857 eine militärische Macht hin, welche die Stadt einnahm und bis 1861 besetzt hielt. —

Seither herrscht mit kleinen Abwechslungen, gelegentlichen Meuchel-
morden u. s. w., Ruhe daselbst; den Europäern — es sind ihrer
vielleicht 40 — ist eine kleinere Insel als Wohnort angewiesen.

Die Anziehungskraft der chinesischen Riesenstadt, die von
Hongkong aus so leicht zu erreichen ist, war zu groß, als daß
ich hätte widerstehen können. Abends 6 Uhr sollte ein Dampfer
dorthin abfahren, morgens 4 Uhr konnten wir an Ort und
Stelle und den folgenden Morgen wieder zurück sein. — Zu dem
Zwecke mußte ich aber vor allem den bei der Hitze rasch ver-
dunsteten Inhalt meines Geldbeutels wieder herstellen, was mir
denn auch unter Schwierigkeiten bei der Hongkong-Shanghai-
Bankkorporation gelang. Der Umstand, daß mein in Singapore
ausgestellter Kreditbrief auf E. H. lautete, während ich eine
vorgelegte Quittung mit Dr. E. H. unterschrieb, hatte allgemeines
Schütteln des Kopfes und längere mißtrauische Inspektionen zur
Folge. Konnte nicht dieser E. H. ein von Dr. E. H. ganz verschiedener Mensch sein, letzterer vielleicht ein ganz gefährliches
Individuum, das den erstern gar ums Leben gebrungen und sich
seinen Kreditbrief angeeignet hatte? Meine Versicherung, daß
beide E. H. auf sehr gutem Fuße zusammen stehen, nützte gegenüber der englischen Vorsicht lange Zeit nichts und erst nachdem
ich eine Stunde in dem heißen Lokale gewartet und mir die geschäftig hin- und herrennenden und an ihren Zählbrettchen rech-
nenden Chinesen, die in Schweiß gebadeten englischen Buchhalter,
die gewandten Kassiere und rollenden Geldhaufen genugsam angesehen hatte, erhielt ich die gewünschten 50 Dollars und wurde
mit Verdacht entlassen. Zur Entschuldigung meiner Inquisitoren
sei gesagt, daß ich im Vergleich zu ihrer eleganten Toilette, ihren
spitzen, glanzledernen Rosettenstiefelchen, ihren tadellos weißen
und antik anliegenden Beinkleidern und wunderbar prächtigen
Busennadeln in meinem bestaubten Reisekostüm, den rationellen
Schweizerschuhen und einem ungeheuren Korkhute nicht sehr ver-

trauenerweckend aussah. Auch war wohl mein Englisch nicht von der allerfeinsten Qualität.

Um halb 6 Uhr verfügte ich mich mit drei Reisegefährten von der „Ancona" (zwei Engländern und dem deutschen Commis), welche die Fahrt mitzumachen beabsichtigten, an Bord des nach Kanton bestimmten, nach Art der Mississippisteamer gebauten Dampfers, der einer amerikanischen Gesellschaft gehört. Niemals in meinem Leben habe ich ein Dampfboot von ähnlicher Eleganz und Pracht, von gleichem Komfort und demselben Raffinement der Küche gesehen. Auf dem Vorderdeck befindet sich der große, reich ausgestattete und mit Luxusstühlen und Sofas größter Bequemlichkeit versehene Salon I. Klasse; davor uud zu beiden Seiten eine offene Galerie. Kabinen, Badezimmer, Betten, Abtritte sind von musterhafter Reinlichkeit und Größe. Gegen die Passagiere II. und III. Klasse ist man aus später anzugebenden Gründen sorgfältig abgeschlossen.

Eigentümlich harmoniren mit dieser pompösen Ausstattung des Speisesalons sechs Gestelle mit Gewehren, Revolvern und schneidenden Waffen, welch erstere vor der Abfahrt alle sorgfältig geladen wurden. Grund zu dieser Vorsichtsmaßregel sind die auch in den Gewässern des Kantonflusses heimischen chinesischen Piraten. Erst vor einigen Jahren ist es vorgekommen, daß eine größere Anzahl dieser frechen Räuber als Passagiere II. und III. Klasse mitreiste, mitten in der Nacht an einem verabredeten Orte Kapitän, Mannschaft und Passagiere ermordete und ein bereit gehaltenes Segelboot mit dem köstlichsten Teile der Ladung — einigen Säcken Silberdollars — füllte und entwischte. Deshalb wurde auch vor der Abfahrt Inspektion über die mitreisenden chinesischen Passagiere gehalten, und erst als der damit Beauftragte dem Kapitän sein „all right" rapportirte, ertönte das letzte Signal mit der Dampfpfeife. — Für 4½ Dollars hatten wir I. Klasse außer der Fahrt noch eine Mahlzeit, deren Karte

20 Nummern aufwies, als letzte Vanille-Eis und als Nachsatz
Kaffee mit Cigarren; dabei alle Getränke nach Belieben, Sherry,
Bordeaux, Biere, Sodawasser. Grund dieser verrückten Leistungen
und geringen Forderung ist die in jüngster Zeit stattgehabte
Bildung einer Konkurrenz-Gesellschaft, die auf diese Weise tot
gemacht werden soll.

Das Steuerrad ist, um dem Steuermann eine bessere Ueber-
sicht zu ermöglichen, vorn über dem Speisesaal angebracht; zudem
patrouillirt während der ganzen Nacht auf der Terrasse des
Vorderdeckes eine stündlich abgelöste Wache. Bei all diesen Vor-
sichtsmaßregeln ist ein Unfall kaum mehr beulbar und es fiel
mir auch nicht ein, mich mit der Eventualität eines solchen zu
beschäftigen, sondern ich genoß die herrliche Fahrt in vollen
Zügen. — Das Schiff durchquert erst die Bucht von Hongkong
gegen Westen zu; der Rückblick auf die Stadt, den Hafen und
die Inseln, welche ihn nach dem offenen Meer abschließen, ist
prächtig. Noch ist es nicht möglich, einen Ausweg aus der von
Gebirgen rings umgebenen Bucht zu entdecken, bis das Schiff
plötzlich um einen felsigen Vorsprung wendet und man die breite
und stark strömende Mündung des Kantonflusses vor Augen hat.

Unterdessen war der Mond aufgegangen und beleuchtete die
Szenerie. Eine Menge wunderlicher Fahrzeuge glitt lautlos flußabwärts und an den Ufern sah man chinesische Ortschaften, von
welchen Sing-Sang aller Art, aber unmelodisch-lärmender, zu uns
herübertönte. Um 11 Uhr lag die ganze Reisegesellschaft (vier
Personen) zu Bette; auch ich versuchte zu schlafen; aber der
Reiz des absolut Neuen und ein Häufchen anhänglicher Stech-
mücken hielten meine Augen offen und ich blieb in leichten Nacht-
kleidern bis gegen Morgen im Salon liegen, zu dessen betäu-
benden Blumendüften ich das Aroma einiger Cigarren mischte.
Durch die geöffneten Türen sah ich weithin den Verlauf der
mondscheinglänzenden Wasserstraße, der mir nur von Zeit zu

Zeit durch einen wandelnden Schatten — die patrouillirende
Schiffswache — teilweise verdeckt wurde; aber ihr Schritt war, da
sie barfuß auf weichem Teppich ging, absolut geräuschlos und
von der Schiffsschraube war ich zu weit entfernt, um etwas zu
hören; so herrschte totale Stille, und ich erinnere mich nicht,
jemals in meinem Leben so im Gefühl gänzlicher Ruhe und
Erholung geschwelgt zu haben, wie auf dieser Kantonfahrt.

Morgens 3 Uhr passirten wir die große, aus lauter Bambushäusern bestehende Vorstadt Whampoa und um halb 5 Uhr legte
das Dampfboot in der chinesischen Hauptstadt an.

Wo finde ich nun aber die Worte, um die auf 12 Stunden
zusammengedrängten fremdartigen, teils schönen und teils grauenhaften Erlebnisse zu Papier zu bringen? Was ich schreibe, ist nur
der matte Wiederschein von dem, was ich sah und hörte. So
früh am Tag es auch war, so wurde es doch gleich lebendig in
der Umgebung unseres Schiffes. Dicht zusammengedrängt an
beiden Ufern des Flusses lagen viele Tausende von kleinern und
größern Booten, deren Insaßen sich schreiend und kreischend
einen Weg zu unserm Dampfer zu bahnen suchten. Ebenso viele
Tausende chinesischer Familien wohnen in diesen Booten und
haben kein anderes Daheim als den kleinen schwarzen Kahn, in
welchem Vater, Mutter, Großvater, Kinder, Kleinvieh, Küche
u. s. w. beisammen sind. Wie in Hongkong, so sah man auch
hier hauptsächlich die Weiber am Ruder, die meist zu ihrer Arbeit
noch die kleinen Kinder auf dem Rücken tragen. Manchmal
schlafen die Kleinen ruhig in ihrer kuriosen Position, und mit
jedem Ruderschlag der Frau Mama wackeln die bis auf einen
Büschel Haare in der Scheitelgegend kahl rasirten Köpfchen schwerfällig auf und ab. Den Kindern, die schon auf eigenen Füßen
stehen, ist oft ein Tönnchen oder eine Schweinsblase um den
Hals gebunden, damit, wenn sie ins Wasser purzeln, der Kopf
oben bleibt. In diesem Chaos von bewohnten Booten hat 1867

ein Taifun, einer jener Wirbelorkane, wie sie in den chinesischen und japanesischen Gewässern und Küstenländern während der Monate August und September vorkommen, solche Verheerungen angerichtet, daß nachher einige tausend Leichname flußabwärts trieben und die Räder des herauffahrenden Kantondampfers dadurch aufgehalten wurden.

Waschmädchen und ein lächelnder Chinese, der sich per Visitenkarte als „Lo Chong, guide" einführte, waren die ersten Wesen, die unser Deck unsicher machten. Wir engagirten den letztern und hatten nachher alle Ursache, mit ihm zufrieden zu sein. Er sprach ordentlich Englisch und kannte, obschon aus dem Norden von China gebürtig, das Labyrinth Kanton ganz vorzüglich. — Die Stadt ist ohne Plan gebaut; die Straßen oder besser gesagt Gassen führen kreuz und quer durcheinander und es braucht jahrelange Gewohnheit, um sich in ihnen zurecht zu finden. Die breitesten Hauptstraßen sind so schmal, daß ein Fuhrwerk nicht passiren könnte; es existirt aber auch in ganz Kanton kein anderes Beförderungsmittel als die von Kulis auf der Achsel getragene Sänfte; wollen zwei Sänften aneinander vorbei, was nicht in allen Gassen möglich ist, so müssen die Fußgänger rechts und links in die überall offen stehenden Läden und Wohnungen ausweichen. Zur Seltenheit erblickt man einmal hinter der reichen Sänfte eines vornehmen chinesischen Würdenträgers, eines Mandarinen, ein kleines Pferd, das von dem begleitenden Diener geritten wird. Die Wege sind meist mit stark ausgelaufenen großen Kieseln gepflastert; ohne diese Unterlage müßte man vielerorts im Schmutze versinken.

Die Häuser sind in gewissen Quartieren sehr hoch, oft fünf- und sechsstöckig, mit Gold und Rot — der Lieblingsfarbe des Chinesen — überladen. Zudem hängen überall bis 30 und mehr Fuß lange rote oder schwarze, mit goldenen Lettern bemalte Aushängeschilder senkrecht an den Häusern herunter, wodurch die ohne-

hin schon schmalen Straßen noch mehr verengt werden. (N. B. Die
Gewohnheit der Chinesen — wie auch der Japanesen — nicht
in horizontaler, sondern in vertikaler Richtung zu schreiben, ver=
langt auch die entsprechende Form der Aushängeschilder, welche
dann mit der Kante, nicht mit der Fläche der Häuserfront
aufliegen.) Dekorationen anderer Art, welche daneben angebracht
sind: plastische Darstellungen von Drachen und andern Phantasie=
tieren, bunte Gemälde, farbige Laternen jeder Form geben im
Verein mit den beschriebenen Schildern den Straßen ein ganz
märchenhaft phantastisches Aussehen. Die chinesischen Magazine
der bessern Quartiere, deren Herrlichkeiten an Gold, Seide, Edel=
steinen, Elfenbein, edlen Holzsorten u. s. w. offen ausgebreitet
daliegen, sind prachtvoll, geradezu feenhaft. Nach oben zu rücken
die Häuser mit ihrem goldenen Flitter so nahe zusammen, daß
vom Himmel nichts zu sehen ist, und wenn man im Halbdunkel
solcher Straßen zwischen der fremdartigen drängenden Menschen=
menge — betäubt von dem Lärm derselben und von den Düften
der Blumenmärkte — sich seinen Weg sucht, so glaubt man zu
träumen oder irgend ein Märchen in der Unterwelt zu erleben.

Wir hatten zu unserer Beförderung fünf Sänften mit je
drei Kulis; der lange Zug machte überall Verkehrshemmung und
großes Aufsehen, namentlich weil europäische Gesichter aus den
Kästen hervorguckten. Die Bevölkerung behandelte uns — ab=
gesehen von Händlern, die uns in der Hoffnung auf ein gutes
Geschäft zuvorkommend in ihre Magazine einluden — sehr un=
freundlich und ihr Haß gegen die Fremdlinge war durchaus nicht
zu verkennen. Daß sie sich über uns lustig machte, ist begreiflich;
würde doch ein bezopfter Chinese bei uns auch Gegenstand der
öffentlichen Heiterkeit sein. — Aber die Bewohner Kantons —
die nebenbei gesagt abscheulich häßlich sind — führten sich in
anderer Weise höchst unangenehm auf, machten nur widerwillig
Platz, spuckten sich ostentativ vor uns aus, stießen und schlugen

an die Sänften und riefen uns kleine Freundlichkeiten nach, die
mir der Führer nachher mit „roter Hund, roter Teufel" übersetzte und als Spitznamen der Chinesen für die Europäer quali-
fizirte. — Ich hatte mir die Sache nach mündlichen Berichten
von Kantonbesuchern ganz anders vorgestellt und war höchst
unangenehm erstaunt über die feindliche Haltung der Bevölkerung,
bedauerte auch durchaus nicht, in Gesellschaft zu sein, so gerne
ich sonst dergleichen Touren, um ungenirter über meine Zeit verfügen und mehr meinen Liebhabereien nachgehen zu können, allein
mache. — Die Erklärung dazu gab mir abends ein in Kanton
lebender europäischer Seidenhändler: Es waren drei Tage zuvor
von drei europäischen Zollbeamten, die in betrunkenem Zustande
durch die Straßen zogen, ein chinesischer Junge und eine Frau
durch Revolverschüsse getötet worden, und dies Ereignis hatte eine
furchtbare Erbitterung in die Bevölkerung gebracht, um so mehr,
als man europäischerseits verlauten ließ, daß die Täter nicht, wie
die Chinesen stürmisch verlangt hatten, hingerichtet werden sollten.
Ich war froh, das erst am Schlusse des Tages zu vernehmen;
der Führer hatte wohlweislich nichts davon gesagt; aber ich begriff dann nachträglich die Sorgfalt, mit der er mich stets von
Soloexpeditionen in Häuser und Höfe zurückzuhalten suchte. *
Unter den vielen Merkwürdigkeiten Kantons, die wir besuchten, ist mir der Gerichtshof die schrecklichste Erinnerung. Dort
sah ich Greuel, die ich bisher nur aus der Geschichte der Vergangenheit gekannt hatte. Durch verschiedene schmutzige Höfe,
zwischen elenden Wohnungen der Gefangenwärter und einigen
schweinestallartigen Einfriedigungen, in welchen Gefangene haufen-
weise zusammengepfropft standen, kamen wir — stets verfolgt
von einer gaffenden und auch schimpfenden Menge — zum eigentlichen Gerichtssaal, einer hölzernen, nach einer Seite hin ganz
offenen Halle, in welcher sich uns folgendes Bild darbot: An

* Wenige Tage später brach der Aufstand in Kanton los.

zwei großen Tischen saßen je brei bis vier chinesische Richter, vornehm gekleidet, mit gewaltigen Zöpfen, zum Teil martialischen Gesichtszügen, aber in sehr häuslich ungenirten Positionen. Vor ihnen standen Theetassen und silberne Wasserpfeifen, welche von Zeit zu Zeit durch kleine Jungens mit Tabak gestopft, angezündet und an den allergnädigst richterlichen Mund hingehalten wurden, so daß Ihre Hoheiten nur zu ziehen und sich mit den Händen nicht zu bemühen brauchten. An den Wänden lehnten verschiedene Folterwerkzeuge: Daumenschrauben, Halskragen, geschwänzte Katzen u. s. w. Auf- und abeilende Diener brachten und holten Aktenstöße und schenkten Thee ein.

Einen Anblick aber, der mir beinahe das Blut in den Adern stocken machte, hatte ich unmittelbar vor mir, zu meinen Füßen. Vier Chinesen lagen zur Erpressung eines Geständnisses auf der Folter, und zwar, wie ich erfuhr, schon seit mehreren Stunden. An einem sägebockartigen, senkrecht aufgestellten Holzgerüste hingen die Unglücklichen derart aufgeknüpft, daß Daumen und Zehen der nach hinten zurückgeschlagenen Arme und Beine — mit Stricken geknotet — die ganze Körperlast zu tragen hatten. Die Haut des Rückens war durch vorherige Bearbeitung mit Bambusstäben blutunterlaufen und geschwollen. Die durch die unnatürliche Lage ganz blutleeren Hände und Füße sahen leichenartig blaß aus; die Glieder zitterten; die Gesichtszüge waren vor Schmerz entstellt und gräßlich anzuschauen. Einer der Gefolterten wand sich krampfhaft, wodurch er aber seine Qualen nur erhöhte.

Zu Füßen desjenigen, der mir am meisten zu leiden schien, schlief schnarchend ein zirka achtjähriger Junge, eiserne Fußschellen in den Händen, an welchen er den Verbrecher (Dieb) hergebracht hatte; er wartete schlafend auf das Signal, um ihn wieder in die Zelle zurückzuführen. Ich bin überzeugt, daß es längere Zeit braucht, bis ein so Gefolterter zum vorherigen Gebrauch seiner Glieder kommt und wieder marschiren kann. Ist die

Folterqual zu Ende, so wird er — eine hülflose zuckende Masse — auf ein Inch geworfen, vermittelst eines durch die geknoteten Enden gesteckten Bambusstammes weggetragen und wieder ins Gefängnis gebracht. Eben wurde ein weiterer Angeklagter eingeführt, der sich vor den Richtern auf die Kniee warf, mit der Stirn den Boden berührte und in dieser Stellung verblieb.

Theetrinkend und rauchend verhörte ihn einer der Justiz- männer und durchblätterte einen Band Akten dabei. Einige Zeugen traten vor, die knieend ihre Aussagen zu machen und mit Unterschrift zu bekräftigen hatten. Wir warteten das Urteil nicht ab, denn ich wollte nicht riskiren, weitere Greuel mit an- sehen zu müssen. Das im Gerichtssaal während den Verhand- lungen zirkulirende Volk, das durch unser Gefolge zu einem ganz ansehnlichen Haufen angewachsen ist, benimmt sich recht un- genirt, schläft, raucht, spuckt, plaudert, kocht und trinkt Thee nach Belieben und scheint an den Anblick der Gefolterten so ge- wohnt, daß es sich keine weiteren Gedanken mehr darüber macht. — Was sagt dazu die Abschreckungstheorie?

Einen nicht weniger gräßlichen Eindruck nahm ich von der Richtstätte mit fort. Dieselbe befindet sich in einem langen, schmalen und unsäglich schmutzigen Hofe, der jedermann zugänglich und auf der einen Seite durch eine Lehmmauer, auf der andern durch elende chinesische Wohnungen und Werkstätten begrenzt ist. Ein furchtbarer Verwesungsgeruch kam uns beim Eintritt entgegen; am Boden lagen die Bruchstücke durchschnittener Stricke; wir schritten über eingetrocknete Blutpfützen und an der Wand lehnten kleine kreuzförmige Galgen, auf welchen Tags zuvor sechs Delin- quenten gebunden und erdrosselt worden waren. Die Köpfe, — die der Henker jeweils nach dem Erdrosseln abzuschneiden, in einen Topf zu legen und auf einem mit dem Namen des Be- treffenden angeschriebenen Pfahle öffentlich auszustellen hat — lagen in ihren irdenen Behältern unmittelbar vor uns am Boden.

Die Sonne brannte glühendheiß auf die schaurige Stätte. Wenige Schritte davon entfernt tummelten sich kleine Kinder und spielten mit den am Boden liegenden blutigen Stricken; und ein Hafner saß so gleichgültig an seinem Geschäft, als ob er nichts von seiner grausen Nachbarschaft sähe. Seine Arbeit bestand darin, Lehm= töpfe, deren Bedeutung ich eben erwähnte, anzufertigen. — In Kanton sollen jährlich zirka 1000 Exekutionen stattfinden; der Tod durch das Schwert wird für schimpflicher angesehen, als derjenige durch Erdrosseln, weil im erstern Falle der unverhüllte Kopf mit dem Namen des Betreffenden aufgepfählt wird.

Die Abschreckungstheorie hat in Kanton noch ein ferneres Institut geschaffen, das wir auch besuchten. Es ist der „Tempel der Schrecken." In den verschiedenen Höfen, durch welche wir erst zu gehen hatten, herrschte reges Leben. Eine Menge Volkes war anwesend, lochte, opferte, betete vor den einzelnen Götzenbildern und ließ sich wahrsagen. Die Staatsreligion Chinas ist aller= dings der Buddhismus, aber in einer Form, die sich mehr dem Fetischismus nähert. Jeder Chinese hat seine Hausgötzen, denen er opfert; dann geben ihm die bösen Geister unendlich viel zu schaffen und man sieht selten ein Haus, in dem nicht zur Ab= wehr derselben einige Opferstäbchen brennen. — Die Schiffs= bewohner anderseits suchen durch knallendes Feuerwerk und Gold= papier die Fluß= und Meergötter bei guter Laune zu erhalten u. s. s. — Inmitten dieser erwähnten Höfe, die nach allen Seiten hin Hallen mit ungeheuerlichen Götzenbildern, Buddhastatuen und Opferherden haben, erhebt sich ein in chinesischem Stile aus Holz erbauter Tempel, zu dem man auf einer breiten Treppe ansteigt. Bettler, Aussätzige und Blinde ließen uns fast nicht durchkommen und drängten sich mit einer Zudringlichkeit an uns heran, von der man sich keinen Begriff macht. Ein häßlicher chinesischer Thersites packte meine Hand mit seinen schmutzigen und langnägeligen Fiugern und kneifte mich, da ich ihn abwehren wollte, weil ich buchstäblich nichts mehr zu geben hatte, so empfindlich, daß die Eindrücke der Nägel andern Tags noch zu sehen waren. Ein altes Weib schmiß mir beim Einsteigen in die Sänfte ihren leeren Bettlerkorb an den Rücken. Im Innern des Tempels befinden sich 12 bis 15 Gruppen von Holzfiguren, plastische Darstellungen aller jener Verfahren, durch welche die chinesische Justiz Verbrecher zu töten das Recht hat. Ich will keine nähere Beschreibung der gräßlichen und grausamen Bilder geben; die raffinirteste Strafe aber, die man gewiß bei keinem Volke der Welt und der Vergangenheit findet, muß ich doch erwähnen. Es ist das Zutodeläuten. Der Verurteilte wird unter eine große, nur wenige Zoll über dem Boden schwebende Glocke gesperrt und diese alsdann mit eisernen Hämmern so lange bearbeitet, bis der Unglückliche vernichtet zusammenbricht und stirbt. Die Möglichkeit eines solchen Todes kann vielleicht physiologisch bestritten werden; die Idee schon ist aber eine teuflische.

Ich war froh, als wir uns wieder in unsern Sänften befanden, und hatte noch mit den schrecklichen Eindrücken der Gerichtsstätten zu schaffen, als wir schon wieder anhielten und ein neues Elend sehen sollten. Durch eine niedrige Türe traten wir in einen schmutzigen Hof; ein lumpiger Kerl öffnete uns ein Verließ, aus dem schreckliche Dünste heraufstiegen. Nachdem ich eingetreten war und das Auge sich an die Dunkelheit gewöhnt hatte, erkannte ich einen engen Raum, in welchem acht Verbrecher eingesperrt waren. Um den Hals trug jeder eine sogenannte spanische Fibel, zwei zirka einen Meter lange Bretter, die — ein kreisförmiges Loch von dem Umfang des Halses zwischen sich lassend — denselben umfassen und mit eisernen Banden geschlossen sind. Die so behandelten armen Teufel können natürlich niemals liegen, wozu sie übrigens so wie so in dem kleinen Kerker keinen Platz fänden; einige darunter steckten schon drei volle Monate in der fürchterlichen Klammer und sahen elend aus. Alle aber

ohne Ausnahme streckten bettelnd und gierig beide Hände nach
Geld uns entgegen.

Nun hatte ich aber genug des Grauenhaften und verbat mir
beim Führer weitere Demonstrationen von ähnlichen Lokalitäten.

Das nächste Ziel unserer Wanderung war der in der westlichen Vorstadt gelegene Götzentempel. In einem ungeheuren,
hufeisenförmigen Raume, der keinerlei architektonische Schönheiten
zeigt, befinden sich in unglaublich langweiliger Einförmigkeit
600 vergoldete Holzfiguren von Menschengröße, grobe, plastische
Darstellungen der verschiedensten chinesischen Gottheiten, zum Teil
mit blauen Bärten, mit zwei Fuß langen Ohrläppchen oder
andern Monstrositäten, über deren Bedeutung der Führer keine
Auskunft zu geben wußte. — Wer wird mir aber glauben, daß
ich in dieser langweiligen Gesellschaft von goldenen Götzen einen
Bekannten fand? Marco Polo ist es, dessen plump gearbeitete,
aber schon durch den venezianischen Hut deutlich charakterisirte
Statue hier in die Reihe der Götter aufgenommen ist. Der be-
rühmte Reisende, der einige dreißig Jahre in China lebte, zu einer
Zeit, da nur sagenhafte Kunden von dem Lande nach Europa
gedrungen waren, muß es vorzüglich verstanden haben, die Achtung
und Verehrung des fremdartigen Volkes zu erwerben, sonst wäre
ihm wohl nicht die seltene Ehre zu teil geworden.

Beim Wiederbesteigen unserer Sänften entwickelte sich jedesmal ein kleiner Streit unter den Kulis. Der Zankapfel war ich,
aber in negativer Weise. Da mein Körpergewicht gottlob immer
noch 160 alteidgenössische Pfund beträgt, die magern Engländer,
der deutsche Commis und der Führer aber zusammen nicht viel
mehr wogen, so wurden den letztern jeweils dienst- und wett-
eifrig sämtliche fünf Sänften zum Einsteigen präsentirt, während
mit mir niemand zu tun haben wollte. So kam es, daß ich
stets der letzte im Zuge war; dadurch sah ich aber manches
hinter und neben mir, was den andern entging.

Beim Umbiegen um die Ecke des eben beschriebenen Tempel-
hofes streckte ein wohlgekleideter Chinese seine Zunge, so lang
sie war, in sehr unliebenswürdiger Weise gegen mich aus. Wurst
wider Wurst, dachte ich, und hatte dem Zopfträger schon meine
31 von Freund Wellauer wunderbar geflickten Zähne präsentirt,
als ich noch rechtzeitig einen heftigen Anfall von Zivilisation
fühlte und das Redeorgan in seinem Gehäuse zurückbehielt.

Als weiteres Kuriosum besuchten wir die Examinationszellen.
62 parallel verlaufende, aus Backsteinen erstellte Hallen sind in
11,200 gleichmäßig große, isolirte Zellen abgeteilt, in welche die
Kandidaten für höhere Beamten- und Militärstellungen drei Tage
und drei Nächte eingeschlossen werden behufs schriftlicher Aus-
arbeitung von gegebenen Themata. Wie ich vernahm und auch in
offiziellen Berichten las, ist aber dieses Examen, dank der überall
herrschenden Korruption und Bestechlichkeit, in Wahrheit eine lächer-
liche Formalität geworden; die Herren Examinanden öffnen sich
mit Geld die verschlossenen Türen und verjubeln die drei obligatorischen Tage in andern Klausuren; und die Herren Examina-
toren sind gerne bereit, untergeschobene Arbeiten in Empfang zu
nehmen, wenn ein Häufchen Gold oder Silber daneben liegt. — In
dem großen Hofe, der die Hallen in zwei Hauptabteilungen scheidet,
übten sich eben chinesische Offizierskandidaten im Bogenschießen.
Das ganze Offiziersexamen soll, wie der Führer versicherte, in
drei Pfeilschüssen bestehen; so galt es vor 2000 Jahren, und
so gilt es auch jetzt noch in China, das in allen seinen Formen
und Institutionen immobil erstarrt ist. — Ein großer Teil der
Armee hat keine andere Schußwaffe als Pfeil und Bogen; ein
anderer Teil handhabt Zündpfannengewehre und nur eine geringere
Anzahl ist mit modernen Schußwaffen versehen.

Sehr interessant ist es, die Hausindustrie der Kanton-
Chinesen zu sehen; wo etwas Auffälliges war, ließen wir anhalten und schauten den überaus geschickten und emsigen Arbeitern

zu. Seidenstickereien, Bijouteriewaren, Porzellanmalereien, Elfen-
beinarbeiten werden in wunderbarer Schönheit verfertigt. Die
Gewebe, oft mit den feinsten und komplizirtesten Dessins, entstehen
auf hölzernen, aber sehr großen Handwebestühlen, die je zwei
Arbeiter beschäftigen; der eine sitzt am Stuhl und schnellt das
Weberschiff; der andere thront in der Höhe und leitet das Dessin.

Die Reis- und Getreidemühlen, die wir sahen, bestehen aus
zwei auf einander liegenden granitenen Zylindern; der obere
trägt einen Hebel; ein angespanntes Stück Vieh versetzt ihn auf
dem untern in Rotation. Oder es werden eine Reihe mächtiger
Holzhämmer durch eben so viele Männer in rhythmischer Reihen-
folge mit den Füßen in die Höhe getreten und fallen gelassen.

Ein Blick, den ich im Vorbeigehen in das größte chinesische
Hospital zu Kanton warf, zeigte mir einen mächtigen, sehr
glänzend ausgestatteten Raum. Betten waren keine darin; die
paar hundert Kranken lagen oder saßen gruppenweise am Boden.
In der Mitte des Saales hatte sich an steinernem Tische ein
chinesischer Doktor mit ungeheurer Brille und zirka zwei Zoll
langen Fingernägeln postirt, der Räte erteilte und Rezepte schrieb.

VII.

Kanton (Fortsetzung): Festungswerke. — Originelles Dejeuner. — Sieben-
stöckige Pagode. — Wasseruhr. — Heilige Schweine. — Rückfahrt nach Hongkong. —
Chinesischer General in Verlegenheit. — Opiumtrunkener. — Chinesisches Theater. —
Sonnenaufgang auf dem Viktoria-Pic. — Mein Leibkellner im Hotel. — Chinesisches
Amtsblatt. — Abfahrt von Hongkong. — Reisegesellschaft nach Japan. — Der schnaps-
fröhliche Amerikaner. — Sturm. — Japanische Küste in Sicht. — Herrliche Einfahrt
nach Nagasaki.

Unterdessen war es 1 Uhr geworden und unsere Magen
knurrten bedenklich. Auf einem der sieben Hügel, die Kanton
umgeben und über welche im Zickzack die Befestigungswerke führen,

steht eine fünfstöckige Pagode, ein einfach schöner, in seinen Dimensionen ungeheurer Holzbau. Dorthin hatten wir uns durch Kulis
ein kaltes Frühstück bringen lassen und unter Weh und Ach und
unsäglicher Schweißproduktion wurde in der sengenden Mittags-
hitze der Berg auf schattenlosem Wege erklommen. Die Wälle
und Mauern, deren Verlauf wir folgten, sind verlottert und
zerfallen und die zahlreich vorhandenen, vor einigen Jahren mit
einem Aufwand von 600,000 Dollars angeschafften Positions-
geschütze liegen verrostet auf den halb verfaulten Laffeten. Ein
Herr in Hongkong, der schon zwanzig Jahre in China lebt und
die Verhältnisse kennt, versicherte mir, daß auch die neu angeschafften Handfeuerwaffen dasselbe Schicksal treffe und daß die
Hunderttausende von Hinterladern, welche die Chinesen besitzen,
zum großen Teil untauglich seien, so daß China, so ungeheuer
auch das Reich ist, eventuell keiner europäischen Militärmacht
irgendwie erheblichen Widerstand leisten könnte.

Vom obersten Stockwerk der Pagode genießt man eine schöne
Rundsicht auf die ganze Stadt und Umgebung. Unmittelbar zu
Füßen liegt ein chinesischer Kirchhof, der, zirka 1000 Jucharten groß,
zwei Hügel ganz in Beschlag nimmt. Die Grabmäler vornehmer
Chinesen, riesige, halbkreisförmige Steinbauten, bedecken gewiß ein
Areal von je einer halben Juchart. Die chinesischen Totenäcker
sind wohl die größten der Welt; beispielsweise braucht zur Durch-
querung desjenigen in Batavia der Eisenbahnzug 10 Minuten.

Unsere Table d'hote war bald vorbei; hembärmelig saßen
wir an und auf improvisirten Tischen; schmierige Kulis stellten
die Kellner dar; das Menu war kurz genug und eine als Dessert
gerauchte Cigarre die beste Nummer desselben. Zuschauer der
ungewohnten Szene bildeten einige Gruppen besser gekleideter
Chinesen, die uns nachgefolgt waren, sich neben uns häuslich
niederließen, Thee kochten und rauchten und ihre Randglossen
über uns machten.

Für den Nachmittag blieb noch manches zu sehen übrig. Wir besuchten unter anderm auch einige der chinesischen Pracht= magazine verschiedenster Art, in denen man fühlen konnte, wie schlecht Kauflust und Inhalt des Geldbeutels oft zusammen harmo= niren. Wahre Kunstwerke in Porzellan und Bronze, Vasen edelster Form, Elfenbeinarbeiten, Seidenstickereien und Bijouterie= waren von höchster Vollkommenheit fesseln das Auge; aber wenn das Ohr die fabelhaften Preise von 2000 und 3000 Dollars per Stück nennen hört, so fährt die schon zahlbereite Hand er= schrocken vom Geldbeutel zurück und kratzt verlegen im Barte. Entwürdigend für die chinesische Kunst ist es, daß sie sich gerne und unverblümt im Dienste der gemeinsten und raffinirtesten Obscönität zeigt.

Durch dunkle Gassen vorbei an Hunderten von kleinen offenen Kaufläden mit dem wunderlichsten Kram, den für unsere Begriffe unappetitlichsten Eßwaren, als entpelzten Ratten, Raupen, gall= artig=schmierigen Seeungetümen u. dgl. ging's per Sänfte wieder ¹/₂ Stunde vorwärts bis zum berühmtesten und ehrwürdigsten Monumente Kantons, der alten siebenstöckigen Pagode, die alle Bauten der Stadt weit überragt und schon aus einer Entfernung von mehreren Stunden sichtbar ist. Sie präsentirt sich in der Nähe als ein 250 Fuß hoher, aus Holzwerk und Backsteinen zusammengesetzter Turm, dessen einzelne Stockwerke durch weit vorstehende und breite Holzgesimse mit wunderbaren Schnörkeln, feuerroten und goldenen Drachen und unmöglichen Riesentieren von einander getrennt sind. 2000 Jahre lang hat derselbe, ohne zu wanken, die Geschicke Kantons mit angesehen; als aber vor drei Jahren einige chinesische Jungens im obersten Stockwerk sich herumbalgten, fing der Greis bedenklich zu wackeln an und seit der Zeit ist die Besteigung aus Furcht vor einem Zusammensturz untersagt. Ein Taifun wird gelegentlich — oder wer weiß, viel= leicht auch europäische Kanonenkugeln — dem lotterigen Gesellen den Untergang bereiten. Als ich mich anschickte, den wunderlichen Bau stehenden Fußes zu skizziren, wurde ich sofort von einem Haufen chinesischer Gassenbuben eingeschlossen. Neugierig drängten sie sich an mich heran und der Verwegenste stellte sich auf die Zehenspitzen, hielt sich an meinem Rockzipfel fest und trachtete unter allen Umständen in mein Notizbuch hineinzugucken. Ich riß ein Blatt heraus und bedizirte es ihm mit der Inschrift: „Du bist ein kleiner Spitzbube." Stolz, wie ein Krieger auf den ehrenden Orden, und beneidet von seinen Kameraden, zog der kleine Schlingel mit der Trophäe ab, die nun von allen Seiten betrachtet und angestaunt wurde.

Als interessantes Beispiel für die Zähigkeit, mit der die Chinesen am Alten — und wenn es noch so unvollkommen ist — festhalten, notire ich hier ein Wasseruhrwerk, dem wir auch einen Besuch abstatteten. Im obern Stockwerke eines steinalten Turmes tröpfelt jetzt noch, wie schon vor 3000 Jahren, Wasser aus einem Reservoir in eine Reihe terrassenförmig eingemauerter Gefäße; das Steigen des Wasserspiegels bis zu bestimmten, durch Gravure bezeichneten Stellen entspricht in dem obersten Gefäße genau einer Stunde und wird durch einen Wächter an einer allen Observationstürmen der Stadt sichtbaren Tafel markirt. Nicht weniger primitiv und originell ist die daneben funktionirende Kontroluhr; sie besteht aus langen Cylindern von getrocknetem Büffelmist, denen in Entfernungen von zirka 1 Fuß je ein schwarzer Querring aufgemalt ist. Ein solcher Mistcylinder glüht — einmal in Brand gesteckt — gleichmäßig weiter und zwar braucht es zur Veraschung eines der bezeichneten Abschnitte gerade eine Stunde. So kontroliren sich Wasser und Feuer gegenseitig, aber wie unexakt das Verfahren ist, sieht jedermann ein. Und doch halten sich die Chinesen seit Jahrtausenden an diesen Zeitmesser und geschehen z. B. in Kanton auch jetzt noch die öffentlichen Zeitbestimmungen darnach.

Zum Schluſſe unſerer Tagesarbeit durchfuhren wir auf einem chineſiſchen Familienboote den breiten Arm des Kantonfluſſes, welcher die große Vorſtadt Honam von der eigentlichen Stadt trennt, und beſuchten in erſterer noch einen gewaltigen Tempel, der mit ſeinen Gärten, Hainen, Seen, gedeckten Kreuz- und Quergängen und Heiligtümern ein ungeheures Stück Land bedeckt. Hunderte von gemäſteten Bubbhaprieſtern liegen darin auf der faulen Haut, ein würdiges Pendant zu den heiligen Säuen, die dort ſeit 1½ Jahrtauſenden gepflegt und gefüttert und mit eben ſoviel Reſpekt behandelt werden als die überall wiederkehrende Statue des Bubbha und der vielen Götter des Guten und Böſen. Ueber dieſen heiligen Tieren ſchwebt nicht der Mordſtahl des profanen Metzgers; in beſchaulicher Trägheit verbringen ſie ihr Daſein freſſend im Schlamme, und hier wurde mir plötzlich klar, woher das tiefſinnige Wörtlein „ſauwohl“ ſeinen Urſprung genommen haben möchte.

Schließlich hatte ich genug von Kanton und war froh, als ich vom Verdecke unſeres Schiffes, behaglich in einen Fauteuil gelehnt, das Treiben der lärmenden Umgebung nur noch von weitem zu ſehen und zu hören brauchte.

Um 6 Uhr ſetzte ſich unſer ſtolzer Dampfer in Bewegung. Reizende Uferbilder zogen, nachdem wir die Stadt verlaſſen, an uns vorüber: prächtig grüne Reis- und Gerſtenfelder, dazwiſchen Gruppen, auch ganze Alleen von Obſtbäumen, in deren Laubwerk man Finken und Spatzen lärmen hörte; im Hintergrunde ſchön gezeichnete Hügelketten, teils mit Kulturen, teils mit kleinen Nadelholzwäldchen bedeckt — ein recht heimatliches Gemälde! Nur die Bambusgebüſche von tropiſcher Größe, welche die Ufer ſtellenweiſe einrahmen und oft eine Gruppe chineſiſcher Bauernhäuſer in ihrem ſchattigen Dunkel bergen, ſtörten die Illuſion und erinnerten daran, daß ich auf fremder Erde mich befand. Als eben die Sonne untergehen wollte, erſchien der Vollmond

am Horizonte und in diesem Zwielichte zeigte die umgebende
Natur ganz wunderbare Farben; der breite Strom schimmerte
wie flüssiges Metall; am Horizonte kämpften Gold und Silber
mit einander und die in weiter Ferne wie riesige Leuchttürme
aus dem grauen Häusermeer Kantons zum Himmel steigenden Pa-
goden schienen zu glühen. Eine kühle Brise erquickte herrlich nach
der heißen Tagesarbeit und ungern verließ ich meinen Platz in der
schönen Mondscheinnacht, als zum Essen geläutet wurde. Im
Speisesalon fand ich einen chinesischen General vor; er trug den
flach kegelförmigen Mandarinenhut mit Feder und blauem Knopfe,
daneben aber chinesische Zivilgewänder von schwerer Seide und
am kleinen Finger der linken Hand nicht einen Finger ring,
sondern eine eigentliche Finger röhre, aus teurem, smaragd-
ähnlichem Edelsteine gedreht; der ganze Finger, mit Ausnahme
der Spitze des Nagelgliedes, verschwand in dem kostbaren Gehäuse.
Der Mann, der zu dick war, um martialisch auszusehen, sprach
kein Wort englisch; dagegen radebrechte sein Begleiter, ein ebenfalls gut gemästeter und sehr gemütlich aussehender Kumpan,
ein wenig, war auch sehr gesprächig und glaubte, ungeheuern
Eindruck zu machen durch die Erzählung, daß sein Herr monatlich 4000 Dollars Barauslagen habe.

Bei Tische fühlten sich die beiden chinesischen Granden nicht
behaglich und mit Messer und Gabeln gingen sie sehr unbeholfen
um.* Ein noch so sorgfältig auf die Gabel aufgebauter Turm
von grünen Erbsen purzelte während der holperigen Beförderung
vom Teller zum Munde erbarmungslos zusammen und für die
zum Empfang der großen Ladung im voraus weit geöffneten
Kinnladen blieben nachher nur ein oder zwei lächerlich kleine
Erbsen zu verarbeiten übrig. Schließlich vergaß die Excellenz
ihrer Würde und begleitete die wankelmütige Gabelfracht mit
den Fingern bis zu ihrem Bestimmungsorte. — So reich die

---

* Die Chinesen bedienen sich bekanntlich gewöhnlich zum Essen zweier Stäbchen

Tafel besetzt war, so schien den Herren doch nichts zu munden, und ich glaube nicht irre zu gehen, wenn ich in ihrem bezopften Gedankengehäuse folgenden Denkprozeß sich abspielen sah: „Da ist denn doch so ein Rattenbraten oder ein in ranzigem Oel gekochtes Raupenmus oder ein Regenwurmsalat etwas anderes als dieses europäische Saufressen!"

Der General hatte seine Kabine neben der meinigen und schlief — von einer Wache behütet — bei offener Türe. Der spezifische Chinesenduft (vide Professor Dr. Gustav Jäger: Duftseele) und ein grunzendes Geschnarche waren aber derart, daß ich mein Lager auf ein Sofa des luftigen Speisesaales verlegte.

Morgens, halb 4 Uhr, als eben der Mond hinter dem Viktoria-Pic verschwand, langten wir wieder in Hongkong an. Ich hatte nichts Eiligeres zu tun, als an Bord der „Ancona" zu gehen (die bei Tagesanbruch abfahren sollte), um dort mein Billet und mein Gepäck in Empfang zu nehmen. Aber die „Ancona" schlief von oben bis unten und auch ich faul nach der ungewohnten Anstrengung der letzten 40 Stunden sehr bald in bleiernen Schlaf. Am Pfiff, welcher der Abfahrt des Schiffes vorausging, erwachte ich und fand kaum noch Zeit, meine Geschäfte zu erledigen und mich — halb schlaftrunken — mit meinem Gepäck in ein chinesisches Boot zu stürzen, als die Schraube des Dampfers zu arbeiten anfing. Drei schmutzige Chinesinnen ruderten mich nach dem für Japan bestimmten Dampfer „Zambési" über, woselbst ich mich rasch installirte und dann der kohlenstaubigen Schiffsatmosphäre gerne wieder entfloh, um die Zeit der Abfahrt im Hotel in Hongkong abzuwarten.

Gerne hätte ich die Zeit zu einem weitern Ausfluge nach dem nahe gelegenen Makao benutzt, jener ersten portugiesischen Besitzung in China, in welcher Camoëns als Verbannter seine Lusiade gedichtet hat. Die Stadt muß prachtvoll gelegen sein und ein so herrliches Klima haben, daß die in dem Bratofen

Hongkong schachmatt gewordenen Europäer dort ihre Sommer=
frische suchen. Aber Zeit und Fahrgelegenheit stimmten nicht
zusammen, und so blieb ich denn, wo ich war, und sah mir im
Schweiße meines Angesichts Hongkong an von oben bis unten
und verweilte schließlich am liebsten in dem herrlichen, am Berge
aufsteigenden öffentlichen Garten, wo Schatten, kühle Brise und
schöner Anblick auf Meer und Stadt zu finden waren. Auf dem
Rückwege stolperte ich über einen alten Chinesen, der wie tot am
Straßenrande lag. Die eben herbeikommende Polizei hatte ihn
aber bald wieder zum Leben erweckt; der stiere, blöde Blick, die
zitternden Hände und blauen Lippen, die engen Pupillen ꝛc.
ließen den Opiumraucherrausch nicht verkennen. Die Parallele
mit einem besoffenen Schnäpsler war naheliegend — wenigstens
einmal eine vaterländische Reminiscenz, die mir keine Sehnsuchts=
gebauten heraufbeschwor.

Nachts besuchte ich in Gesellschaft eines alten Engländers
ein chinesisches Theater. Es existiren deren fünf in Hongkong und
der Zudrang zu allen soll gleich groß sein. Schon von weitem
hörten wir — nach zirka halbstündiger Sänftentour durch die
chinesische Stadt — den Höllenlärm der Musikanten und das
Gelächter der zuschauenden Menge. Nach Erlegung eines Dollars
per Mann (die Chinesen bezahlen 2—5 Cts.) wurden wir in das
große hölzerne Gebäude geführt. Ein erstickender Qualm drang
uns aus dem Raume entgegen, in welchem an 3000 Chinesen
rauchend und dicht gedrängt herumhockten. Auch die Bühne war
zu beiden Seiten mit rauchenden Zuschauern besetzt und nur ein
relativ kleiner Raum blieb in der Mitte für die Schauspieler übrig
und mußte durch auf= und abgehende Polizei mit Hundepeitschen
vor dem andrängenden Publikum geschützt werden. Uns wurde auf
einer großen Galerie, auf der die chinesische haute volée sich be=
fand, ein Platz angewiesen; durch einen rohen Bretterverschlag sind
hier Männlein und Weiblein sorgfältig von einander geschieden.

Sei es durch Zufall oder Malice des Führers — wir gerieten auf die Frauenseite und waren eben im Begriffe, uns hinter eine Reihe hübsch gekleideter chinesischer Mädchen, sichtbar bester Familien, häuslich niederzulassen. Potz Wetter, wie protestirten die kleinen Dinger! Eine wahre Flut unverständlicher Worte — begleitet von lebhaften Geberden — flog uns Schuldlosen an den Kopf. Endlich begriff ich aus den immer wiederkehrenden „Papas" und „Mamas", daß auf der Seite nur die Mamas seien und die Papas auf die andere gehören. Stolz auf die neue und unverdiente Würde empfahlen wir uns der Gesellschaft der kleinen 10—15jährigen Mütter und begaben uns auf die Seite der Väter, wo man uns bereitwilligst Platz machte.

Was ich hier wie schon an andern Orten, z. B. in Batavia, auf chinesischen Bühnen gesehen, ist wenig geeignet, mich für die dramatische Kunst des östlichen Reiches zu begeistern. Phantastisch gekleidete, übertrieben geschminkte Schauspieler mit unmöglichen Bärten, Spießen und andern Mordinstrumenten kommen im bekannten Theaterschritt durch die eine Türe auf die Bühne, schwatzen mit ganz unnatürlich verstellten Fistelstimmen irgend etwas, machen einige Faxen, stechen einander tot oder bezaubern sich durch irgend ein vorgehaltenes Amulet und verschwinden dann durch die andere Türe, um in kurzer Zeit prozessionsartig wieder zu erscheinen. Gewöhnlich ist eine weibliche Rolle dabei, die aber durch einen Mann mit fuchsinrot gefärbten Wangen und Lippen gespielt wird. Die begleitende Musik ist unter aller Kanone, ein schreckliches, unmelodisches, einförmiges Gequickse einiger teils gezupfter, teils gestrichener Saiteninstrumente, dem sich die Schmerzenstöne einer Art Klarinette beigesellen; das Ganze wird aber übertönt von Trommeln und Schlagbrettern aus Hartholz. Trifft sich's nun gar, daß einer der Schauspieler — gewöhnlich eine weibliche Rolle — eine Gesangsleistung zu verrichten hat, so tun einem europäischen Zuhörer wahrhaftig Ohren,

Herz und Gedärme weh. Gegen den Schluß des Stückes, in welchem ich keine durchgeführte Handlung zu erblicken vermochte, welche (wie ein neben mir sitzender englisch sprechender Chinese mir sagte) hier auch durchaus nicht verlangt wird, kam ein imitirter christlicher Altar auf die Bühne und wurde in nicht zu verkennender, aber skandalöser Weise die katholische Messe karrikirt. Diese rohe Schändung wurde vom chinesischen Publikum gewaltig applaudirt und uns setzte es in unangenehmes Erstaunen, daß dergleichen auf englischem Grund und Boden polizeilich über= haupt geduldet wurde. Halbtaub von dem Lärm suchten wir unsern Gasthof auf, woselbst ich mir für den andern Morgen früh um 4 Uhr drei Kulis bestellte, die mich zum Sonnenaufgang auf den Viktoria=Pic schaffen sollten.

Im Traume verfolgten mich die wüsten Gestalten der chine= sischen Bühne, und wenn ich mich endlich in sicherem Versteck glaubte, so fielen Schwärme von marionettengleichen Chinesinnen über mich her und behaupteten, das sei ihr Platz; ich solle mich zu den Vätern verfügen. Der Rat der Väter, eine steife Tafel= runde von weißbärtigen Kahlköpfen, wollte aber auch nichts von mir wissen und so wurde ich erbarmungslos hin= und hergejagt und verbrachte die schwüle Nacht in jenem Halbschlummer, der mehr ermüdet als erquickt. Früh um 4 Uhr kroch ich unter meinem Moskitonetze hervor und verlangte von dem im Korridor liegenden schlaftrunkenen Portugiesen die versprochenen Kulis. Die überraschende Antwort war, daß vor 7 Uhr keine Kulis herkommen würden. Was tun? Die Sonne wartete nicht und spätestens ¼6 Uhr mußte ich auf dem Berge sein, um sie auf= gehen zu sehen. Ich sagte dem Kerl einige Liebenswürdigkeiten und verfügte mich auf die Straße, wo ich jeden der noch sehr spärlich vorbeigehenden Chinesen mit meinem Begehr anrannte. Endlich führte mich einer in eine kleine Seitengasse, in welcher zirka ein Dutzend des gewünschten Artikels auf Lager war, d. h.

7

auf dem Pflaster ausgestreckt schlief. Ein stierähnliches Gebrüll
und einige Fußtritte meines Chinesen machten die Leute munter;
Toilette brauchten sie keine zu machen und so saß ich eine Minute
später im Tragsessel und raschen Schrittes ging's in der sternenhellen Nacht die steile Bergstraße hinan. Aber ich hielt's nicht
lange aus auf meinem Sitze; die armen Kerls von Trägern
schwitzten und schnauften so bedenklich, daß ich vorzog, dies auf
eigene Rechnung zu tun. Ich legte den größten Teil des Auf-
stieges auf kleinen Nebenwegen zu Fuß zurück und sparte mir
die Wohltat des Vehikels auf den Rückweg. Trotzdem die Sonne
noch nicht aufgegangen war, herrschte doch schon eine gewaltige
Hitze und drückende Schwüle und ich erfuhr — was ich vorher
nicht hatte glauben wollen — daß es zu gewissen Jahreszeiten
für Europäer fast unmöglich ist, in Hongkong nur eine Stunde
weit zu marschiren, geschweige denn bergan zu steigen. Aber
meine Mühseligkeit ward belohnt, als ich oben ankam und der
Himmel sein herrliches Feuerwerk losließ. Majestätisch tauchte
die Sonne aus den Fluten und beleuchtete das zu meinen Füßen
liegende schöne Relief, die Gebirgsinsel Hongkong mit den sie
umgebenden kleinen Eilanden und der chinesischen Küste; die
prächtige Bucht mit den vielen hundert Fahrzeugen aller Nationen
und die malerische Mündung des Kantonflusses. Eben kam ein
Bremer Dampfer in Sicht und wurde auf der Flaggenstange
des Viktoria-Pic den Stadtbewohnern signalisirt. Den Rückweg
nahm ich dann über die andere Seite des Berges, auf reizenden
Zickzackwegen, zum Teil im Schatten blühender Büsche oder auch
kleiner Gruppen von Föhren und Tannen. Dabei passirte ich
ein schönes, am Meere gelegenes Lustschloß eines Grafen Douglas
und dicht daneben einen nicht weniger stolzen Bau, den die
Jesuiten als Erholungsstation für kranke oder rekonvaleszente
Ordensbrüder eingerichtet haben.

Abgespannt und müde langte ich im Hotel an und ließ mir

von meinem speziellen Freunde unter der Legion der chinesischen Boys, einem zirka 10jährigen gewandten Jungen mit 3 Fuß langem Zopfe, mein Frühstück serviren. Ich hatte sein Herz Tags zuvor durch ein 20Centsstück gewonnen und der Kerl bediente mich mit einer staunenswerten Aufmerksamkeit und einer so detaillirten Rücksicht auf meine Schwächen und Liebhabereien, als ob er sie wochenlang zu studiren Gelegenheit gehabt hätte. Einmal Fleisch, dreimal Kartoffeln, Muskatnuß à discrétion, viel Zucker im Thee und wenig Milch — der kleine Knirps hatte mich in den 24 Stunden vollständig durchschaut.

Als Illustration zu den Kulturzuständen in China füge ich hier einige Notizen bei, die ich mir aus dem 1882er Jahrgang der in Peking erscheinenden offiziellen Zeitung anfertigte. Genanntes Blatt veröffentlicht alle an die Regierung einlaufenden Gesuche und Beschwerden und die darauf bezüglichen kaiserlichen Dekrete, natürlich in chinesischer Sprache. Mir lag eine alljährlich herausgegebene englische Uebersetzung, ein stattlicher Quartband, vor.

Bekanntlich ist China ein Kaiserreich. Der jetzt herrschende Kaiser Kuang Tsii ist der Cousin seines 1875 an den Pocken gestorbenen Vorgängers Tao Kuang, und erst 11 Jahre alt. Ihm zur Seite steht ein Rat von vier Ministern, welche „nachzusehen haben, daß nichts gegen die heiligen Bücher des Confucius und gegen den Ta-tsing-Huei-tien (d. h. gesammelte Bestimmungen der großen neuen Dynastie) geschehe", und sechs Regierungsräte, welche die verschiedenen Departemente unter sich verteilt haben. Außerdem besteht aber ein Rat von öffentlichen Censoren, dessen 40 bis 50 Mitglieder dem Kaiser, resp. seinen Ministern, gelegentlich Opposition machen dürfen.

Die jährlichen Staatseinkünfte belaufen sich auf 75 bis 100 Millionen Pfund (1875 bis 2500 Millionen Franken), und bis zum Jahre 1874 hatte China keine Staatsschuld. Durch neuere, namentlich militärische Anschaffungen hat es sich aber seither bei

der Hongkong-Shanghai-Bank verschuldet. Das stehende Heer ist
zirka 850,000 Mann stark; darunter sind aber noch einige Hunderttausende von Bogenschützen, die mit Feuerwaffen nicht umzugehen
wissen.

Meine Notizen aus der Pekinger Regierungs-Zeitung sind
folgende:

30. August: Tsen-Kuo-Ch'uan, Gouverneur-General von
Shan-kan, bittet wegen Krankheit um Entlassung von seiner
Stelle. Sein Leben sei nicht mehr wert als das eines Hundes
oder Pferdes. Sollte er von seiner Krankheit genesen, so wolle
er vor den Pforten des kaiserlichen Palastes erscheinen, sein Haupt
in den Staub legen und um Wiederanstellung bitten.

Kaiserliches Reskript: Drei Monate Urlaub zur Kräfti-
gung der Gesundheit. Nicht entlassen.

5. Juni: Hsiang Hseng, Gouverneur von Ch'abar, bittet
um die Erlaubnis, einem militärischen Obersten, der wegen Ver-
nachlässigung seiner Pflicht drei Jahre Straßenarbeit zu verrichten hatte und nach Ablauf dieser Zeit die vorgeschriebene
Taxe nicht bezahlen konnte, 100 Stockstreiche und zwei Jahre
Gefangenschaft geben zu dürfen. — Bewilligt.

6. Juni: Lin Chingt'ang bittet um eine Ehrenmeldung
für eine Konkubine des verstorbenen Gouverneurs vom Suitai-
Distrikt, welche vier Monate lang ihren kranken Herrn pflegte,
ohne die Kleider zu wechseln, und nach seinem Tode sich mit
Schaumgold vergiftete. — Bewilligt.

22. Juni: Memorial des Gouverneurs von Yünnan, worin
er um Kassation und Einvernahme des Magistrates von Chiang-
chuan bittet, welcher drei Gefangene so schlagen ließ, daß alle
drei kurze Zeit darauf ihren Wunden erlegen sind. Nach seiner
Meinung sollte die Folter nur in Fällen von Raub oder Mord
angewandt werden; bei einfachem Diebstahl müsse erst eine genaue
Untersuchung vorausgehen.

Kaiſerliches Reſkript: Angelegenheit ſoll unterſucht werden.

1. Juni: Es wird eine Ehrenmeldung verlangt für eine Tochter, welche ſich ein Stück Fleiſch mit den Zähnen aus ihrem Arm riß, dasſelbe zerhackte und mit der Medizin für die kraule Mutter miſchte, um dieſelbe geſund zu machen. — Bewilligt.

Am 1. Januar, als dem erſten Tage des erſten Monates des ſiebenten Jahres der Herrſchaft des Kaiſers Kuang Tſii, meldet der kaiſerliche Hofaſtronom, daß der Wind am heutigen Tage von einer guten Seite blaſe und langes Leben und gute Ernte bedeute.

2. Januar: Klageſchrift eines Offiziersforps über zwei höhere Offiziere, die ſich unterſtanden, ihre Kinder zu einer Zeit mit einander zu verheiraten, zu welcher Hoftrauer herrſchte. Die Kläger machen den Vorſchlag, die Schuldigen ſofort zu begradiren und zu entlaſſen, und bedauern, nach dem Geſetze keine höhere Strafe beantragen zu können. Am Schluſſe der Schrift moraliſiren ſie in folgender Weiſe: „Ein Staat kann nur nach fundamentalen Grundſätzen (fundamental principles) gut regiert werden; was ſoll aber aus dem Staate werden, wenn man dieſe Grundſätze nicht beachtet?“

5. Januar: Ein Gouverneur bittet um Weihrauch, Feuerwerk und Goldpapier, um den Gott eines Fluſſes zu beſchwichtigen, der über die Ufer getreten ſei und großen Schaden angerichtet habe.

24. Dezember: Kaiſerlicher Erlaß: Geſtern gaben Wir unſere Zuſtimmung zu einem Vorſchlage von Yang-Changchün, einen Tempel zu Ehren Chi Shans, ehemaligen Gouverneurs von Shan-lan, zu errichten. Ch'en Paosh'en berichtet Uns heute, daß der Verſtorbene, weit entfernt davon, Verdienſte zu haben, ſich ſogar Nachläſſigkeiten zu ſchulden kommen ließ. Wir ziehen

also Unfern Koufens zurück und erteilen einen strengen Verweis
für die Nachläffigkeit, Uns einen solchen Vorschlag zu machen.

6. Oktober: Bericht des Richters Li Yühna: In
Hfinhua Hfien werden von Klägern und Gefangenen Geldbußen
erpreßt, Zeugniffe zurückgehalten, Unterfuchungsgefangene ein=
gefperrt, bis eine gewiffe Summe Geldes bezahlt ist. Es exiftiren
dafelbft über 2000 Gerichtsbiener und nicht regiftrirte Unter=
angeftellte, welche dies Gefchäft beforgen und die Bewohner
ausfaugen.

Kaiferliches Refkript: Die kompromittirten Ober=
angeftellten follen fofort entlaffen und durch andere erfetzt werden.

Auffallend ift, wie wenig in biefer Zeitung — welche also
doch das einzige ftaatliche Publikationsorgan ift und genau die
Verhandlungen und Verordnungen der kaiferlichen Räte bringen
foll — den Beziehungen mit den europäifchen Mächten Auf=
merkfamkeit gefchenkt ift. — Im ganzen mir vorliegenden Jahr=
gange finde ich ferner keine einzige gefetzgeberifche Leiftung. Da=
gegen nimmt das Ceremoniell bei Anlaß des Todes der alten
Kaiferin Tzu=An=Tuan=Yn=K'ang=Ch'ing=Chao=Ho=Chwang=
Ching — nota bene: Das Ausfprechen diefes Namens ift ein
fchleimbeförderndes Mittel und fei Biertrinkern als morgenbliche
Rachen=Gymnaftik beftens empfohlen — der Tante des jetzigen
Kaifers, viele Seiten ein, und eine Unzahl von darauf bezüg=
lichen Verfügungen und Erlaffen erfcheinen noch Monate lang
nachher. Die kaiferliche Proklamation am Todestage der Kaiferin
(9. April) ift voll von jenem Schwulfte, den die chinefifche Hof=
etiquette verlangt und der fich befonders komifch ausnimmt, wenn
man bebenkt, baß er einem damals 9½jährigen Jungen in den
Mund gelegt wird, der feine Mutter noch hatte und dem die
kaiferliche Tante — wie ich höre — fehr gleichgültig war.

„Wir klagten Unfer Leid dem Himmel", heißt es z. B. in
biefer Proklamation, „Wir warfen Uns in den Staub und

schrieen laut in uuserem Schmerze; Unser Jammer kannte kein Ende" u. s. w. Und in einer Abschiedsrede, welche als von der sterbenden Kaiserin ausgehend dem Volke zugestellt wurde, heißt es: „Wir wurden den 9. des Monats plötzlich krank; Unsere Krankheit wendete sich zum Schlimmen, bis am 11., 7 Uhr nachmittags, Uns Unsere Sinne zu verlassen begannen, und Wir fühlten, daß Wir nur noch kurze Zeit zu leben haben werden. Unsere Jahre sind 45. Fast 20 Jahre sind Wir Mutter des Landes gewesen und haben viel Ehren erfahren. Sollten Wir also unzufrieden sein? Nein! — Wir haben nur einen Gedanken, der Uns beim Sterben quält: Der gewaltige Kummer möchte den Herrn der Herren so niederdrücken, daß ihm die Aufgabe, das gewaltigste der Reiche zu regieren, dadurch er= schwert wird."

Auch diese tragischen Worte wirken durchaus komisch, wenn man weiß, daß dem Herrn der Herren als 9½ jährigem Bengel (auch die gekrönten Häupter werden dieses Stadium des Knaben= lebens durchmachen) das Reich und seine Verwaltung noch höchst Wurst war und er noch leicht durch Mandeln und Rosinen von einer eventuellen traurigen Gemütsstimmung befreit werden konnte. —

Meine Späherarbeit in dem riesigen und mir in allen Be= ziehungen so fremden chinesischen „Amtsblatte" wurde schließlich dadurch belohnt, daß ich zu meiner Freude einen befreundeten Namen darin vorfand. Unterm 4. Juni beklagt sich nämlich der Gouverneur General von Two Kuang, daß die gelieferten Feuer= waffen größtenteils in unbrauchbarem Zustande angekommen seien und verlangt bringend 2000 Martini=Gewehre.

Gerne entfloh ich so bald wie möglich der heißen Stadt= atmosphäre und begab mich schon um 10 Uhr an Bord des „Zambési", der um 12 Uhr abfahren sollte und auch pünktlich Wort hielt. Bei sengender Sonne und absoluter Windstille ver=

ießen wir den herrlichen Golf; so lange wie möglich haftete
mein Auge an dem wunderbaren Panorama, das sich an Schönheit
mit demjenigen von Neapel und Ajaccio messen kann.

Unsere Fahrt nach Nagasaki war anfangs von gutem Wetter
begünstigt. Das Barometer stund hoch und das Gespenst des
chinesischen Meeres in dieser Jahreszeit — der Taifun — schien
uns zu verschonen. Hatte doch wenige Tage vorher ein solcher
Wirbelorkan in Shanghai gräßlich gewütet .und — wie man
mir später erzählte — auch nnser gutes Schiff „Sindh", mit
dem ich bis Singapore gefahren, auf offener See überrascht und
derart mitgenommen, daß Takelwerk, Verdeckkabinen und sämtliche
Rettungsboote über Deck flogen und der Dampfer als halbes
Wrack im nächsten Hafen anlangte.

Unsere Gesellschaft bestand aus den zwei Engländern und
dem deutschen Handelsbeflissenen, mit welchen ich in Kanton
gewesen war. Dann hatte sich in Hongkong als neues, sehr
unterhaltendes Element zu uns gesellt ein feingebildeter chilenischer
Pflanzer aus Santiago, mit dem ich gute Bekanntschaft schloß
und der auch in Japan so lange als möglich mein getreuer
Reisegefährte blieb. Ein altes Ehepärchen aus England, welchem
das weiße Haar die Reiselust noch nicht benommen hatte, war
auf einer Vergnügungstour von Australien hergekommen, wollte
Japan sehen und über Indien wieder heimkehren. Der un-
zertrennliche Begleiter der kinderlosen Leutchen war ein alter,
magerer Köter, der Inbegriff von Häßlichkeit und Griesgrämigkeit.
Ein jüngeres Ehepaar, ebenfalls aus Australien kommend, hatte
zwei reizende Kinder mit. Der 2½jährige Junge war ein Prachts-
kerl mit krausem, blondem Lockenkopf, blauen Angen und dicken
Backen und Waden, aber ein unbändiger Wildfang. Das gab
ein Bild zum Malen, wenn der in seinem Matrosenkleide mit
keck gespreizten Beinen auf dem Verdecke stand, und, die Arme
trotzig auf die Hüften gestemmt, der etwas mangelhaften mütter-

lichen Autorität entgegenzutreten versuchte. Da brauchte man
aber nur den Pfiff oder die Schritte des Papas — eines Schott-
länders von altem Schrot und Korn — zu hören, so änderte
sich die Situation und der Junge wurde zahm wie eine Taube.
Sein drei Jahre älteres Schwesterchen war ein Muster von Folg-
samkeit und Artigkeit (wie ja die Mädchen überhaupt!). Das
gute Kind kam in sichtbare Verlegenheit, wenn der Trotzkopf
von Bruder vor den fremden Leuten sich unartig oder wild auf-
führte, und suchte ihn in ganz rührend mütterlicher Weise zum
Bravsein zu überreden. Beide Kinder wurden meine Freunde,
das Mädchen sofort, der Spitzbube erst, nachdem ich seine Gunst
durch verschiedene Kunststücke erworben hatte. — Ein veritabler
Affe, ein schönes und fideles Tier aus Zanzibar, befand sich als
gemeinschaftliches Eigentum der Matrosen auch auf dem Schiffe
und den darf ich hier zu erwähnen nicht vergessen, denn er hat
uns durch die Fratzen, die er schnitt, und die Sprünge, die er
machte, oftmals unterhalten — die großen und die kleinen Kinder.
Auf dem Meere ist man eben anspruchslos in seinen Vergnügungen
und mit wenigem zufrieden. — Erster Klasse fuhr ferner ein
reicher chinesischer Seidenhändler aus Kanton, der stets schmunzelnd
auf demselben Flecke saß und dann und wann aus einer silbernen
Pfeife einige Züge rauchte.

Endlich muß ich noch von einem Originale erzählen, das
in Hongkong sich mit uns einschiffte. Es war ein Amerikaner,
die Freundlichkeit und Liebenswürdigkeit selbst, aber meist —
betrunken. Als ich ihn schon am ersten Abend in diesem Zustande
am Kajütentische antraf, mochte er mir meine Ueberraschung an-
spüren und sagte entschuldigend und mit jenem bekannten, von
Glucksen unterbrochenen, versimpelten Lächeln, bei dem die Augen-
lider sich zur Hälfte schließen und die Backen wie Segel im Windstoß sich aufblasen: „Ich solle mich ja nicht über seinen Zustand
wundern; er sei jeden Abend betrunken." Damit glaubte

er sich vollständig rehabilitirt. Andern Tages kam er auf den Chilenen zugeschritten, dessen Kabinennachbar er war und dessen Bekanntschaft er noch nicht gemacht hatte, und sagte im vertraulichsten Tone, er möchte entschuldigen, er habe sich erlaubt, einen Schluck aus seiner Cognacflasche zu trinken; die Türe der Kabine sei offen gestanden und da habe die Flasche so verlockend hereingewunken. Dann verschwand er wieder und eine halbe Stunde später meldete der Steward die auffällige Tatsache, daß die betreffende Cognacflasche leer sei und der Amerikaner wie ein Mehlsack in seiner Koje liege und schlafe. Dem Chilenen ging diese nordamerikanische Gemütlichkeit fast zu weit; aber als der Sünder Tags darauf seine unwiderstehlich zum Lachen reizende Physiognomie mit der derben Schnauze — wie Oberländer sie seinen Biergesichtern hinzeichnet — präsentirte und so gar nicht das Bewußtsein einer Schuld zeigte, sondern durch Restitution der Cognacflasche seine Pflicht vollständig getan zu haben glaubte, da schwand der Unmut und es wurde stillschweigend Ablaß erteilt. Der Amerikaner war übrigens — wie gesagt — abgesehen von seinem Laster gar kein übler Kerl und konnte uns, wenn er nicht betrunken war, als vielgereister Mann mancherlei wichtige Aufschlüsse erteilen.

Nachdem wir am 19. August die Insel Formosa passirt hatten und ins offene chinesische Meer hinausgesteuert waren, änderten sich See und Wetter. Der Himmel verdüsterte sich, und aus Norden begann ein Wind zu blasen, der unserm Vorwärtskommen sehr hinderlich war und das Meer in kurzer Zeit mit schäumenden Wellen bedeckte. Auf dem Schiffe traf man alle Vorbereitungen für böse See: Die Segel wurden doppelt fest gebunden, alles Mobile vom Deck entfernt und sämtliche Luken verschlossen. Wir sollten am 22., morgens, in Nagasaki ankommen, waren aber am Nachmittag desselben Tages noch 200 Meilen davon entfernt. Die meisten Passagiere lagen krank in ihrer Kabine und sogar der Chilene, der eben erzählt hatte, er wisse nicht, was Seekrankheit sei, wurde eines Mittags plötzlich so nervös — wie er sagte — und schlüpfte auch in seine Kiste. Bis zum Abend des 22. verschlimmerte sich das Wetter beständig, und nachts erhob sich ein eigentlicher Orkan, der uns erbarmungslos herumwarf und mich unter anderem nicht sehr sanft von meinem Lager auf den Boden schmiß. Wie wir nachher erfuhren, hatten wir es mit dem Ausläufer eines Taifun zu tun, der am nämlichen Tage in Shanghai wütete und im Vergleich zu dem unser „Stürmchen“ eine Kleinigkeit gewesen sein soll. Nach langer Nacht brach endlich der Morgen an und mit aufgehender Sonne legte sich der Sturm. Um halb 9 Uhr sahen wir am nordöstlichen Horizont eine blaue Gebirgskette, den ersten Gruß von Japan.

Wie durch einen Zauberschlag veränderte sich das Leben an Bord. Der Amerikaner, der die ganze Nacht durch sein in allen Tonarten und Klangfarben variirtes Gestöhn mich unterhalten und bei Tagesanbruch eine beklagenswerte Physiognomie und einen vollständig gebrochenen Körper präsentirt hatte, nahm sich einen Brandy Soda, warf sich in neue Gewänder und erschien als ganz verwandelter Mensch auf dem Verdeck, das er, den Yankee-Doodle pfeifend, durchschlenderte. Der chilenische Pflanzer hatte seine ganze Nervosität verloren und rauchte vergnügten Sinnes seine Havanna. Der chinesische Seidenhändler, der seit dreimal 24 Stunden unsichtbar gewesen war, erschien schmunzelnd, als ob nichts passirt sei, auf dem Plane. Die Kinder, deren Aechzen mir stets am meisten zu Herzen gegangen war, hatten alles Leid vergessen und freuten sich königlich über eine Maus, die ich aus einem Nastuch für sie anfertigte. Alles lachte und blickte frohen Mutes nach der immer deutlicher werdenden Küste hin, unter deren schützendem Einflusse denn auch das bisher noch hoch gehende Meer immer ruhiger wurde. Sogar der Affe aus

Zanzibar, der sich seit zwei Tagen unter einem Segeltuch ver-
krochen und weltschmerzlich jede Nahrung von sich gewiesen hatte,
kam hüpfend zum Vorschein und wußte vor Uebermut nicht, wie
er sich geberden sollte. Um seine innerliche Gehobenheit zu zeigen,
schnellt er seine hintere Partie einige Dutzend Male rasch in die
Höhe und rüttelt wie verrückt an seiner Kette. Eine präsentirte
Banane schmeißt er mir gegen alle Achtung an meine ahnungslos exponirte Stirne.

Jetzt erscheint auch das alte Pärchen auf Deck. Der greise
Papa schmaucht vergnügt seine Pfeife. Die Mama trägt ihren
alten, zahnlosen Schoßhund im Arm und versucht, ihn mit vor-
gekauten Bissen zu füttern, welche das starrköpfige und noch see-
kranke Hundevieh hartnäckig refüsirt. In große Verlegenheit und
moralische Entrüstung kommt die gute Dame, als der alte Köter
die Beinkleider des englischen Lords in sehr unrespektirlicher Weise
zu verwenden sich anschickt.

Die Küsten nehmen immer deutlichere Gestalt an; man erkennt einige weiße Leuchttürme auf felsigen Vorgebirgen; dahinter
grüne, zum Teil bewaldete Berge. Der Meeresspiegel ist unterdessen ganz glatt geworden; wir befinden uns schon im Schutze
der großen Bucht, in welcher — durch vorgeschobene Inseln dem
Auge noch verborgen — Nagasaki liegt. Der Pilot kommt hergefahren und in seinem kleinen Dampfer sehen wir die ersten
Japanesen, fast ganz nackt bis auf einen Leibgurt und ein Kopf-
tuch. Die gelbbraunen Leiber und die breiten, grobknochigen
Gesichter zeigen große Aehnlichkeit mit dem malayischen Typus.
Jetzt lassen wir rechterseits eine freundliche, grüne, hügelige Insel
liegen, deren Reisfelder und Matten terrassenförmig aufsteigen;
im Schatten eines förmlichen Waldes von Obstbäumen liegt ein
japanisches Dorf. Linkerseits passiren wir die Pappenberg-Insel,
die in der Zeit der japanischen Christenverfolgung anno 1637
eine traurige Berühmtheit erlangt hat. 1000 Christen, welche

lieber sterben, als — wie ihre Verfolger verlangten — das Kreuz mit Füßen treten wollten, wurden von diesem Felsen herab ins Meer gestürzt. In Magibaz, unweit Nagasaki, im Innern des Landes, starben zu gleicher Zeit 37,000 Christen im Kampfe als Märtyrer ihres Glaubens. — Die Bucht verengt sich und scheint keinen Ausgang zu haben. Plötzlich aber dreht das Schiff und fährt zwischen zwei gewaltigen Felsen durch, worauf Nagasaki sichtbar wird. Mit einem Schlag hat das Auge eines jener freundlich-schönen Landschaftsbilder, wie sie in Japan häufig zu sehen sind: an einer malerischen Bucht gelegen eine hübsche Stadt, deren prächtige Tempelhaine und -Bauten schon von weitem erkennbar sind. Den Hintergrund bilden in überaus schöner Weise Hügel mit Reiskulturen und prachtvollen Nadelholzwäldern. Mittags halb 11 Uhr lag der „Zambési" in Nagasaki vor Anker und eine halbe Stunde später betrat ich erwartungsvoll den japanischen Boden.

VIII.

Auf dem stillen Ozean. — Rückblicke auf Japan. — Japanische Flora und Fauna. — Erdbeben und Vulkane. — Charakter der Japaner. — Nagasaki. — Religion der Japaner. — Fahrt durch das Binnenmeer nach Kobe. — Osaka.

Stiller Ozean, den 9. Oktober.
151° W. L. 38° N. B.

Es war in der Nacht vom 22. auf den 23. September, als mich in Yokohama einige Söhne Helvetias, mein Gastfreund, Herr Z. aus Winterthur, Herr D. von Frauenfeld und Herr St. von Basel, an Bord des amerikanischen Dampfers „City of Rio de Janeiro" begleiteten, der bei Tagesanbruch in See gehen sollte. Wir hatten im Deutschen Klub in weiterm Kreise ziemlich lange beim Abschiedsbier gesessen und die Kahnfahrt in der kühlen, sternenhellen Nacht wirkte ungemein wohltätig auf unsere heißen Gemüter und erfrischte Reden und Gefühle. Auf der Schiffs-treppe fand der letzte Händedruck statt; „auf Wiedersehen daheim!" hieß es; dann entglitt der Kahn, aber nicht geräuschlos; einige Hochs erschütterten die friedliche Nachtluft Yokohamas; der Mond verzog sein Gesicht über dem lauten Abschied und die Schiffsmasten fingen verdrießlich an zu knarren, als ob sie eben aus dem Schlafe geweckt worden wären. Bald aber ward's ruhig wie vorher und ich stund allein und am Ende meines Auf-enthalts in Japan, der mir mehr wie ein Traum als wie wirklich Erlebtes vorkam. Als ich morgens erwachte, befand sich unser Schiff schon ein gutes Stück unterwegs und rollte in der ziem-lich bewegten See so heftig, daß ich beim Versuche, mich den andern Passagieren vorzustellen, sofort mit einem heftigen Anfall der Seekrankheit debütirte und Leidensgefährten genug vorfand. Wind und Wetter blieben über eine Woche sehr ungünstig, so daß wir nur 130—150 Meilen per Tag zurücklegten (anstatt 300). Nachts war es gar ungemütlich; manche Passagiere wurden durch das eindringende Wasser aus ihren Kabinen vertrieben. Der Anprall der Wogen an unsern eisernen Schiffspanzer dröhnte wie Kanonendonner, und um uns ein kleines Zeichen seiner Macht und Kraft zu geben, zertrümmerte das Meer durch eine Sturz-welle eine mächtige eisenbeschlagene Türe mit samt den eisernen Balken, die sie festrammten, und drang in Strömen herein; zwei Matrosen mußten schwer verwundet weggetragen werden. — Das ist der „stille Ozean!" Wahrscheinlich war er nur anläßlich der Tag- und Nachtgleiche so stürmisch. Endlich — sechszehn Tage nach unserer Abreise von Yokohama — ist das Wetter ganz gut geworden, und wir hoffen, bis in einer Woche in San Franzisko zu sein.

Eine Fahrt über den großen Ozean ist durch grenzenlose

Oede charakterifirt. Kein einziges Schiff bekamen wir bis jetzt zu
Gesicht; das einzige, was die Szenerie etwas belebt, sind 10 bis 12
Sturmmöven, welche tagsüber dem Schiffe mit Gekreisch folgen
und die abfallenden Brocken auffangen. Nachts laffen sie sich
schwimmend von den Wellen tragen und haben schon bei Tagesanbruch das vorausgeeilte Schiff wieder erreicht. Diese Vögel
besitzen, wie ich an einem durch Zufall gefangenen Exemplare
sah, große Schwimmhäute und schwimmen mit der Leichtigkeit
der Enten.

So weit das Auge reicht, ist sonst nichts zu sehen als
Himmel und Wasser; sind wir doch nach allen vier Himmels-
gegenden mindestens 2000 Meilen vom Land entfernt (Asien,
Amerika, Sandwichsinseln, Aleuten). Bei einer Katastrophe wäre
an Rettung natürlich nicht zu denken und die Flucht auf einem
Rettungsboote nur die Verlängerung der Todesangst oder ein
Vertauschen des Ertrinkungstodes mit dem Hungertode.

Auch das Leben an Bord wird auf die Dauer einförmig;
doch habe ich Bücher, Feder und Tinte und eine in Yokohama
gekaufte Geige (und was für eine!) mit drei Saiten als Präser-
vativ gegen Langeweile. Dann fand ich gute Gesellschaft in der
Person eines Bremer Herrn, der im Auftrage der japanischen
Regierung nach Europa reist, um daselbst die Technik der Torpedo-
fabrikation sich anzueignen und nachher in Japan eine Fabrik
einzurichten. Das Fabrikationsgeheimnis wird nicht billig erkauft; vorläufig hat das japanische Kriegsministerium 50 Stück
à 10,000 Mark per Stück bei der Berliner Fabrik gekauft und
muß weitere 50 nachbestellen oder 200,000 Mark bar bezahlen,
wenn ihr Abgesandter das Hauptgeheimnis (Darstellung des
Bronzemantels) erfahren soll. — Die übrige Gesellschaft erster
Klasse rekrutirt sich aus England, Amerika und Japan. Die
anderen Schiffsklassen sind mit Chinesen gefüllt. Eines Indi-
viduums darf ich nicht vergessen; hält es doch treu zu mir Tag

und Nacht und ſt nie ſchlechter Laune, ſondern ſtets freundlich wedelnd und zu Kunſtſtücken bereit. Es iſt Tſchiſei,* der kleine Schiffshund, deſſen Wiege, wie ſchon der Name ſagt, in Japan ſtund. Freilich erfuhr unſer freundſchaftliches Verhältnis beinahe eine kleine Störung, als ich die Entdeckung machte, daß er einen unter meinem Bett liegenden Schwimmgürtel — verlockt durch die glückliche Konfiguration — als Watercloſet benutzt hatte. Der Sünder fühlte ſich aber ſo gar nicht ſchuldig, als ich ihm ſein Verbrechen vorhielt, und wedelte ſo freundlich drauf los, daß ich Gnade für Recht ergehen ließ. Weniger mild verführe ich, wenn's in meiner Macht ſtünde, mit den abgefeimten ameri-kaniſchen Stewards, die mir aus einer von Yokohama mitgebrachten Kiſte Bieres heimlicher Weiſe 25 Flaſchen weggetrunken haben und dabei ſich ſo unſchuldig ſtellen wie der Hund neben dem Schauplatz ſeiner Tätigkeit, dem Schwimmgürtel.

Doch zurück nach Japau. Ueber dieſes „Wunderland" ſind in den letzten dreißig Jahren Legionen von Büchern geſchrieben worden. Das verhindert aber ja nicht, daß ein einfacher Gelegen-heitsreiſender, auch wenn er nur relativ kurze Zeit dort zubrachte, ſeine ſubjektiven Eindrücke und Erlebniſſe auch zu Papier bringe. Ich kam mit hochgeſchraubten Erwartungen nach Japau und hatte keinerlei Täuſchungen zu erfahren. Wahrhaftig, es iſt ein herr-liches Land, vereinigt die Vorzüge der gemäßigten Zone mit denjenigen der Tropen, ohne ihre Nachteile zu beſitzen. Das Klima darf ein vorzügliches genannt werden und zeigt die wohl-tätige Abwechſlung von Sommer und Winter, wenn auch nicht in der Schroffheit des nördlichen Teiles der gemäßigten Zone. Die wichtigſte Pflanze der Tropen, den rieſigen Repräſentanten der Familie der Gräſer, den Bambus, das unentbehrlichſte Bau-material, auf deſſen vielſeitige Verwendung ich noch zu ſprechen

---

* „tſchiſei" heißt „klein."

komme, besitzt Japan in reichem Maße und daneben einen Blüten-
schmuck, wie er dem tropischen Indien oder wohl den Tropen
überhaupt fehlt (wilde Camelien, Magnolien, Azaleen, Hor-
tensien 2c.) und Nadelhölzer von einer Größe und Schönheit, die
unser Staunen erregen; die Kryptomerien, welche als dichte Haine
die japanischen Tempel beschatten, sind die schönsten Bäume, die
ich je gesehen habe. Die großenteils gebirgige Konfiguration des
Landes ermöglicht eine Vielseitigkeit der Vegetation, auch der
Fauna, die in andern Ländern vergeblich gesucht wird. Gedeiht
doch neben dem Bambusrohr und der lorbeerblätterigen winter-
grünen Eiche auch die nordische Kiefer und existirt neben dem
Affen auch der Bär. Die Fauna ist überhaupt wie die Flora
eine sehr reiche und zeigt eine ganze Reihe bemerkenswerter
Formen, von dem hochgestellten rotwangigen und menschenähn-
lichen Affen bis hinab zu den Protozoen. Und zwar fehlen
glücklicherweise, abgesehen von einer giftigen Natter, alle jene
Tiere, welche das Leben „unter den Palmen" gelegentlich ungemütlich machen, große Schlangen, wilde Katzenarten (Tiger),
große Eidechsen (Krokodile), Skorpione u. s. w., und sogar die
Wanze hat sich bis jetzt in dem begnabigten Lande nicht gezeigt.
Den Jäger entzückt ein reiches Wild: Fasanen, Schnepfen,
Wachteln, Hasen, Hirsche, Füchse, im Norden auch Bären. Im
Riesensalamander, der in Japan allein vorkommt und bis 160 cm
lang wird, sahen wir einen Tiertypus, der in Europa nicht mehr
der Jetztzeit angehört; sein Vetter (Andrias Scheuchzeri) starb
längst aus und liegt in den Oehninger Schichten begraben.

Ein großes Damoklesschwert hängt aber über dem sonst so
gesegneten Japan: es hat mehr als alle andern Länder unter
der oft verderblichen Wirkung unterirdischer Kräfte zu leiden.
Erdbeben und vulkanische Eruptionen haben denn auch im Laufe
der Jahrtausende die geologischen Lagerungsverhältnisse der japanischen Inselwelt so durcheinander geworfen und verwickelt, daß

8

ihr Studium für die Geologen eine sehr schwierige und noch kaum angefangene Arbeit ist. Der gewaltigste Vulkan Japans, der 90 Kilometer westlich von der Hauptstadt Tokio gelegene Fusi-Yama, erhebt sich über breiter Basis 3750 Meter hoch als herrliche Pyramide isolirt in die Luft; er gehört zu Japan wie der Vesuv zu Neapel und kehrt mit seinem schneebedeckten Gipfel tausendfältig auf japanischen Kunstwerken wieder, gemalt auf Papier, Porzellan und Lackwaaren, gestickt auf Seide, ziselirt oder eingelegt in Bronze und geschnitzt aus Holz oder Elfenbein. Seine letzte große Eruption fand 1707 statt; es kamen dabei 53,000 Menschen ums Leben und durch gleichzeitig stattfindende Erdbeben und Ueberflutung der Küstengebiete durch das Meer weitere 200,000. Kein Jahr vergeht in Japan ohne zahlreiche kleinere und größere Erdbeben. Die letzte große Erschütterung (1855, November) hat in Tokio 104,000 Menschen das Leben gekostet und 18,000 Häuser zum Einsturze gebracht; im Anschluß daran brach an 30 Orten gleichzeitig Feuer aus, und was das Erdbeben verschont hatte, vernichtete die Flamme.

Es wird von Ethnologen behauptet, das Gemütsleben eines Volkes sei birekt abhängig von dem Naturcharakter seiner Wohnstätten; da wo die Natur mit gewaltigen Schreckmitteln den Menschen ängstigt, soll das Gemüt eingeschüchtert, verfinstert und der Aberglaube an übersinnliche Mächte geweckt werden. Japan liefert den strikten Gegenbeweis: Sein Volk ist das heiterste, kindlich froheste der Welt, stets zu Scherz und Schelmereien geneigt und in religiösen Dingen außerordentlich sorglos.

Wer nur kurze Zeit bei den Japanern lebt und sieht, wie scheinbar geschickt und leicht sich das emsige Volk die Errungenschaften europäischer Zivilisation aneignet, wie gefällig und freundlich es dem Fremden gegenüber ist, wie wohltätig seine Reinlichkeit gegenüber dem grenzenlosen Schmutz der Chinesen absticht, der wird des Lobes voll sein über das nette Völklein.

So lauten auch die Berichte vieler Reisender außerordentlich günstig über den japanischen Charakter. Wer aber lange Zeit in Japan zubrachte, lernt an den Bewohnern auch mancherlei unangenehme Seiten kennen, die dem Globetrotter entgehen und ich habe von einem deutschen Kaufmann in Kobe sogar das scharfe Wort gehört: Je länger man die Japaner kennt, desto mehr verachtet man sie. Sicher ist, daß neben vielen guten Eigenschaften auch Oberflächlichkeit, Unzuverlässigkeit und Lügenhaftigkeit ihren Charakter kennzeichnen. Dagegen möchte ich nicht unbedingt in das Lamento einstimmen, welches viele Reisende über die „Immoralität und Schamlosigkeit" des japanischen Volkes erheben. Weil sie gelegentlich Japaner beiden Geschlechtes ungeniert im nämlichen Gemache baden sahen oder weil sie da und dort erfuhren, daß die Nacktheit durchaus nicht als etwas Unziemliches betrachtet wird, glaubten sie sich berechtigt, diesem Volke eine niedere Stufe der Gesittung zuzuschreiben. Dies ist ungerecht. Die Begriffe von Anstand und Sitte sind keine absoluten, sondern wechseln nach Zeit, Ort und anderen Faktoren, und man darf gewiß den sittlichen Wert eines Volkes nicht nach dem Bedürfnis seiner Körperverhüllung abschätzen, da man doch aus der Völkerkunde erfährt, daß Nacktheit und Sittsamkeit sich durchaus nicht ausschließen, daß einzelne Stämme, wie die Eskimos und die Neuseeländer, ihre Kleider nur zum Schutze gegen die Witterungseinflüsse tragen und von Schamhaftigkeit keinen Begriff haben, und daß bei verschiedenen Völkern das Schamgefühl bald diesen, bald jenen Körperteil zu verhüllen gebietet. Gilt doch bei den Araberinnen die Entblößung des Gesichtes als das Unanständigste. Hottentottenfrauen lassen sich durch nichts bewegen, ihre Hauben vom Kopfe zu nehmen und das Hinterhaupt zu entblößen, und eine Chinesin hält sich für tötlich beschimpft, wenn ein Mann ihren künstlich verkümmerten Fuß sehen will. So ist der Anstand etwas, worüber Brauch und Sitte entscheiden, und ein frommer

Muſelmann, der ſich an arabiſche Frauenſitte gewöhnt hat, würde wahrſcheinlich die Hände über dem Kopfe zuſammenſchlagen, wenn er einen europäiſch ziviliſirten Ball mit anſähe.

Nun fällt aber allerdings jedem Fremden, der zum erſten Male nach Japan kommt, der gewaltige Kontraſt zwiſchen Kultur- ſtufe und gewiſſen Sitten auf. Einerſeits hat ſich das japaniſche Volk die wichtigſten Errungenſchaften europäiſcher Zibiliſation angeeignet, arbeitet mit Dampf und Elektrizität, ſaugt Milch vom Buſen der deutſchen alma mater, imitirt das franzöſiſche Militärweſen bis auf den Gamaſchenknopf; anderſeits ſteht es noch auf dem Boden jener paradieſiſchen Naivetät, welche die Anwendung des Feigenblattes noch nicht kennt* oder nicht für nötig hält. Dieſer Kontraſt erklärt ſich dadurch, daß die Japaner aus ihrem relativen Naturzuſtande faſt ohne Bindeglied ſich auf die oberſten Sproſſen der Kulturleiter heraufgeturnt haben. und nun dort herumbalanciren, ohne die vorhergehenden Stufen zu kennen oder ihnen Aufmerkſamkeit zu ſchenken. Wollen ſie aber oben b l e i b e n, dann müſſen ſie unter allen Umſtänden das Ver- ſäumte nachholen und die Zwiſchenglieder der Entwicklung auch durchmachen; denn ſoll eine errungene Qualität Beſtand haben und ſich vererben können, ſo darf ſie nicht ſprungweiſe erworben ſein, ſondern muß ſich nach den Regeln der Deſcendenz entwickelt haben. Sind einmal dieſe Lücken ausgefüllt, dann werden auch die Begriffe von Sitte und Anſtand mehr den unſern ähneln; dann wird die Zibiliſation die Schlange ſein, welche den Japanern zeigt, „daß ſie nackt ſind.“ Ob ſie darum dann moraliſch höher ſtehen, iſt eine andere Frage. — Ich gehe zu meinen ſpeziellen Erlebniſſen über.

---

* Um nicht mißverſtanden zu werden, bemerke ich hier, daß die Japaner (abgeſehen von dem bis auf einen Leibgürtel nackten Kuli) meiſt ſehr ſorgfältig und geſchmackvoll gekleidet ſind, daß ſie aber an der Nacktheit gar nichts Unziem- liches ſehen, wie der Fremde in öffentlichen Bädern oder gelegentlich in Thee- oder Privathäuſern genugſam erfährt.

In Nagasaki konnte ich mich nur wenige Stunden aufhalten. Die Stadt zählt 30,000 Einwohner und enthält ein Fremdenviertel, saubere Häuser und geräumige Straßen längs des Ufers und ein chinesisches Quartier. Auf Desima, einer kleinen, künstlich geschaffenen Insel, wohnten von 1639 bis 1858 als einzig geduldete Europäer die Holländer, bewacht und gedemütigt wie Verbrecher, aber — im geldbringenden Besitze des Handelsmonopols. Der Holländer Kämpfer, welcher Ende des 17. Jahrhunderts eine Reihe von Jahren in Desima lebte, hat von dem Leben und Treiben daselbst die ausführlichste Schilderung hinterlassen. Die kleine Insel war nur durch eine — jetzt noch bestehende — Brücke mit Nagasaki in Verbindung. Dort wachte Tag und Nacht ein japanischer Polizeiposten. An einem großen Anschlagbrette war die Verordnung zu lesen, daß vom weiblichen Geschlechte nur Dirnen nach Desima hineindürfen und daß das Verlassen der Insel einem Holländer nur mit spezieller Erlaubnis der japanischen Regierung gestattet sei. Die Holländer durften ferner keine Sonn und Festtage feiern, keine Gebete und geistlichen Gesänge hören lassen, niemals den Namen Christi nennen, kein Bild des Kreuzes mit sich führen oder in ihren Wohnungen aufstellen ꝛc. Alle Jahre einmal mußte der holländische Resident mit seinen Beamten nach Jeddo ziehen, um dem Shogun seine Huldigung darzubringen. Diese Reise war äußerst mühe und gefahrvoll und kostete jedesmal 100,000 Franken und die ganze Zeremonie, deretwegen sie ausgeführt wurde, war folgende:

Die Holländer hatten sich, bewacht wie gefährliche Verbrecher, im kaiserlichen Audienzsaale einzufinden; ihr Haupt, der Resident, wurde dann vorgerufen, um dem Shogun, der hinter einem Vorhang saß, seine Ehrerbietung zu bezeugen. Dabei mußte er, auf Händen und Knieen kriechend, die Stirne am Boden, sich vorwärts bewegen und sich stillschweigend wieder zurückziehen, wie ein Krebs. Nachher führte man die Gesandtschaft tiefer in den

Palast hinein, um auch den Frauen und dem übrigen Hofe ein
vergnügliches Schauspiel zu bereiten, woran der Kaiser oft auch
teilnahm. Es war die reinste Affenkomödie, die von den Fremd-
lingen dann verlangt wurde. Bald mußten sie aufstehen und
hin- und herspazieren, bald sich unter einander bekomplimentieren,
dann tanzen, springen, einen betrunkenen Mann vorstellen,
holländisch und deutsch lesen und singen, den Mantel bald um-
bald wegwerfen ꝛc. „Ich für mein Teil", berichtet Kämpfer,
„stimmte hiebei eine deutsche Liebesarie an." Wenn der Repräsentant der holländischen Kolonie sich verabschiedete, mußte er
geloben, in keine Verbindung mit den Kirishi-tanshiu (d. h. mit
der christlichen Sekte) zu treten und alljährlich dem Shogun solche
Informationen über dieselben zu geben, wie sie für ihn von
Interesse sein könnten.

Nicht nur ließen sich die Holländer diese demütigende Stellung
gefallen, sondern es wird sogar in Geschichtswerken erzählt, daß
bei den Christenverfolgungen in Japan holländische Kanonen ihr
gutes Teil mitgeholfen haben. — Doch zurück zur Gegenwart.

An einem der umliegenden herrlich bewaldeten Hügel in die
Höhe steigend liegt ein großer Tempel im Schatten riesiger
Kampherbäume, und dicht daneben auf einer schattigen Terrasse,
mit herrlicher Aussicht auf Stadt und Meer — ein japanisches
Wirtshaus (tout comme chez nous), Theehaus genannt. Die
Theehäuser sind die Hotels und die Kneipen Japans; der
Wanderer findet darin nächtliche Unterkunft, der Hungerige Reis
und Fisch, der Durstige seinen Thee und — wenn er wünscht —
auch Saki (Reiswein); einen Hauptanziehungspunkt bilden aber,
namentlich für die Fremden, die freundlichen kleinen Japanerinnen,
welche in äußerst anmutiger und natürlich naiver Weise die Bedienung besorgen und durch kindisches Geplauder und ihre stets
heiteren Launen mehr fesseln als der sanfte, ungezuckerte Aufguß
von japanischem Grünthee, den sie in kleinen Porzellanschälchen

auftragen ober das Rauchmaterial, das jederzeit mitservirt wird und in einem Feuerbecken mit glühenden Kohlen, einem Spucknapf, einem halbfingerhutgroßen Pfeifchen und etwas feingeschnittenem japanischen Tabak besteht.

Auch ich ließ mich, nachdem ich den Tempel mit seinen wunderlichen toten Holzfiguren genugsam angesehen, durch das lebensfrohe Lachen, das mir aus dem Theehause entgegen klang, gerne dort hineinlocken, fand auch einen Teil meiner Schiffsbekannten, die's noch nicht bis zum Tempel gebracht hatten, bereits darin vor und gestehe, daß ich mich auf japanische Art und Weise recht behaglich und gemütlich fühlte, wenn auch nicht alles, was ich sah, mit der Brille eines strengen Moralisten betrachtet werden durfte. Zur Ehrenrettung der vielgeschmähten und verleumbeten japanischen Mädchen will ich gleich hier bemerken, daß sie im großen und ganzen mit einem kindlich frohen Sinne und einer naiven Ungenirtheit doch auch eine in ihrer Art strenge und sie erst recht zierende Sittsamkeit paaren; dies wird jeder zugeben müssen, der die japanischen Begriffe von Anstand mit in Rechnung zieht und der seine Beispiele nicht in den für die fremden Nationen geöffneten Häfen sucht, wo eben — wie übrigens auch in europäischen Hafenstädten — das Laster in jeder Form zu finden ist.*

Anläßlich des Tempels erwähne ich hier, daß in Japan zwei heidnische Kulte zur Herrschaft gelangt sind und sich nebeneinander entwickelt haben: der Shintoismus und der Buddhismus, zwei Religionen, denen viele Hunderte von herrlichen Tempeln und viele Tausende von Priestern dienen. — Der Shintoismus, auch Kamilehre genannt, hat sich in ältesten Zeiten aus der Anbetung von Sonne und Mond, aus dem Naturdienste entwickelt

---

* Vertrauenswürdige Japankenner rühmen die musterhaft strengen Sitten der Frau von guter Familie.

und besteht in der göttlichen Verehrung der Kami oder Geister berühmter abgeschiedener Fürsten, lieber Verwandter, Gelehrter 2c. Die Sittenlehre der Shintoisten dagegen stammt von Confucins, dem chinesischen Sokrates, und enthält als oberstes Gesetz die Pietät gegen die Eltern, welche denn auch in Japan durchwegs in tabelloser und oft rührender Weise geübt wird. Der Kaiser Japans, der Mikado, ist Shintoist und so auch der größte Teil der vornehmen Familien.

Der Buddhismus gelangte in der Mitte des sechsten Jahrhunderts nach Japan und fand ungeheuere Verbreitung, da er die Shintogötter — wie früher die vielen Gottheiten des Brahmanentums — tolerant in sein System aufnahm und da die Schilderung der Seelenwanderungslehre und der fernen paradiesischen Welten, wo Gleichheit aller Buddhaverehrer herrsche, der japanischen Phantasie ungemein zusagte.

Noch muß ich der christlichen Religion gedenken, welche gegen Ende des 16. Jahrhunderts 800,000 (nach anderen Angaben die dreifache Zahl) in Japan zählte. Die schrecklichen Verfolgungen, die durch Jahrzehnde fortdauerten, brachten Hunderttausenden einen qualvollen Tod; Marter, wie die Annalen der ersten Kirche sie nicht aufweisen, hatten diese japanischen Christen zu erdulden und zeigten dabei eine heroische Standhaftigkeit, wie sie die Geschichte aus den römischen Arenen und dem Kolosseum meldet. Und doch hat seit der Zeit, also durch mehr wie 200 Jahre hindurch, in der Nähe von Nagasaki, ohne Wissen der Regierung, eine große Gemeinde (Urakami) ihren christlichen Glauben bewahren können; die japanische Behörde soll 1868 bei Entdeckung dieser Tatsache anläßlich der Verkündung der Glaubens- und Gewissensfreiheit nicht wenig überrascht gewesen sein.

Unser Schiff verließ Nagasaki nachmittags 3 Uhr und laugte nach dreißigstündiger Fahrt durch die sogenannten Inlandseen

in Kobe-Hiogo an. Diese Route sucht ihresgleichen an Schönheit; meist sind ein oder beide Ufer deutlich sichtbar; schöne
Wälder wechseln ab mit frischgrünen Reisfeldern; in den zahlreichen, durch Kähne aller Art belebten Buchten liegen freundliche japanische Dörfer; oft erblickt man auch zwischen riesigen
Kryptomerien die monumentalen Bauten eines Shinto- oder
Buddhatempels, charakterisirt durch eine zuführende breite Treppe
und ein mächtiges Holz- oder Steintor. Die Inlandseen sind
reich an Klippen und grotesk geformten felsigen Inseln; oft
verschließen diese die Perspektive derart, daß es kaum möglich
scheint, einen Durchpaß zu finden; doch steuerte der von Nagasaki
mitgenommene Lotse, dank überall angebrachten Leuchtschiffen und
dank der herrlichsten Leuchte oben am Himmel, dem silberglänzenden
Monde, unser Schiff auch bei Nacht sicher an allen Riffen vorbei,
und am 23. August, morgens 9 Uhr, lagen wir in der Rhede von
Kobe vor Anker und bewunderten schon an Bord die schöne Stadt
mit der prächtigen europäischen Häuserfront längs des Ufers
und dem wild zerrissenen, gebirgigen Hintergrunde. In Gesellschaft des chilenischen Pflanzers verließ ich das englische Schiff,
um von Kobe aus die wichtigen Städte Osaka und Kioto, den
frühern Sitz des Mikados, zu besuchen und erst mit zweitnächster
Gelegenheit, einem japanischen Dampfer, nach Yokohama zu fahren.
Diese drei Städte sind durch eine neuerbaute Eisenbahnlinie verbunden; sie führt durch fruchtbare Gefilde, Reis- und Kartoffel-
felder, Theeplantagen u. s. f. und kreuzt mehrere breite Flußbette,
die aber zur Zeit fast ausgetrocknet waren; demzufolge erforderte
die Bewässerung der Reisfelder eine ganz besondere Aufmerksamkeit
und mühevolle Arbeit; wir sahen Tausende von fleißigen Bauern,
welche — gegen die Glut der Sonne nur spärlich geschützt —
mittelst riesiger Hebelarme Wasser aus Cisternen schöpften und
in die Felder goßen. Zu beiden Seiten der Eisenbahnlinie liegen
freundliche Dörfer, denen man die Wohlhabenheit ansieht; hie

und da auch ein Tempelhain, eine dunkelgrüne Oase im hellgrünen Reismeere, oder ein mit Grabsteinen dicht besäeter Totengarten. Streift das Auge weiter, so trifft es auf einer Seite das blaue Binnenmeer, belebt durch zahlreiche Segelboote, auf der andern einen überaus malerischen Gebirgszug mit Wasserfällen, zerrissenen Felsen und schönen Baumgruppen. In Osaka blieben wir nur einige Stunden. Die Stadt zählt 260,000 Einwohner und ist, was Binnenverkehr anbelangt, die erste Handelsstadt in Japan, während der Hafen zu seicht ist, um größere Schiffe hereinzulassen, und also mit Kobe und Yokohama längst nicht mehr konkurriren kann. Imposant ist das alte Kastell mit gewaltigen Umfassungs- mauern aus Granitquadern, in deren Umgebung während des japanischen Bürgerkrieges des Mittelalters Ströme Blutes ge- flossen sind. Sonst bietet die Stadt wenig Sehenswertes.

━━◆━━

IX.

Kioto. — Mannkraftwagen. — Maru-Yama-Hotel. — Linguistische Leistung unseres Führers. — Japanische Kinder. — Palast des Mikado. — Tempel. — Theaterleben. — Besuch am Biwa-See. — Japanische Schulen. — Der Nachtstuhl als Erlösung. — Fahrt nach Yokohama. — Jung-Japan. — Yokohama. — Tokio. — Schluß.

Um so schöner und interessanter ist Kioto, die westliche Hauptstadt Japans (im Gegensatz zu Tokio, der östlichen), mit 240,000 Einwohnern, 64,000 Häusern, 100 Shinto- und über 900 Budbhatempeln. Schon der Weg nach Osaka bis Kioto ist prachtvoll; die Bahn fährt zwischen Kulturen von einer Ueppigkeit, die an die Tropen erinnert; dichte Bambuswälder wechseln ab mit ehrwürdigen Fichtenhainen und eine überraschende Szenerie folgt der andern. Zu beiden Seiten des Bahnkörpers gedeiht üppig

die prächtige Lotos; Tausende von faustgroßen Blüten, deren
schneeweiße Grundfarbe an den äußern Blättern rosenrot an-
gehaucht ist, entzücken das Auge. In weiter Ferne laucht ein
himmelanstrebendes Monument auf, die eine große Pagode von
Kioto. Eine halbe Stunde später waren wir am Bestimmungs-
ort angelangt und ließen uns per Jinriksha nach dem von einem
Japaner in europäischer Weise betriebenen Gasthof überführen.
Die zweirädrigen Handwagen (Jinriksha = Mannkraftwagen)
sind in Japan das einzige, aber überall verbreitete Beförderungsmittel. Sie wurden von einem amerikanischen Missionär erfunden
und fanden rasche Nachahmung, da sie sich für die sehr schlecht
gehaltenen Verkehrswege Japans außerordentlich eigneten. In
Tokio allein sollen über 50,000 Exemplare in Tätigkeit sein.
Bedenklich scheint mir aber, daß durch dieses Institut dem Lande
Hunderttausende der besten Arbeitskräfte entzogen werden; denn
selbstverständlich können nur kräftige Männer die oft ungeheuer-
lichsten Leistungen mit der Jinriksha aushalten und haben dabei
nicht nur jede andere Tätigkeit aufgegeben, sondern werden auch
sehr häufig lungenkrank (dämpfig), was leicht zu begreifen ist,
wenn man bedenkt, daß sie oft stundenlang ununterbrochen im
raschesten Laufschritte ihre Insaßen — oft sind's auch deren zwei
— vorwärts ziehen.

Nach halbstündiger Karrenfahrt durch eine bunte japanische
Welt, vorbei an tausend noch fremden Bildern, welchen das Auge
nicht folgen konnte, langten wir im östlichsten Teile der Stadt
an und hatten noch einige Minuten bergan zu steigen, um unsern
Gasthof in Maru-Yama zu erreichen. Es ist ein einfacher japanischer Holzbau mit Veranden; doch sind europäische Betten und
Möbel da und der japanische Besitzer führt auch eine ganz passable
europäische Küche. Als ich auf die Veranda trat und einen Blick
warf auf das herrliche Panorama, das gewaltige, — von breitem
Flusse durchströmte — zu meinen Füßen liegende Häusermeer

Kiotos und den wunderbar schönen Rahmen von Bergen, folgte
ein Ausruf des Entzückens dem andern und mein Reisebegleiter,
der doch schon viel von der Welt gesehen hatte, stimmte rückhaltlos
mit ein. Auch der Hintergrund des Hotels ist prächtig; der Hügel,
an dessen Abhang es liegt, steigt noch einige hundert Fuß weiter in
die Höhe und trägt eine majestätische Vegetation; Kampherbäume
und Kryptomerien in Riesenexemplaren, dazwischen blühende
Strauchgewächse, die man bei uns nur verkümmert in Treib=
häusern hat. Die allernächste Umgebung des Hotels ist zu einem
japanischen Garten umgewandelt und besteht aus einem maler=
ischen Gemisch von Steingruppen, Zwergbäumen aller Arten,
kleinen Tempelchen, Miniaturseen und =Bächen mit dito Brücken,
bronzenen Figuren, kurz allen jenen Liliputanlagen und =Bauten,
wie sie die japanische Gartenkultur charakterisiren. Wie in vielen
andern Dingen, so zeigen auch hiebei die Japaner eine gewisse
naive Kindlichkeit und lieben es, ihre Gärten in einer Weise
anzulegen, wie dies etwa einem spielenden Kinde einfällt, dem
man Sand und den Inhalt einer Jahrmarktsschachtel zur Dis=
position stellt. Doch bewundere ich dabei den Geschmack im
Gruppiren und die Kunst, Bäume, welche sonst nur in großen
Exemplaren vorkommen, so zu ziehen, daß sie nicht etwa wie
unnatürliche Krüppel, sondern wie die zierlichsten Miniatur=
figürchen ihrer großen Stammeltern aussehen.

Bei unsern Streifzügen durch die Stadt gerieten wir hie
und da in große Verlegenheit, weil in ganz Kioto kein Europäer
oder ein anderer englisch sprechender Mensch zu finden war.
Reisende nehmen sich, wie wir erst nachher erfuhren, gewöhnlich
einen Dolmetscher von Osaka oder Kobe her mit. Ein sogenannter
Führer, den man schließlich im Hotel für uns auftrieb und der,
wie es hieß, englisch sprechen könne, verstund genau so viel, um
uns mit dem Wirte zu verständigen; seine Erklärungen der
Sehenswürdigkeiten aber waren eine linguistische Leistung, wie

ich sie in meinem Leben nie gehört und die ungefähr so tönte und uns gerade so verständlich war, wie wenn einer, den Mund voll heißer Kartoffeln, das chinesische Alphabet heruntergelesen hätte. Glücklicherweise hatte ich mich durch Lektüre gehörig vorbereitet und war zufrieden, wenn uns der Führer nur den Weg zeigte. Verständnisvoll lächelte er bei jeder an ihn gestellten Frage und beantwortete sie mit einem tiefsinnigen Yes, das mich gelegentlich zur Verzweiflung brachte. Z. B.: „Wie heißt jener große Berg dort?" Freundliches Lachen und „„Yes"" als Antwort. „Nein, ich frage, wie der Berg heißt? "Verstärktes Lachen und nochmaliges „„Yes."" „Verstehen Sie mich nicht? ich frage den Namen jenes Berges." Ungeheueres und verständnisvolles Lachen, gefolgt von einem etwas schüchternen „„Yes name."" Nochmals wiederholte ich mit einem vaterländischen „Donnerwetter" meine Frage, da ging dem Manne plötzlich ein Licht auf; er machte ein ernstes Gesicht und antwortete mit wichtiger Miene und im Bewußtsein, das Richtige gefunden zu haben: „„Yes mountain."" Nachdem ich auf diese mühselige Weise erfahren, daß der Berg ein Berg sei, verzichtete ich auf weitere Belehrung von Seiten unseres Führers.

Ueber 1000 Jahre lang war Kioto der Sitz des Mikados und in jeder Beziehung der Mittelpunkt Japans, der nun seit 1868 allerdings mehr nach Tokio verlegt ist. Doch nimmt Kioto in der Seiden-, Bronze- und keramischen Industrie jetzt noch weitaus den ersten Rang ein und ist eigentlich die interessanteste aller japanischen Großstädte, weil noch kein Europäer dort Posto gefaßt und noch kein fremder Einfluß die Sitten und Gebräuche verändert hat.

Meine größte Freude war es, in den Straßen herum zu schlendern, und stundenlang konnte ich das bunte, fremde Leben beobachten, ohne müde zu werden. Die Straßen sind meist gerade und größtenteils sehr reinlich, was wohltätig auffällt, wenn

man noch den Schmutz chinesischer Städte in Erinnerung hat.
Die Häuser bestehen aus leichtem, hölzernen Rahmenwerk, das
fundamentlos auf Pfählen ruht und durch ein schweres, oft
sehr kunstreich geschweiftes Dach gedeckt ist. Durch verschiebbare
Rahmen sind auch die einzelnen Zimmer von einander geschieden.
Die Lücken zwischen dem Holzgitterwerk sind durch mattweißes
Papier verschlossen, welches die Stelle der Fenster vertritt und
das Licht einfallen läßt. Wünscht der Neugierige rasch einen
Blick auf die Straße zu tun, so fährt er mit dem Finger durch
eine dieser papierenen Scheiben. Manche Wände sehen auf diese
Weise ganz durchlöchert aus; aber ich habe mehr kleine, zarte
Fingerchen als dicke Männerfinger durchschlüpfen sehen.

Einen überaus köstlichen Anblick gewähren die Kinder: Die
kleinen Menschen sind meist glatt rasirt bis auf drei Haarlocken
auf Scheitel und Schläfen oder einen ringförmigen Haarbüschel
und tragen daneben dieselben Kleider wie die Erwachsenen, nämlich
vor allem den Kimono, einen langen, vorn offenen bunten Rock
mit weiten fliegenden Aermeln, der am Leibe mit einem breiten
Gürtel, dem Obi, befestigt ist. Die Füße sind, wenn die Kinder
nicht barfuß gehen, mit baumwollenen Socken bedeckt, bei welchen
die große Zehe, wie bei Fausthandschuhen der Daumen, ab-
gesondert ist; zwischen ihr und den übrigen geht die Strohschnur
durch, welche die Sandalen oder die, namentlich bei schlechtem
Wetter gebräuchlichen, stelzenartigen Holzschuhe am Fuße befestigt.
Wie weise und verständig sehen diese so gekleideten Kinderfigürchen
aus, wenn sie Hand in Hand durch die Straßen marschiren!
Und wie vernünftig und altklug hockt der kleine, zwei- bis drei-
jährige Japaner vor dem väterlichen Verkaufsladen, gerade
als ob die ganze Last des Geschäftes auf ihm ruhe! Aber der
Schalk sitzt ihm doch in den Augen, und wenn du ihn anlachst,
so verzieht sich sein kleiner Mund zu einem neckischen Lachen;
die Grübchen erscheinen in seinen Backen, und er steht rasch auf

und verkriecht sich hinter den Kimono seines Vaters, hinter deffen Falten er schelmisch hervorguckt.

Meine rückhaltlose Bewunderung zollte ich den Seiden-, Porzellan- und Metallarbeitern Kiotos, die ich in den verschiedensten Werkstätten zu beobachten Gelegenheit fand. Es sind wahre Künstler darunter und ich vergesse namentlich einen Arbeiter nicht, der mit fabelhafter Schnelligkeit und wahrhaft genialer Schöpfung die schönsten und originellsten Bilder ex tempore auf Porzellan hinwarf.

Die frühere Residenz des Mikado, das jetzt leer stehende Schloß, ist ein riesiges Labyrinth von Höfen, Gängen und Gemächern, die mit feinen Strohmatten bedeckt und wie beim gewöhnlichen japanischen Hause, durch Schieberwände von einander getrennt sind. Die Bauten sind aus Holz aufgeführt und mit Rinde bedeckt und nur die Größe der Gemächer und die Feinheit der Matten zeigen, daß man nicht in einem einfachen Privathause sich befindet. Möbel sind nirgends zu sehen; als einzige Dekoration hängen in dem Saale, an deffen Pforte der Mikado früher die verhüllten Hauptes im Freien liegenden Oberſten des Landes begrüßte, die in Oel gemalten Porträts des Kaisers und feiner Gemahlin; er ist ein Mann von 34 Jahren, mit außerordentlich nichtssagenden und widerlichen Gesichtszügen, vorstehendem Unterkiefer u. f. w., und scheint auf dem Oelgemälde wirklich nur das Stativ zu fein für die brillante französische Uniform, welche er trägt. Seine Frau ist eine blasse, schmächtige Schönheit, mit stark ausgeprägten Schlitzaugen. Der herumführende Diener und ebenso unser in der englischen Konversation so gewandte Führer verbeugten sich bis auf den Boden vor den beiden Majestäten.

Eine der wichtigsten Sehenswürdigkeiten Kiotos bilden die Tempel. Sie sind alle mehr oder weniger nach dem nämlichen Typus gebaut, den ich aber hier nur kurz andeuten kann: Die

Buddhatempel liegen (wie auch die Kamihallen) gewöhnlich etwas abseits der Straßen in großen Höfen oder schattigen Hainen. Der Zugang ist ein durch ein oder mehrere Portale überdachter, mit Steinplatten belegter Pfad. Längs desselben sind oft ganze Reihen von Theehäusern, Verkaufsbuden aller Art, Theatern, Marktschreiern, Zauberkünstlern rc. Durch verschiedene Vorhöfe, die durch größere Portale und Heiligenbilder aller Art von einander getrennt werden, gelangt man erst zum eigentlichen gewaltigen Tempelraum, in dessen Mitte eine breite Holztreppe zu der Halle führt, in welcher die Andächtigen mit Rosenkränzen am Boden lauern. Den Gott bestellen sie sich durch Anschlagen an eine Trommel oder einmaliges Klatschen zur Audienz und zur Bekräftigung ihrer Gebete werfen sie Kupfermünzen in die überall bereit stehenden Geldkästen. Die Altäre, an welchen die Priester amten, sind mit Gold und Edelgestein reich ausgestattet. Eine hölzerne Buddhastatue, die in Kioto Gegenstand häufiger Wallfahrt und Anbetung bildet, ist so groß, daß man bequem in deren Kopf herumspazieren kann; doch ist sie ein plastisches Absurdum und nicht zu vergleichen mit dem kupferbronzenen Daibutzu in Kamakura, den ich später beschreiben werde. An den Tempelportalen und Dächern, sowie an den reich verzierten Fürstengrüften in den Tempeln sind die höchsten und staunenswertesten Leistungen der japanischen Kunst zu sehen.

Das richtige bunte japanische Volksleben beobachten wir nachts in den von tausend und tausend bunten Papierlaternen erleuchteten Hauptstraßen Kiotos. Ich glaubte ein Märchen aus tausend und einer Nacht zu erleben, als ich am Arme meines Reisegefährten in dieser mir ganz neuen und zauberhaften Welt herumbummelte. In dichtem Gedränge wogte alt und jung, Mann und Frau und Kind durcheinander; sogar die kleinen und kleinsten Kinder machten auf den Rücken ihrer Mütter oder ihrer wenige Jahre ältern Geschwister die Nachtpromenade mit und wurden — süßschlummernd — in stickluftige Theaterräume und lärmende Schaubuden geschleppt. Hunderte von Fechtern, Zauberern, Theatern ꝛc. produziren sich zu beiden Seiten der sogenannten Theaterstraße, und für wenige Sen (1 Sen = 4 Rp.) unterhält sich hier die japanische Familie einige Stunden und raucht — Männlein wie Weiblein — ihren Tabak dazu. Wir betraten unter anderm ein kleines Volkstheater, auf dessen Brettern eine große Familientragödie sich abspielen sollte. Als wir hereinkamen, war eben ein zirka zehnjähriger Knabe als einzig handelnde und redende Person auf der Bühne; unsere Erscheinung erregte großes Aufsehen und der bestürzte kleine Schauspieler schloß mitten im Satze plötzlich ab und verschwand eiligst. Nach kreischendem Wortwechsel hinter den Coulissen erschien er aber bald wieder und sagte schüchtern und befangen sein Sprüchlein zu Ende. Nachher trat der Held des Stückes auf, ein finster dreinblickender Manu mit großem, falschem Schnurrbart, der von den Zähnen auszugehen schien, und setzte sich würdevoll auf einen Stuhl, die Hände auf ein mindestens anderthalb Meter langes Schwert gestützt; als zweite handelnde Person erscheint mit hahnentrittartigem Theaterschritt größten Kalibers (das sogleich das andere Geschlecht verrät) ein bleiches Weib; es ballt die Fäuste vor dem unbeweglich dasitzenden Manne, offenbar ihrem Gemahl, und spricht mit furchtbar übertriebener Leidenschaft eine lange Rede. Wahrscheinlich sind es Vorwürfe, die sie dem ungetreuen Gatten macht. Aber er rührt sich nicht, auch könnte man nichts von seiner innern Erregung erraten, wenn nicht der gewaltige Schnurrbart von Zeit zu Zeit bei dem ergreifendsten Pathos des Weibes gegen die Nasenspitze hinaufhüpfte (wobei der in die Mundhöhle gehende Draht sichtbar wird), um gleich darauf matt wieder zurückzusinken. Endlich wird's ihm zu viel, dem Manne nämlich; er erhebt sich, streift die Aermel zurück und stößt sein Schwert in den Busen des grimmen Weibes; in diesem Augenblicke erscheint der Knabe

9

des Paares wieder, um die Mutter zu retten; auch ihn trifft der verderbenbringende Stahl des ruchlosen Vaters; er über=purzelt vier, fünfmal im Todeskampfe und verschwindet von der Bühne, um gleich darauf durch ein großes Loch der Coulissen zuzusehen, wie sein Vater auch dem letzten der Lebenden auf der Bühne, sich selbst, den jammervollen Garaus macht. Die ja=panischen Zuschauer waren tief ergriffen; der mordende Vater schaute nachher stolz und im Bewußtsein, in der Tragik das Höchste geleistet zu haben, auf uns herab und wir — barsten fast vor innerlichem Lachen. Noch nachts um 1 Uhr, als wir auf der Veranda unseres Hotels von den Tagesmühen ausruhten und die herrliche Kühle und Stille der Nacht in vollen Zügen genossen, brang zeitweise das Getümmel der lebensfrohen Menge wie fernes Brausen an unser Ohr.

Einen Tag benützten wir, um die Endstation der Eisenbahn=linie, das Städtchen Otzu an dem durch seine landschaftlichen Schönheiten berühmten Biwa=See, zu besuchen. Die Zufahrts=linie zeigt die Schönheiten der Route Osaka=Kioto noch in ge=steigertem Maße; das Terrain wird schließlich recht gebirgig. Aber der See und seine Umgebung ist nicht so schön, wie sein Ruf ihn darstellt, und kann sich in keiner Weise z. B. mit dem Genfersee messen, mit welchem er eine entfernte Aehnlichkeit hat. Wie überall, ging ich auch in Otzu meiner Liebhaberei nach und schlenderte in all den Straßen und Gäßchen herum, trat auch in die Häuser und Verkaufsläden ein und die Leute ließen mich — obschon wir uns sprachlich natürlich nicht verständigen konnten — gerne gewähren, weil sie bald sahen, daß der Eindringling keine bösen Absichten hege. Das schönste Haus in Otzu ist — wie fast in jeder, auch der kleinsten japanischen Ortschaft — das Schulhaus. Daß ich da sofort hineinspazierte, versteht sich von selbst. Im Vorraume stunden zierlich in Reih und Glied die Sandalen und die Holzschuhe der kleinen Studenten und

Studentinnen und daneben lehnten schön gleichmäßig die öl-
papierenen Sonnenschirmchen. Das Schulzimmer mit Luft von
allen und Licht von einer Seite war in offener Verbindung
mit einem Raume, in welchem die zwei anwesenden Lehrer ihre
unentbehrlichen Thee- und Rauchrequisiten auf einem Tische hatten.
Die Kinder saßen zu zwei und zwei auf gut konstruirten, der
Größe ungefähr angepaßten Holzbänken, mit Rücklehne und Tisch,
und waren eben mit Lesen beschäftigt. Es machte mir ganz besonders Spaß, zu sehen, wie die Schulmanieren der japanischen
Jugend ganz die nämlichen sind, wie sie unsere Kleinen auch zu
haben pflegen. Der siebenjährige Knirps dort, der — zum
Weiterlesen aufgefordert — eben aufsteht, hat nicht aufgepaßt
und sucht durch verschiedenes Husten und Räuspern die Zeit, da
er anfangen soll, etwas hinauszuschieben, um von den Einbläsern
noch glücklich den schmerzlich gesuchten Faden zu erwischen. Jetzt
hat er ihn und mit vorwärts gerecktem Kopfe fängt er mit über-
lauter Stimme zu lesen an und in einem Tempo, das die bis-
herige Verlegenheitspause mehr als gut machen soll. Aber ich
hab' mir's gedacht, daß es nicht so über Kopf und Hals fort-
gehen kann; bereits beginnt das Stottern und jenes bekannte
leere Schlucken, das die holperigen Leser lieben, wenn sie vor
einem schwer zu buchstabirenden Worte stehen. Jetzt schneidet ihm
ein Spitzbube von Nachbar eine Grimasse ins Gesicht, während
die zwei Lehrer sich mit uns unterhalten, und der Redefluß erfährt eine Unterbrechung durch ein mühsam unterdrücktes Kichern.

Das Unterrichtsprogramm in den japanischen Volksschulen,
deren Besuch während sechs Jahren obligatorisch ist, enthält
folgende Fächer: Lesen, Schreiben, Rechnen (mit der japanischen
Rechentafel und Kopfrechnen), Geschichte, Geographie, Naturkunde,
soweit sie bruchstückweise in den Lesebüchern enthalten ist, und in
neuester Zeit auch Turnen, während der Gesangsunterricht vorläufig wegen Mangels an Melodien und Liedern noch ein frucht-

loses Bestreben ist. Auf die obligatorischen Volksschulen folgen
die fakultativen Mittelschulen, an welchen auch Deutsch und
Englisch gelehrt wird. Als höchstes Lehrinstitut endlich existirt
in Japan die großenteils mit deutschen Lehrern besetzte Universität
in Tokio und eine durch einen Deutschen eingerichtete, aber jetzt
von Japanern geleitete Medizinschule in Kioto, welche über ein
musterhaftes, ganz in europäischem Stile erbautes Hospital verfügt.

Wie mich Sprachkundige versicherten, ist es aber für die
japanische Nation unmöglich, sich jemals auch innerlich zu der
hohen Stufe europäischer Zivilisation zu entwickeln, so lange ihre
jetzige Sprache nicht durch eine zivilisirte ersetzt wird. Armut im
Wortschatz und Mangel der Flexion (das Japanische ist eine
agglutinirende Sprache) sollen den freien Gedankenausdruck so
hemmen, daß es z. B. höchst schwierig, oft geradezu unmöglich
ist, Produkte der europäischen Kultursprachen ins Japanische zu
übersetzen. Ob die Japaner sich zu dieser revolutionären Neuheit
entschließen, wird die Zeit lehren; man möchte es fast glauben,
wenn man sieht, wie leicht bereit sie sind, alles Alte über den
Haufen zu werfen, und wie rasch und ich möchte fast sagen
pietätlos sie ihre alten Institutionen mit modern-europäischen
vertauschen.

Von den beiden Lehrern mit Thee und Tabak bewirtet und
schließlich mit den in Japan gebräuchlichen wiederholten tiefen
Bücklingen verabschiedet, verließen wir das freundliche Schulhaus
und nahmen den günstigsten Eindruck mit fort.

Im offenen Eisenbahnwagen des nach Kioto bereit stehenden
Zuges genossen wir dann angesichts einer stattlichen Zuschauermenge unser mitgebrachtes Frühstück; jede unserer Bewegungen
wurde von mindestens dreißig Paar Augen verfolgt und ich weiß
nicht, ob sich dieselben mehr über meinen Durst oder aber über
den glücklichen Appetit meines Reisegefährten wunderten. Schließlich geruhten wir „in königlicher Huld" dem Volke die Ueberreste

unserer Mahlzeit mitzuteilen, und fuhren, vergnügt über die
vielen freundlich lachenden Gesichter, nach Kioto zurück.

Bis zum Abend des 28. August waren wir wieder in Kobe
und erfuhren daselbst, daß der mittags erwartete japanische
Dampfer durch einen Taifun zurückgehalten worden sei und erst
zwei Tage später ankomme. So blieb uns Zeit genug, auch noch
diese Hafenstadt mit ihrer schönen Umgebung und ihrem reichen
Volksleben anzusehen. Unter dem fremden Einflusse hat sich dies
allerdings in manchen Beziehungen verändert, namentlich in der
früher schon erwähnten Weise. Die Bedienung in den Theehäusern Kobes ist denn auch zum Teil von einer Zudringlichkeit
und unverfrorenen Ungeniertheit, die anwidert und recht kontrastirt
mit der zutraulichen aber äußerst sittsamen Freundlichkeit der
Mädchen, die uns in Kioto unsern Thee servirten. Nochmals
suchten wir eines der vielen Volkstheater auf und fauden neuen
Stoff zur Erschütterung unseres Zwerchfelles. Auf einer großen
Bühne spielte sich, angesichts einer beträchtlichen Zuschauermenge
und begleitet von den Tönen einer Samisen (dreisaitige Guitarre)
und einiger näselnder Sängerinnen, eine längere Familienintrigue
ab, die damit endigte, daß sich sämtliche Beteiligte zu einem
Gastmahl zusammenfanden; dabei zeigte aber einer nach dem
andern, wohl infolge Genusses einer vergifteten Speise, die un-
verkennbaren Zeichen eines grimmigen Bauchwehs und offenbarte
seine Gefühle und Wünsche in sehr unverblümten Pantomimen;
allseitiges Stöhnen, wildes Durcheinanderjagen, vergebliches
Suchen nach einem Ausgang; endlich öffnet sich die verschlossene
Türe und es naht die Erlösung in Gestalt eines hereingetragenen
— Nachtstuhles, dessen wohltätige Wirksamkeit dann auch successive
und mit einer mimischen Vollendung, die wirklich einer schönern
Sache würdig gewesen wäre, auf den Gesichtern der Schauspieler
sich ausdrückte. — Ich bitte um Verzeihung für die Schilderung
dieser unästhetischen Szene; zur Charakteristik der dramatischen

Kunst Japans schien sie mir fast unerläßlich; gerne hätte ich irgend einen andern Gegenstand als Erlösungsobjekt eingeschaltet; aber wenn es sich um einen Nachtstuhl handelte, konnte ich doch nicht von einer Zuckerbüchse erzählen.

Was sich auf den japanischen Brettern abspielt, ist — wie ich noch mit andern Beispielen belegen könnte — nicht stets der Inbegriff des Anständigen und so ist es begreiflich und ganz am Platze, daß für Mädchen aus guter Familie der Theaterbesuch ein unerlaubtes Vergnügen ist.

Auf dem großen japanischen Dampfer, der, von Shanghai herkommend, uns nach Yokohama brachte, hatten wir Gelegenheit, japanische Typen aller Klassen zu beobachten. Das Schiff war überfüllt mit Passagieren und auch die Betten der ersten Kajüte sämtlich besetzt. Es ist ein großer Sprung von dem Kuli, dessen einziges Kleidungsstück der Lendengurt und Strohsandalen sind, zu dem vornehmen Japaner, der in seiner Kleidung bis ins Kleinste den Europäer nachzuahmen sucht. Aber das erstgenannte Extrem war mir das sympathischere und erschien mir eigentlich als ganz selbstverständlich und gar nicht so auffallend, da die dunklere Hautfarbe, sowie die noch häufigen Tättowirungen (jetzt ist diese Art von Dekoration der Haut gesetzlich verboten) die Nacktheit mehr oder weniger aufheben. Einen um so komischeren und unnatürlicheren Eindruck machte mir „Jung=Japan" in seiner europäischen Hofe, welche — sie mag noch so ausgezeichnet zugeschnitten sein — eben die stets krummen Beine doch nicht gerade erscheinen läßt; seinem eleganten Rocke, dessen Schöße bis zu den Knieen reichen und unbeholfen dort herumbaumeln, wenn der Träger die stets nach einwärts gedrehten Füße vorwärts bewegt; seinen riesigen Manschetten und Vatermördern und einem Hute, der nun eben einmal — mag er Cylinder oder Filz= oder Strohhut heißen, mag er rund oder oval oder eckig sein — niemals für einen japanischen Schädel die passende Form hat. Der europäisch gekleidete Japaner braucht nur eine einzige Bewegung zu machen, um zu dokumentiren, daß er nicht in seinem wahren Kleidungs= elemente steckt, daß der Rock zivilifirt, aber der Mensch noch sehr japanisch ist; ich mußte bei seinem Anblick stets an einen Jungen denken, der zum erstenmal die Höslein an hat, unsäglich stolz darauf ist und sich anderseits halb genirt, sie der Welt zu zeigen, von der er sie doch so gerne bewundern laffen möchte. Die japanische Frau aber — auch die vornehme — hat sich in ihren Kleidern noch um kein Jota der europäischen Mode adaptirt; sie trägt den früher beschriebenen Kimono von bunter Seibe, ober, die ärmere, von Baumwolle; der breite, gürtelförmige Obi ist Gegenstand besonderer Aufmerksamkeit und besteht aus schwerem, steifem Seidengewebe; er wird als Schärpe um die Taille gelegt und hinten in eine mächtige Schmetterlingsschleife geschlungen. Die Hauptzierde der japanischen Frau, ihr prachtvolles, raben= schwarzes Haar, ist durch reichliche Behandlung mit Camelien= samenöl glänzend und geschmeidig gemacht und zu einem so kunst= reichen Gebäude verarbeitet, daß deffen Herstellung mehrere Stunden in Anspruch nimmt und es nur alle acht Tage erneuert wird. Um biesen Triumph der Haararchitektonik zu schonen, stützt die Frau während des Schlafes ihren Nacken durch ein schmales gepolstertes Holz, die Makura, wobei der Kopf vollständig frei liegt. Sehr entstellend für die oft lieblichen Gesichtszüge der Japanerinnen ist es, daß sie nach der Verheiratung ihre Zähne mit gerbsaurem Eisen glänzend schwarz färben. — Auch die Frauen Japans, so zierlich und graziös sie sonst in ihren Be= wegungen sind, haben einen plumpen, schleppenden Gang und drehen dabei die Fußspitzen nach einwärts, so daß man das Modell für eine Aphrodite vergeblich unter ihnen suchen würde.

Ueberaus komisch war es, zu sehen, mit welch ausgebildetem und langem Zeremoniell sich die vornehmen Japaner auf unserm Schiffe behandelten. Da verneigen sie sich, indem sie die Hand=

flächen auf die Oberschenkel legen, bis über einen rechten Winkel
hinaus und bleiben so oft lange in dieser Position, weil keiner
der erste sein will, der zurückgeht, schielen aber aus ihrer unbequemen Lage gegenseitig zu einander herüber, um es zu sehen
sobald der andere Miene macht, den Akt der Höflichkeit zu
unterbrechen. Aber auch die einfachsten Kuli beobachten einen
zeremoniellen Anstand im Verkehr mit einander, verneigen sich,
bedanken sich zum zwanzigsten Male für eine Tasse Thee, die
der eine vielleicht vor einem halben Jahre bei dem andern genossen hat, und was dergleichen Formeln mehr sind. Bei der
Kindererziehung wird sehr viel Gewicht auf diese äußern An-
standslehren gelegt und für die kleinen Mädchen existiren praktische
Kurse, in welchen sie mit der Handhabung des Theetopfes, mit
den verschiedenen Verbeugungen, mit der Art, die Gäste zu bedienen u. s. w. bekanut gemacht werden. Ein vornehmer Japauer-
versicherte mir, daß zur Erlernung gewisser rein zeremonieller
Formalitäten ein Jahr Uebungs- und Lehrzeit nothwendig sei.

Nach dreißigstündiger Fahrt langten wir am Morgen des
31. August in der Bucht von Yokohama an. Wer vom Meere
herkommend die prächtige Stadt sieht, die längs des Strandes verlaufende Hauptstraße — den Bund — mit monumentalen Hotels,
stattlichen Klubhäusern u. s. w., der kann kaum glauben, daß
im Jahre 1859 nur ein unbedeutendes Fischerdorf daselbst gestanden habe. — Die etwas mehr nördlich gelegene damalige
Hafenstadt Kanagawa verschwindet jetzt ganz gegenüber ihrer
unter europäischen Fittigen rasch aufgeblühten Rivalin. Yokohama ist gegen Westen durch einen teilweise bewaldeten und an
einem Ausläufer (dem sogenannten Bluff) mit Hunderten von
prächtigen Villen und Gärten bedeckten Hügelzug abgeschlossen; im
Hintergrunde sieht man die majestätische Pyramide des Fuji-Yama.

Während ich mir dieses prächtige Landschaftsbild in Gedanken
vergegenwärtige, tauchen lebendig alle die schönen Erinnerungen

auf, die sich damit verknüpfen: Mein gemütliches Daheim im Hause meines Gastfreundes Herrn Z. von Winterthur, die vielen schönen Stunden innerhalb der Mauern des Konsulats (Herr W. von Zürich), woselbst sich allsonntäglich am Abend eine vaterländische Tafelrunde zusammenfand; die fidele Kompagnie bei dem feuchtfröhlichen Freunde T. von Dübendorf; die wundervolle Mondnacht vor dem erhaben über Stadt und Meer gelegenen Bungalow des Herrn M. aus Basel, die herrlichen Touren nach Kamakura, dessen bronzene Kolossalstatue des Buddha ein Wunder der plastischen Kunst ist, und nach der Insel Enoshima; die Reise nach den malerischen Gebirgsschluchten von Mianoshita, an den Hakonesee und über den Hakonepaß nach Atami, dem durch einen intermittirenden Strudel berühmten Badeorte, und namentlich auch die in paradiesischer Sorglosigkeit und Ungezwungenheit verlebten Tage in Tomioka, wo meine Gastfreunde in herrlicher Bucht am Meere gelegen ein kleines japanisches Haus gemietet haben, um Sonntags von den Geschäftssorgen daselbst auszuruhen.

Leider fehlt mir die Zeit, alle diese schönen Erinnerungen jetzt noch weiter auszuführen; aber nur mit Mühe halte ich die Feder davon zurück; habe ich doch auf diesen letztgenannten Touren in angenehmster Gesellschaft einen der schönsten Teile des japanischen Landes und ein gutes Stück seines Volkslebens kennen gelernt.

Mehrere Tage verlebte ich auch in Tokio, der japanischen Haupt- und Residenzstadt, die mit Yokohama durch eine Eisenbahn verbunden ist. Mein Quartier hatte ich bei gastfreundlichen deutschen Kollegen, von deren Wohnung aus man einen bezaubernden Ausblick auf die 300jährigen Tempelhaine zu Uyeno und einen zu Füßen liegenden, mit Lotosblumen gänzlich überdeckten See genießt. — Tokio lernte ich, dank der Führung meines Gastfreundes Professor Dr. S. von Darmstadt, von allen Seiten kennen, von den unzivilisirtesten Volkskreisen bis hinauf zum —

deutschen Gesangverein, der, allerdings in bescheidener Mitglieder=
zahl, aber frohen Mutes und eifrigen Strebens, jeden Samstag
Abend unter Leitung eines deutschen Kapellmeisters seine Lieder
erschallen läßt. Mein Erstaunen war groß, als ich unter diesen
Sängern im Herzen Japans einen Mann aus dem engern Vater=
lande, Herrn B. von Häusern bei Wigoltingen, vorfand.

Besonderes Interesse hatte es für mich, die medizinischen
Lehranstalten Tokios zu besuchen; neben der deutschen Medizin=
schule existirt auch eine japanische, in welcher die Assistenten der
deutschen Professoren die Vorträge ihrer Chefs in japanischer
Sprache wiedergeben. Japan tut in neuester Zeit sehr viel für
Volks=Hygieine und besitzt seit 15 Jahren auch die Segnungen
des Impfzwanges; die Wirkung ist eine so augenfällige, daß
sogar der gemeine Mann nicht darauf aufmerksam gemacht zu
werden braucht. Während man sehr häufig ältere Leute mit
pockennarbigen Gesichtern antrifft und auf Schritt und Tritt
jene Unglücklichen, denen die Pocken in der Jugend das Augen=
licht raubten, kommen geblatterte Kindergesichter gar nicht mehr
vor. Japaner aus verschiedenen Ständen sagten mir, wie un=
begreiflich ihnen, angesichts der segensreichen Wirkung des Impf=
zwanges in ihrem Lande, die von Europa her gemeldete Agi=
tation gegen dieses Institut vorkomme. —

Für die freien Stunden, die ich — der Ruhe pflegend —
im Hause meines Gastfreundes, Herrn Z., zubrachte, gesellte ich
mir einen Japaner bei, einen durch Pockennarben fürchterlich
entstellten, aber gebildeten Mann, der vor der sozialen Um=
gestaltung des Landes zu den Familien der Vornehmen gehört
hatte und nachher verarmt war. Er sprach ziemlich geläufig
englisch und erteilte mir manche Aufschlüsse über japanische Ver=
hältnisse, die in den Büchern nicht zu finden und für gewöhn=
lich überhaupt nicht erhältlich sind. Durch ihn hauptsächlich
lernte ich auch einiges aus der japanischen Poesie kennen. In

der gebundenen Sprache sind die Japaner keine Meister; den Reim wenden sie gar nicht an; die einzige mir bekannte poetische Form besteht aus 31 Silben, die zu 5 und 7 abgeteilt sein müssen und rhythmisch einen eigentümlichen Effekt machen. Ich lasse als Beispiel ein altberühmtes Neujahrslied folgen und bezeichne die accentuirenden Silben:

tó-ki-wá-na-rú
má-dzu-nó-ni-dó-ri-mó
há-ru-kú-re-bá
í-ma-shí-to-shí-mo-nó
í-ro-má-sa-li-ki-rí.

Auf deutsch: Die Fichte ist immer grün und doch werden die Blätter im Frühjahr aufs neue grüner, als ob sie frisch gefärbt würden. (NB. Frühjahr und altjapanisches Neujahr fallen zusammen.)

So unvollkommen die poetische Form, so sinnig und poetisch ist oft der Inhalt; z. B.: „Meine Liebe ist wie eine Abendlandschaft an der Küste von Sumiyoshi; ringsum sieht man nur dunkles Grün vor lauter Föhren; aber das Warten ist etwas Trauriges, etwas Hartes."

Oder: „Seit ich von meinem Herrn (oder Schatz) geschieden bin, gehe ich oft auf die Föhrenheide und wie der Tau von den Föhren fällt, so fallen meine Tränen."

Das dunkle Grün der Föhren wird als Sinnbild der Traurigkeit, der unglücklichen Liebe angesehen.

Weitere Beispiele: „Kann ich bei Dir sein, so will ich meine Eltern verlassen und überall hingehen und wenn ich auch mitten in Saikatschibara (Citrus-Art mit stachligen Dornen) geriete, so würde mich das nicht verdrießen. Soll ich auf Dich warten, so will ich mich gerne außerhalb des Moskitonetzes von den Mücken zerstechen lassen und sollte ich auch warten müssen, bis die Uhr 7 schlägt, so soll mich das nicht verdrießen."

Sehr naiv ist die poetische Formel, mit welcher der freiende Japaner um die Gunst seiner Auserwählten wirbt:

„Ihr Gesicht ist eben so schön, wie ein brauner Pfirsich; Ihr Alter kann höchstens 16 Jahre betragen; für den Fall, daß Sie noch keinen Mann haben, will ich der Ihrige sein!"

Ebenfalls in gebundener Form seufzt die Japanerin:

„Ach, es ist vergeblich, einen Fremden zu lieben; man muß doch später immer weinen zum Abschiede."

Ein weiterer Vers charakterisirt den männlichen Bewohner Japans:

„Wenn ein Mann durch das Tor der Heimat mit Hoffnung herausgetreten ist, so wird er lieber sterben, als daß er seinen Zweck nicht erreicht hätte."

Von den Sprichwörtern habe ich als besonders charakteristisch aufnotirt:

„Selbst ein großer Berg fällt durch Ameisenlöcher zusammen."

„Ein wahres Wort ist nicht schön; ein schönes Wort ist nicht wahr."

(Derselbe Sinn liegt im Lessingschen Ausspruche: „Gleichwie es selten Komplimente gibt ohne alle Lügen, so gibt es selten Grobheiten ohne alle Wahrheiten.")

„Mit der drei Zoll langen Zunge beschädigt man den fünf Fuß langen Körper."

„Die Besteigung einer Höhe fängt von der Tiefe an."

„Das Lamm trinkt die Milch knieend" (d. h. Ehrerbietung gegen die Eltern ist Kindespflicht.)

„Sogar der Rabe vergilt die Wohltat seiner Eltern."

Endlich erinnere ich mich noch an ein mehr als tausend Jahre altes Lied, welches in jüngster Zeit einer altjapanischen Melodie unterstellt und in dieser Form zur Nationalhymne gestempelt wurde. Es lautet:

„Möge des Kaisers Geschlecht taufend und aber taufend Jahre blühen, bis ein kleiner Stein zum Fels wird und Moos ihn bedeckt."

Unterdessen hat sich unser Schiff nach 22tägiger Fahrt dem amerikanischen Kontinente genähert und der Kapitän spricht von der Möglichkeit, morgen früh in San Franzisko zu sein. Ich schließe also meinen Brief; allerdings leider im Bewußtsein, die schönsten meiner Erlebnisse und die interessantesten Illustrationen zu den japanischen Volkssitten noch nicht erzählt zu haben. —

Aber meine Gedanken werden auch später jederzeit gerne nach dem Mikado-Reiche zurückkehren und die reichen Erinnerungen, die ich von dort mit fortnehme, wieder auffrischen! —

Nun bleibt mir noch übrig, den amerikanischen Kontinent zu durchqueren und die November-Stürme des atlantischen Ozeans zu genießen. Nachher aber geht's rasch der lieben Heimat zu und bin ich erst einmal wieder zu Hause und im alten Geleise, so will ich Dir weiter erzählen und Dir auch dasselbe sagen, was ich auf meiner Reise hundertmal gedacht habe: Die Tropen sind herrlich und Japan ist ein bezauberndes Wunderland; aber nirgends in der ganzen Welt habe ich es so schön gefunden, als — daheim.

Daheim.

I.

Vorbemerkung. Nachdem ich wieder auf der alten, lieben Scholle sitze, kehre ich in Gedanken gerne nach den fernen Ländern und Meeren zurück, die ich im vergangenen Sommer zu sehen Gelegenheit hatte. Kaleidoskopisch drängen sich die vielen fremden Eindrücke an meinem innern Auge vorbei, und es ist mir ein Vergnügen, dieselben, soweit sie mir gegenwärtig sind, zu Papier zu bringen; die Leser mögen entschuldigen, wenn die Färbung eine andere sein sollte zwischen den vier Wänden als unter den Palmen oder auf hoher See.

Am Abend des 4. Juli hatten wir Singapore erreicht; im Anschluß an die mit uns eingetroffene europäische Post sollte am 7. Juli, morgens 4 Uhr, der französische Dampfer „Emirne" von Singapore nach Batavia, der Hauptstadt Javas, auslaufen. Ich entschloß mich, gleich diese Fahrgelegenheit zu benützen, über den Aequator herüberzurutschen und mir ein tropisches Eiland, von dessen Wundern ich schon so viel gelesen hatte, anzusehen.

Abends 10 Uhr verließ ich die fröhliche Tafelrunde auf Lady Hill, nicht ohne Bedauern, denn ich klebte an dem Stück Heimat, das ich dort zurücklassen mußte. — Vom offenen Wagen aus sah ich — durchs Mondlicht matt beleuchtet — gigantische Mangroven, schlanke Palmen, eine ganz wunderbare Tropen= welt vorüberziehen; hie und da erkannte ich beim Scheine einer Gasflamme noch einen geschäftigen Chinesen, der am Bambus=

10

rohre auf der Schulter schwere Lasten im Trabe vorwärts beförderte. Nach halbstündiger Fahrt waren wir (mein Gaſtfreund
Herr R .... von Biſchofszell begleitete mich) in der Stadt angelangt, genoſſen daſelbſt die zweifelhaften Produktionen einer
böhmiſchen Muſikbande und ſtunden nachts halb 1 Uhr am Hafen,
woſelbſt wir mit Mühe aus den zahlreichen im Dunkel daliegenden
Dampfern den geſuchten herausfanden. Es war eine ſchwüle,
drückende Luft; auf dem Verdecke ſchnarchte, die unvermeidliche
Serviette unter dem Arme, mit weit geöffnetem Munde ein alter
Kellner, welcher — aufgerüttelt — nicht in der lieblichſten
Stimmung mich empfing, ohne ein Wort zum Gruße mürriſch
eine flackernde Petroleumlampe ergriff und mir unter Murren
und Gähnen den Weg nach meiner Schlafſtätte zeigte. Ich ver-
galt Böſes mit Gutem und empfand gleich ein Gefühl von halb
mitleidigem, halb mediziniſchem Intereſſe für den ſauren alten
Knaben, als ich ſah, daß er die fürchterlichſt krummen Beine
beſaß, die ich je in meinem Leben zu Geſicht bekommen, und die
ſeinem Gange ein entenartig wackelndes Gepräge gaben. — Die
angewieſene Kabine war ein heißes Loch zum Erſticken, nach innen
wie nach außen hermetiſch abgeſchloſſen. Ein Dutzend Schwaben-
käfer krabbelten eifrig an den Wänden herum und machten gelegentlich auch eine Exkurſion auf mein Bett. Ich begrüßte dieſe
weitern Landsleute mit geräuſchvollem Kriegsgeſchrei und begann
eine wilde Jagd auf ſie, und erſt, nachdem der letzte in porzel-
lanener Urne beſtattet war, ſuchte und fand ich Ruhe.

In aller Frühe weckte mich der Lärm auf dem Verdeck;
noch arbeiteten die Dampfkrahnen; das Höllengeraſſel ihrer Ketten,
welche die Frachten in den Schiffsraum zu verſenken haben, könnte
auch das toleranteſte Gehirn zur Verzweiflung bringen. Endlich
— gegen 6 Uhr — gab's Ruhe und es begann der mächtige
Pulsſchlag der Maſchine; das Meer rauſchte und floh grollend
vor dem mühſam vorwärts ſtrebenden Schiffskiel. — Noch fand

ich keinen der Mitpassagiere auf Deck und von der Galerie der ersten Kajüte aus konnte ich ungestört das herrliche Panorama genießen, das sich bei der Ausfahrt aus dem Hafen von Singapore darbot. Mit Entzücken weilt der Blick auf der malerischen Inselstadt im Strahlenglanze der Morgensonne, die immer weiter und weiter zurücktritt, um schließlich nur noch als grüner Streif den nördlichen Horizont zu begrenzen. — Bis weit hinaus ins Meer liegen zahlreiche, üppig bewachsene Inseln, kleiner aber nicht weniger schön und farbenprächtig als das Eiland Singapurs. Wo immer ein Fleck Erde über den azurnen Meeresspiegel hervorragt, ist er in den üppigsten Garten umgewandelt, und im Schatten der Palmen sieht man da und dort — von den Wogen bespült — die malerischen Pfahlbauten der Malayen. Auf den größern Inseln sind zum Teil Pfeffer- und Gambirplantagen angelegt. (Vom letzteren, für die Färberei und Druckerei und auch in der Medizin verwendeten Artikel [Katechu] exportirte Singapore allein schon im Jahre 1871 über 34,000 Tonnen à 20 Zentner.) Die kleineren sind unbewohnt und verlocken unwiderstehlich zu einer Robinsonade. Bald lag die farbenreiche Inselwelt hinter uns; das Auge sah nichts mehr als Himmel und Wasser und blickte sehnsüchtig nach der entschwundenen grünen Pracht. Mit dem Operngucker erkannte ich in nebelhafter Form noch den Flagstaff von Singapore mit seinen flatternden Wimpeln, durch welche die in Sicht kommenden Dampfer der Stadt angekündigt werden.

Ich vertrieb mir die Einförmigkeit durch eine Inspektionsreise auf Verdeck. Mein Inspektoratsbericht — hätte ich einen solchen abgeben müssen — wäre höchst ungünstig ausgefallen. Ich fand in der „Emirne" einen alten Lotterkasten, der das Attribut „seetüchtig" gewiß nicht mehr verdiente und erfuhr auch von Matrosen, daß dies seine letzte Fahrt sein solle und daß er hernach gründlich reparirt, wenn nicht ganz abgedankt werde. —

Die musterhafte Reinlichkeit und Disziplin, wie sie auf dem famosen Dampfer „Siubh" herrschte, der uns nach Singapore gebracht hatte, war hier nicht zu Hause, und den Herrn Kapitän sah man mehr bei der Cognacflasche oder in fast unverschämtem Kostüm der Ruhe im Rotansessel pflegen, als auf der Kommandobrücke stehen. — Auf dem Vorderdeck hatte sich eine bunte Gesellschaft gelagert: Chinesen mit hundert Kistchen und Kästchen verbarrikadirt, Schwarze, Malayen, Javaner ꝛc. Unter den schmutzigen Orientalen erblickte ich zu meinem großen Erstaunen auch eine weiße Familie, ein jüngeres Ehepaar mit zwei kleinen zarten Jungen von ³/₄ und 2 Jahren. Ihre Gesichtszüge und Manieren ließen erraten, daß die Leute bessere Tage gesehen hatten; aber jetzt guckte der Mangel aus den Löchern der feingeschnittenen Garderobe, und aus dem Gesichte der Frau namentlich konnte man viel Sorgen und Kummer herauslesen. Der Mann entpuppte sich als Deutsch-Amerikaner. Er hatte sein Glück in Australien gesucht und sich einer Expedition nach Neu-Guinea angeschlossen, welche in dem noch unerforschten Lande Gold suchen sollte. Die Fahrt wurde in sechs Segelbooten gewagt, welche reichlich Proviant und zirka 150 Pferde für die Reise ins Innere als Ladung führten. Aber ein heftiger Sturm nötigte sie dazu, alle Pferde über Bord zu werfen. Die einzelnen Boote wurden auf dem wilden Ozean zerstreut und nur viere gelangten überhaupt ans Ziel. Drei Monate blieben die kühnen Abenteurer an der Küste von Neu-Guinea und gingen fast zu Grunde vor Hunger; denn der größte Teil des Proviantes war durch das eingedrungene Meerwasser ruinirt und zudem verstanden sie es nicht, mit den Eingebornen zu verkehren; anstatt mit Milde und mit List — wie einst Christoph Columbus in Westindien — eine Annäherung zu versuchen, übten sie blutige Gewalt mit den Waffen und mußten schließlich unverrichteter Dinge — die meisten elend und krank, alle enttäuscht und mißmutig — wieder nach

Australien zurückkehren. So erzählte mir mein neuer Reisegesell=
schafter. Nach der verunglückten Spekulation auf Neu=Guinea war
er mit seiner jungen Frau als wandernder Photograph in halb Asien
herumgekommen, hatte überall das Glück gesucht und nicht gefunden
und wollte nun wieder nach Australien zurück, um endlich einmal
auf der Scholle sitzen zu bleiben. Sein Hauptreichtum bestand in
einigen hundert Platten, Originalaufnahmen aus dem Innern von
Siam, Birma und Malacca, die er nachher zu verwerten hoffte.

Die beiden Jungen des Photographen waren internationale
Hauptkerls, denen es nicht darauf antam, ob schwarz oder weiß,
Christ, Hindu oder Mohammedaner. Der Dreivierteljährige streckte
seine weißen Händchen einem dunkelfarbigen, halbnackten Kling
mit mächtigem Turban ebenso freundlich entgegen als mir, und
lachte dem malayischen Matrosen nicht weniger vertraulich, als
dem bezopften, schlitzäugigen Chinesen. Eine alte Javanerin von
phänomenaler Häßlichkeit war dem Kleinen namentlich mit großer
Sorgfalt zugetan und trug ihn fast beständig in einer breiten,
an ihrem Hals befestigten Schlinge auf dem Verdeck herum; das
Kind stemmte sich dabei — in der Schlinge sitzend — gegen die
Hüfte der Wärterin, oder umfaßte sie rittlings, während ihre
linke Hand seinen Rücken stützte. — Diese malerische Art, die
Kinder zu tragen, sah ich nachher in Java sehr häufig.

Der größere Junge hatte ein überaus feines, blasses Ge=
sichtchen und den Kopf voll halbblonder Locken; er schloß eben
Freundschaft mit einem Altersgenossen, in der Person eines kleinern,
splitternackten, blatternnarbigen Javaners, der mit seinem Vater
nebenan auf einer Bambusmatte am Boden lag und sich — wie
ein junger Bär — in der drolligsten Weise bald zwei= und bald
vierbeinig herumtrieb; bald zerrte er einen benachbarten Chinesen
verstohlen am Zopfe, bald warf er Vorübergehende mit herum=
liegenden Abfällen, zog sich aber stets nach verübter Freveltat
schleunigst in die Nähe seines Alten zurück.

Nach javanischer Sitte war dem braungelben Jungen der Kopf glatt rasirt bis auf einen vereinsamten Haarbüschel auf der Höhe des Scheitels. Diese im Winde flatternde Locke war aber auch alles, was der kleine Sohn Javas an hatte. Er fürchtete mich anfänglich wie ein reißendes Tier und schrie Zetter und Mordio, so oft ich mich ihm nähern wollte. Durch Vermittlung des jüngern Photographen kam ich jedoch bald in seine Gunst und schon nach einer Stunde war unsere Intimität so weit gediehen, daß er mir unter affenartigen Grimassen die Zunge zeigte, als ich ihm meine goldene Uhr nicht zum Geschenke machen wollte. Der Herr Papa aber verzog sein Gesicht zu einem stolzen Lächeln über diese Aeußerung von besonderer Intelligenz seines Sohnes.

Die beiden Kinder des Photographen waren geimpft und der Vater sagte mir, daß er ohne diese Schutzmaßregel es nicht gewagt hätte, wochenlang sich mit seiner Familie an den Brut-stätten der Pocken im Innern von Vorder-Indien aufzuhalten. Hunderte seien rechts und links von ihnen der gräßlichen Krank-heit erlegen oder infolge derselben erblindet; seine Kinder seien stets gesund geblieben.

Ein sprechenderes Beispiel für die Schutzkraft der viel-geschmähten und von vielen Laien wegen Unkenntnis zu wenig gewürdigten Impfung hätte ich mir nicht vor Augen stellen können als diese zwei kleinen Weltreisenden, mit ihrer weißen, durch-sichtig-feinen Haut und ihrer zarten, für die Pocken sonst so leicht zugänglichen Konstitution.

Unterdessen erschien mein krummbeiniger Kellner von gestern auf dem Schauplatz, bewaffnet mit einer mächtigen Glocke, durch deren Klänge er zum Frühstück einlud. Dabei wackelte er, wie ein alter Kirchturm. An der reich besetzten Tafel fand ich außer dem Kapitän und den Schiffsoffizieren verschiedene Bekannte vom „Sindh" her, den Gouverneur von Portugiesisch-Timor mit seinem Attaché, sowie den gemütlichen Mecklenburger, der von einem

Besuche in der Heimat nach Batavia zurückkehrte und das Tag-
wert wieder mit einigen Brandy=Sodas eröffnet hatte. Alle
klagten über Hitze und Durst, bildeten aber — abgesehen von
dem ewigen Jammer — für die Weiterfahrt eine ganz angenehme
Gesellschaft.

Die Entfernung von Singapore nach Batavia beträgt zirka
480 Meilen; das Meer daselbst ist wegen der zahllosen Inseln
und verborgenen Klippen schwierig zu befahren und hat schon
manches gute Schiff verschlungen. Ein ordentlicher Dampfer
braucht zur Ueberfahrt wenig über 2½ Tage; unser Kasten aber
leuchte und rumpelte noch am Abend des vierten Tages auf
offener See, näher der Insel Sumatra als unserm Reiseziele.
Die stündliche Geschwindigkeit betrug nämlich nur fünf bis sechs
Meilen gegenüber fünfzehn bis achtzehn Meilen der andern Post-
dampfer; die Ursache dieses Schneckenganges war beim Kapitän
nicht zu erfragen und die Schiffsoffiziere, denen sonst ein Glas
Wein rasch die Zunge löste, gaben ausweichende Antwort. Endlich
erfuhr ich von einem Maschinisten niederster Ordnung, einem
gebürtigen „Mülhüser", deffen Herz ich durch Cigarren gewonnen hatte, in gemütlichem Elsäßerdeutsch die frohe und ver-
trauenerweckende Mär, daß der Dampfkessel so defekt sei, daß
man nur mit halber Spannung arbeiten dürfe, um nicht eine
Explosion zu riskiren.

Mit diesem süßen Geheimnisse suchte ich mich nachmittags
auf einer Chaise longue in den Schlaf zu lullen. Neben mir
schnarchte und fauchte in der beulbar bequemsten Lage ein echter
Fallstaff von Figur, der Schiffsdoktor, dem es offenbar ganz
Wurst war, ob unser Kasten schnell oder langsam vorwärts kam
und ob der Dampfkessel ein Loch hatte oder keins. So oft ich
im Begriffe war, einzunicken, verwechselte ich im Halbschlummer
das nachbarliche Gebläse mit dem Schnauben der Dampfmaschine,
und wenn der schnarchende Herr Collega in sein gleichmäßiges

Sägegeräusch einen gehörigen Ruck einschaltete, so fuhr ich erschreckt zusammen, riß die Augen auf und erwartete mich in Gesellschaft diverser Schiffstrümmer und -Kellner einige hundert
Klafter hoch in den Lüften zu finden. — Aber unser Kasten
hob sich ruhig und im alten gemächlichen Tempo vorwärts. Das
Meer war dabei so glatt wie ein Spiegel. — Gegen 4 Uhr
nachmittags passirten wir den Aequator, der uns mit einer
kräftigen Brise aus Südwest aufwartete. Auf jedem andern
Dampfer wäre dies eine angenehme Erfrischung gewesen, unser
Schiff aber gerieth bei der geringen Geschwindigkeit, die es inne
zu halten vermochte, sofort in ziemliches Schaukeln. Mir wurde
es schwül ums Herz; auf die Stirne traten kalte Schweißtropfen;
die Seele wackelte und der Leib machte leere Schluckbewegungen.
Der Rest aber ist Schweigen und bedeutet einen seekranken Mann,
der — zum Sterben elend — auf dem harten Lager seiner
Kabine ausgestreckt lag und dessen Geist gänzlich aufgehört hatte,
sich mit dem Dampfkesselexplosionsrisiko zu beschäftigen. Um die
achte Stunde „ward ihm wieder wohl“ und es folgte eine prachtvolle Nacht, die ich größtenteils auf dem Verdeck zubrachte. Der
große Bär stund tief am nördlichen Horizonte, der Polarstern
war kaum noch sichtbar, Orion ging durch den Zenith, und von
Süden her glänzte das in der nördlich gemäßigten Zone nicht
sichtbare einfach-schöne Sternbild des südlichen Kreuzes. Eine
Nacht zum Schwärmen! Aber neben mir lag die ganze Zeit der
Schiffsdoktor und schnarchte, als ob ihm die beim Mittagessen
servirten Austern im Halse steckten.

Der folgende Tag war der 8. Juli und ein Sonntag.
Herrlich, majestätisch tauchte die Sonnenscheibe aus den Fluten
und vergoldete den Horizont. — Auf dem Wege nach dem Vorder-
decke, dem mein erster Besuch galt, stolperte ich über einen breiten,
sackartigen Ballen, der zu meinem Erstaunen plötzlich lebendig
wurde, sich öffnete und drei empörte Chinesenphysiognomien

gebar, welche sich für die Störung mit einigen nicht zu über-
setzenden Liebenswürdigkeiten bedankten. Der kleine Javane lag
noch auf dem Bauch und schlief; 10 Minuten später aber spielten
er und sein weißer Freund Ball mit einer Mangustine, ein Bild
zum Malen. — Auf einer hohen Kiste lag zusammengekauert
ein javanischer Eingeborner, der von den andern mit besonderer
Ehrfurcht behandelt wurde; es war ein Priester, der von einer
Pilgerfahrt aus Mekka zurückkehrte. Offenbar fühlte er sich aber
krank, denn ihm zur Seite kniete ein dienstbarer Geist, der ihn
vom Kopf bis zu den Füßen knetete. Dieses Heilverfahren, das
sich auch in der abendländischen Medizin eingebürgert hat, ist
bei den Orientalen sehr populär. — Jetzt erhebt sich der Ge-
knetete zur Morgentoilette. In eine Theetasse wird Wasser ge-
gossen; daraus mit den Fingern in aller Eile das Gesicht benetzt
und abgerieben, mit den Nägeln der hakenförmig gekrümmten
Finger die Zunge abgekratzt, schließlich der Sarong fester um-
geschlungen und die kübelartige Kopfbedeckung zurecht gesetzt.
Damit ist die Toilette beendigt.

Die chinesischen Deckpassagiere sind in voller Tätigkeit; es
wird Reis und Thee gekocht; das aus Bambus geflochtene Lager
wird zusammengerollt und die Pfeife angezündet. — Einer unter
ihnen, der Gegenstand besonderer Verehrung zu sein schien und
aufmerksam bedient wurde, trug an den Fingern seiner linken
Hand Nägel über zwei Zoll Länge. Mit diesen Krallen holte
er sich mit einer gewissen Eleganz seinen Tabak aus einem zierlichen, an der silbernen Pfeife hängenden seidenen Beutel. Wie
ich mir sagen ließ und später vielfach zu sehen Gelegenheit fand,
erfreuen sich die Fingernägel einer ganz besonderen Pflege bei
den reichen Chinesen; die durch die unbequemen Krallen zum
Nichtstun verurteilten Hände sollen dokumentiren, daß ihr Träger
nicht nötig hat zu arbeiten. Es bedarf übrigens einer gewissen
Kunst und unablässigen Behandlung, die Nägel so lang zu ziehen,

ohne daß sie sich krümmen oder rinnenförmig zusammenlegen können. — Ein chinesischer Collega, dessen Photographie ich besitze, trägt an jedem Finger der linken Hand ein solches Kunstprodukt von 3¹/₂ Zoll Länge.

Jetzt präparirt auch der javanische Papa, auf dem Boden hockend, seine Mahlzeit: Reis mit Sauce und getrockneten Fischen; sein Junge braucht nicht erst gerufen zu werden; er läßt den kleinen Photographen schleunigst im Stich und fährt mit seinen braunen Händchen — dem Beispiele des Vaters folgend — tapfer in den Reisbrei hinein. — Die dünne Brühe schafft er sich mit einem rinnenförmig zusammengelegten Palmblatte in den Mund. — Die Javanen essen durchwegs unmittelbar mit den Fingern, während die Chinesen seit Jahrtausenden sehr gewandt zwei hölzerne oder elfenbeinerne Eßstäbchen dabei gebrauchen und schon dadurch ihre höhere Kulturstufe beweisen. Immerhin erinnert das Geräusch beim Hineinschieben des halb festen halb flüssigen Reisbreies stark an den Schweinetrog.

Gegen Mittag fuhren wir in die Bangka-Straße ein und sahen östlich ganz nahe die Küste der Insel gleichen Namens, westlich den endlosen Urwald Sumatras, den Tummelplatz des Orangutans und der großen asiatischen Dickhäuter (Elefant und Rhinozeros). Die Insel Bangka ist zirka 13,000 Quadratkilometer groß und zählt 70,000 Einwohner. Aus diesem Eiland, sowie aus der weiter östlich gelegenen Insel Biliton zieht die holländische Regierung jährlich zehn Millionen Pfund Zinn, was ihr einen Reingewinn von fünf Millionen Gulden einträgt. Das Metall wird durch Auswaschen der Erde in zirka 300 bis 400 gewaltigen Gruben gewonnen, welches Geschäft fast ausschließlich die Chinesen besorgen. Ein Deckpassagier der „Emirne“, den mir mein Reisegefährte aus Mecklenburg als alten Bekannten vorstellte, ein reicher Chinese, hat die Reislieferung für die Zinnarbeiter auf Bangka von der holländischen Regierung übernommen und schickt jährlich 148,000 Pikul (à 125 Pfund) dieses wichtigen Nahrungsmittels dorthin, wofür ihm die Kleinigkeit von 1,036,000 Gulden ausbezahlt wird, nämlich 7 Gulden per Pikul, ein Preis, der übrigens so niedrig ist, daß die Regierung, wollte sie den Reiseinkauf selbst besorgen, ihn bedeutend überschreiten würde. Die chinesischen Händler begnügen sich mit dem minimsten Benefiz und deshalb ist ihre Konkurrenz den europäischen Kaufleuten so gefährlich.

Abends brachte mir der Elsäßer, unter dem Siegel größter Verschwiegenheit und als Gegenleistung mein Cigarrenetui leerend, die frohe Kunde, daß der Dampfkessel nun glücklich einen Riß habe und der „vapeur" zum „läßen Loch" hinausströme; nun habe man gar keine Pression mehr und komme jetzt erst recht nicht mehr von der Stelle. Wirklich warfen wir denn auch die Anker aus und blieben die ganze Nacht ruhig liegen und das Hämmern und Klopfen im Maschinenraume am lecken Kessel war das einzige Geräusch, welches die nächtliche Stille störte.

Den folgenden Tag war ich wieder vor Sonnenaufgang auf Deck; kein Lüftchen wehte; in der Natur herrschte gänzliche Ruhe, und ich glaubte, vom nahe gelegenen Urwalde her das Kreischen der Affen zu hören. Bald nahm unser Schiff seinen Kurs wieder auf und zwar zu meiner Ueberraschung mit der vermehrten Geschwindigkeit von acht Meilen per Stunde.

Meine besondere Bewunderung erregten die durchwegs famosen Zähne der auf dem Schiffe anwesenden Orientalen armer Klasse. Der Kontrast mit den schlechten Gebissen der Europäer ist ein auffallender. Da ist keine Ausmauerung kariöser Höhlen zu sehen, keine Zähne, die nachts in Wasser gelegt werden müssen. Die einfache und ausschließliche Reisdiät ist vielleicht den Kauwerkzeugen zuträglicher als unsere komplizirten europäischen Menus. — Von der Bedeutung des Reises als Nahrungsmittel kann man sich eine Vorstellung machen, wenn man erfährt, daß

750 Millionen Menschen in China, Japan, Indien, auf dem malayischen Archipel, in Persien, Arabien und Nordafrika fast ausschließlich von dieser Frucht leben. Der Nährwert ist kein sehr bedeutender, steht allerdings weit über demjenigen der Kartoffel, aber beträchtlich hinter demjenigen unserer Cerealien zurück. Um dem Körper doch die zum Aufbau und zur Erhaltung notwendigen Nährstoffe zuzuführen, muß am Quantum nachgeholt werden, was die Qualität zu wenig bietet. 1800 Gramm Reis sind notwendig, um den täglichen Bedarf eines ausgewachsenen Körpers an Stickstoff und Kohlenstoff zu decken, und beim Kinde, das noch wachsen soll, ist der Verbrauch ein relativ größerer. Der „Reisbauch" ist denn auch ein hervorragendes Charakteristikum der orientalischen Kinder, das ungenirt präsentirt wird und den Eindruck macht, als ob der übrige Körper nur seinetwegen da sei, um ihn spazieren zu führen. Reis wird seit 5000 Jahren in China kultivirt, seit den ältesten Zeiten auch in Indien. Durch die Feldzüge Alexanders des Großen wurde es im Abendlande bekannt; aber erst Mitte des sechszehnten Jahrhunderts kam die Kultur nach Italien und Spanien. Die Bedeutung des Reises als Volksnahrungsmittel wächst übrigens auch bei uns beständig. In Deutschland werden jährlich über zwei Millionen Zentner eingeführt (meistens aus Siam), in Frankreich sogar über zehn Millionen Zentner.

Endlich — am Vormittag des fünften Tages nach der Abfahrt von Singapore — kamen wir in den Bereich der Vorposten von Batavia, einer großen Anzahl kleinerer, herrlich grüner Inseln, die bunt zerstreut die gewaltige Bai der Hauptstadt Javas gegen das offene Meer zu abschließen. Es sind dies die sogenannten Duizend-Eilande (Tausend-Inseln), alle unbewohnt und von der holländischen Regierung an einen Chinesen verpachtet, welcher sie von Zeit zu Zeit befährt, um ihre Erträgnisse auszunützen. Nachmittags halb 3 Uhr warfen wir in der trüben Rhede von

Batavia die Anker aus. Einige Haifische hatten bei der An=
näherung ans Land unser Schiff verfolgt und sich gierig über
die herausgeworfenen Küchenabfälle hergemacht. Was wir an
der Schiffstafel übrig gelassen, verschwand im Verein mit Kon=
servebüchsen, zerrissenen Tellerwischtüchern und toten Hühnern,
welche vor Hitze und Langweile ihr Dasein früher beschlossen
hatten, als dem Küchenchef erwünscht war, zwischen den Kiefern
der gefräßigen Seeräuber. Die Haie schwimmen unglaublich
schnell; ihre Annäherung erkennt man nur bei großer Aufmerksam=
keit an der den Wasserspiegel überragenden Rückenflosse und einem
bei gewissen Arten davorstehenden dornigen Stachel. Bei der
Beute angekommen, schnellt sich das Tier auf den Rücken, denn
nur so ist es im stande, mit der nach unten und hinten liegenden
queren Mundspalte seinen Raub zu erfassen. Wurde etwas
Freßbares ins Meer geworfen, so dauerte es kaum einige Se=
kunden, bis man unmittelbar daneben einen Strudel in der
ruhigen, aber trüben Meeresfläche gewahrte. Gleichzeitig war
auch der weißgraue Bauch des Raubfisches einen Augenblick zu
sehen; wer glücklich beobachtete, konnte sogar die sich öffnenden,
scharfgezähnten Kiefer wahrnehmen; aber im Nu waren Räuber
und Beute verschwunden.

Die Riesenhaie werden bis 40 Fuß lang und 160 Zentner
schwer (NB. ein Walfisch dagegen kann ein Gewicht von 3000
Zentnern erreichen), sind aber plumper, träger und weniger
gefährlich als die kleinern Spezies. Daß der Hai bei Ge=
legenheit auch den Menschen angreift, ist allbekannt. Dem ein=
beinigen, arabischen Jungen aus Aden, von dessen Taucher=
künsten ich früher erzählt, hatte seiner Zeit auch ein solches
Ungeheuer das Bein ausgerissen, oder wenigstens so bearbeitet,
daß es nur noch als zersetzte und verstümmelte Masse am Körper
hing und von englischen Militärärzten schleunigst amputirt
werden mußte.

Die Stelle, wo wir ankerten, war noch mindestens 1½ Stunden von der Küste entfernt, denn das Meer der Bucht von Batavia ist so seicht, daß Schiffe mit irgendwie beträchtlichem Tiefgang dem Lande nicht näher kommen dürfen. Doch wird zur Zeit mit ungeheurem Geldaufwand ein gewaltiger Hafen erstellt. Derselbe ist bereits durch eine Eisenbahn mit der Stadt verbunden und wird in wenig Jahren vollendet sein und dann auch die größten Seeschiffe beherbergen und gegen die Unbill der Sundasee schützen können.

Da lagen wir denn in Gesellschaft einiger hundert anderer Fahrzeuge, Dampfer und Segler, chinesischer Dschunken und javanischer Prauen und hefteten unsere Augen auf das vor uns liegende Land, dessen tropischer Charakter, vor allem sein Palmen= reichtum, schon von weitem zu erkennen war. Die „Königin des Ostens" aber, oder die „Perle des Orients", wie Batavia früher genannt wurde, präsentirt sich dem vom offenen Meere Herkommenden durchaus nicht in imposanter Weise; man ver= mutet an der flachen, von Palmen eingesäumten Küste keine große Stadt, und nur die gegen Osten sichtbaren riesigen Hafenbauten lassen auf die Nähe einer solchen schließen. — Schon näherte sich unserm Schiff ein Miniaturdampfer, der Post und Passagiere auf festen Boden bringen sollte. Ich packte in der Kabine meine Siebensachen zusammen; die Kellner, auch der frühere Murrkopf, waren mir dabei mit rührender Zuvorkommenheit behülflich; ja es wurde mir nicht einmal erlaubt, mich mit dem Herauftragen meines leichten Handgepäcks zu bemühen, und mit mütterlicher Sorgfalt bewachte der Krummbeinige Koffer und Plaid auf dem Verdecke und versicherte mir pathetisch, daß er kein Auge davon lassen und mir alles zur richtigen Zeit auf den kleinen Dampfer schaffen werde. Innig gerührt holte ich aus der Tiefe meines Beutels diverse Fränklein und drückte sie dem sich tief ver= beugenden, befrackten Modejournal in die Hand — ach, zu früh

— denn, kaum hatte ich ihm den Rücken gewendet, so verschwand es und ward nicht wieder gesehen; mein Gepäck aber lag — als ich später nach ihm sah — unbewacht und vernachlässigt in einer Ecke, und auf dem weichen Shawl, den ich nachts so gerne aufs Kopfkissen gelegt, ruhten — die Sitzknorren einiger schmutziger Chinesen.

———— ❖ ————

II.

Abschied von der „Emirne." — Zollfreuden. — Malayische Droschkiers. — Beim schweizerischen Konsulate. — Mein Gastfreund. — Chinesisches Hochzeitsfest. — Alt- und Neu-Batavia. — Badende Eingeborne. — Straßenpolizei. — Amok-laufen. — Freundliche Straßenbilder. — Chinesen in Batavia. — Holländisch-Indische Armee. — Ankunft in Kebon-Siri.

———————

Bevor ich die „Emirne" — wie ich hoffte, auf Nimmer-wiedersehen — verließ, machte ich noch eine Abschiedsvisite bei den Deckpassagieren. Der Glückwunsch, welchen ich der Photo-graphenfamilie auf ihre Weiterreise mitgab, kam mir — angesichts namentlich der zarten, lieblichen Kinder — wahrhaft vom Herzen. Die Frau hatte Tränen in den Augen; der Mann sah ungebeugt, fast trotzig kühn in die Zukunft und meine kleinen Freunde waren außer sich vor Vergnügen und schlugen Purzelbäume. — Der nichtsnutzige, kleine, braungelbe Sohn Javas ignorirte mich voll-ständig und gab mir keine Hand zum Abschiede; mit selbst-bewußtem Stolze inspizirte er sein naheliegendes Vaterland und verachtete die weißen Kinder der gemäßigten Zone.

Nach vielem Drücken und Drängen hatte sich endlich alles Zweibeinige auf dem kleinen Dampfer plazirt; derselbe war ge-spickt voll von Menschen, Koffern und Reisestühlen aus Rotan-geflecht und führte uns rasch dem Lande zu. Nach zirka viertelstünbiger Fahrt bog er in einen auf beiden Seiten eingemauerten, tief ausgebaggerten Kanal ein, welcher den Batavia durchströmenden Kali (Fluß) bis weit in das seichte Meer hinaus fortsetzt. Nur langsam fanden wir in der schmalen Wasserstraße unsern Weg zwischen den zahlreichen, schwer befrachteten chinesischen und javanischen Segelboten, welche die Lasten der auf der Rhede liegenden Schiffe aufs Trockene zu bringen haben. Nach rechts, resp. nach Westen, grenzt der Kanal an eine grüne Wildnis; die durch Schlingpflanzen aller Art verflochtenen Sträucher und Palmen sind belebt von Eisvögeln, welche in den brillantesten Farben glänzen, und krummschnäbligen Möven und Aasgeiern; hie und da sonnt sich am Rande des Gebüsches eine riesige Schildkröte. — Endlich waren wir im Zollhaus und es begann die alte Geschichte der Zollinspektion (deren Wegfall mich in dem Freihafen von Singapore so angenehm berührt hatte), von dem Argusauge des Zolldieners, der — wenn nicht geschmiert — jedes Schächtelchen öffnet, jeden Kofferwinkel durchstöbert und hinter dem unschuldigsten Nachthemde einen Bund Cigarren oder gar Juwelen vermutet. Endlich war ich außer Verdacht und kam mit meinem Handgepäck — vom Regen in die Traufe, von den holländischen Zollbeamten zu den malayischen Kutschern, die sich um meine Wenigkeit rissen, als ob ich ein englischer Lord wäre. Dieser Kampf ums Dasein wird in den Städten der fernsten Länder und Erbteile ebenso gut und in gleicher Weise gekämpft wie in den französischen oder italienischen Hafenplätzen. Ich wählte einen Dos-à-Dos, einen jener leichten, zweiräderigen Karren, in welchen der Passagier von hinten einzusteigen hat und dem vorne sitzenden Kutscher den Rücken lehrt. Da ich aufstieg, bevor der malayische „Johann" seinen Platz inne hatte und mir das Gleichgewicht hielt, wurde durch meine ganz respektable Körperlast die Deichsel so in die Höhe geschnellt, daß der kleine javanische Gaul verzweifelte Anstrengungen machen mußte, um auf dem

Boden zu bleiben und ich auf ein Haar die staubige Straße geküßt hätte. — Mit dem Rücken voraus fuhr ich dann in dem zunächst am Meere gelegenen Geschäftsquartier Batavias ein und betrachtete das bunte Leben auf den Straßen und Kanälen, bis mein Karren vor einer steinernen Häuserfront anhielt. Das weiße Kreuz im roten Feld winkte mir — über einem durch Arkaden halbverborgenen Tore — heimatlich entgegen; ich ließ Pferd und Wagen stehen, rannte in fünf Sätzen die Treppe hinauf und betrat ein großes kaufmännisches Bureau, in welchem einige Herren buchstäblich im „Schweiße ihres Angesichtes“ über den Büchern saßen. Während meine Nase das Aroma der Zimmeratmosphäre in seine elementaren Bestandteile, Kaffee=, Zucker=, Zimmt= und Manillacigarren=Duft zu zerlegen suchte, hörte das Ohr mit Entzücken echt „st. galler= und züribütsche“ Laute und das Auge gewahrte auf einem Pulte einige Nummern des „Bund.“ Der Händebedruck unseres liebenswürdigen Konsuls, Herrn D. aus St. Gallen, und seines Angestellten, Herrn K. aus Winterthur, war der erste freundliche Gruß, der mir südwärts vom Aequator zu teil wurde. Bald folgte ihm der zweite, nicht weniger herz= liche: Durch ein Billet von meiner Ankunft benachrichtigt, trat wenige Minuten später Herr Z. aus Frauenfeld ins Zimmer und streckte mir von weitem seine Rechte entgegen. Wir hatten uns noch nie im Leben gesehen und begrüßten uns doch als alte Bekannte.

Ich hatte die Absicht gehabt, in einem der vielen Gasthöfe Batavias abzusteigen; allein mein Plan scheiterte an der gast= freundlichen Offerte des Herrn Z., „sein Haus als das meinige anzusehen.“ So bestiegen wir denn meinen vor dem schweizerischen Konsulate harrenden Dos-à-Dos und fuhren unter heimatlichen Gesprächen dem neuen, europäischen Stadtteile zu. Im chinesischen Quartiere tönte uns aus dem Hofraume eines gewaltigen Privat= gebäudes ein betäubender Lärm entgegen. Mein Begleiter unter=

richtete mich, daß daselbst die Hochzeitsfeierlichkeiten eines reichen Chinesen stattfinden; seit drei Monaten schon dauere das Lärmen und Jubiliren Tag und Nacht ununterbrochen fort und das könne noch jetzt wochenlang so weiter gehen. Wir hielten an und traten ein. In dem weiten Hofe war ein buntes Gedränge. Eine chinesische Schauspielerbande manöverirte unter den erbärmlichen, ohrzerreißenden Seufzern einiger begleitender Saiteninstrumente auf einer gedeckten hölzernen Bühne, die von einigen hundert Zuschauern umlagert war. Sogar auf den Bühnenraum selber hatte sich ein Teil des Publikums mit Tabakspfeifen und Thee= maschinen verstiegen, um den musikalisch=dramatischen Genuß aus erster Hand zu haben. Die phantastischen, überaus reichen Kostüms, die in raschem Wechsel gezeigt wurden, erregten meine Be= wunderung im höchsten Grade; das Spiel selbst aber war für einen zivilisirten Menschen ungenießbar und bestand in einem fortwährenden Erscheinen und Verschwinden der absurd geschminkten Schauspieler; bald betraten sie die Bühne im Gänseschritt, mit gravitätischer Würde und Langsamkeit; bald schossen sie herum wie Verrückte und brüllten sich gegenseitig an, als ob sie sich auffressen wollten, machten überhaupt im Verein mit den Herren Musikanten einen so infernalischen Lärm, daß ich nicht begreife, wie jemand unter den Zuhörern Details ihrer Reden verstehen konnte. — Wenige Schritte von diesem Theaterplatze entfernt spielte — zur Erhöhung des Genusses — ebenfalls von einer Menge Volkes umlagert, eine miserable javanische Musikbande, bestehend aus einer Geige, zwei Klarinetten und acht Trompeten, beständig im strammsten Fortissimo und ohne sich je das geringste Piano zu Schulden kommen zu lassen. Den Klarinettisten ging oft der Atem aus, die souveräne Violine pausirte sonst von Zeit zu Zeit ein wenig, nur die wackern Trompeter erlaubten sich keine Unterbrechung und tuteten im Nachschlag unverdrossen darauf los, auch wenn die Melodie fehlte, mit einer Ausdauer, die mich schließlich fast zur Verzweiflung brachte. Daneben sah man im Hofe zerstreut Gruppen von reichgeschmückten Tänzerinnen ver= schiedenster Altersstufen, Gaukler, Verkäufer, Garküchen ɔc. und dazwischen eine flottirende Menschenmenge, aus Chinesen und Malayo=Javanen zusammengesetzt. Vor der Mitte des Hauses, in luftiger Veranda, welche einen Ueberblick über den Hof ge= währte, saß, müde vom Genießen und verdrossen, der junge reiche Chinese, umgeben von seinen Freunden und Schmeichlern, wie ein Fürst von seinem Hofstaate. Sein Blick ruhte blasirt und teilnahmslos auf dem bunten Treiben, und nur das Bewußtsein schien ihm einige Befriedigung zu gewähren, daß der ganze große Belustigungsapparat einzig und allein seinetwegen in Bewegung gesetzt sei. Durch die geöffneten Türen sah man in das Innere des Hauses, in prunkvolle, mit schwerseidenen Draperien aus= geschlagene Räume, mit Kostbarkeiten, namentlich aus eblen Metallen, aus Elfenbein und Porzellan, zum Erdrücken angefüllt. Neben den wunderlichsten Erzeugnissen chinesischer Kunst, porzel= lauenen Drachen u. s. w., paradirten goldene Pariseruhren und böhmische Krystallleuchter. Der chinesische Krösus hat täglich tausend Gulden zu verzehren, ist aber noch lange nicht der reichste Bezopfte auf Java. In Samarang lebt z. B. ein chinesischer Kaufmann, dessen Vermögen auf sechzig Millionen holländische Gulden geschätzt wird. Und doch war sein Vater noch ein armer Straßenhausirer. Er soll hauptsächlich durch Opiumschmuggel reich geworden sein. In einer Nacht, während welcher er mehrere mit Opium befrachtete Dschunken (chinesische Segler) erwartete, ließ er ein ganzes Quartier von Samarang, das ihm gehörte, in Brand stecken, um das Auge der Polizei und die öffentliche Aufmerksamkeit von sich abzulenken, und während die heilige Hermandad löschte und sich um ein paar hundert Bambushütten kümmerte, wanderten Millionen in Form des kostbaren Giftes in die Gewölbe des schlauen Brandstifters.

Halb betäubt von dem Lärm setzten wir uns in unsern
Karren und fuhren weiter. Auf dieser Fahrt erhielt ich von
vornherein einen interessanten Gesamteindruck der javanischen
Hauptstadt, die wir in der Richtung von Norden nach Süden
durchquerten, und von dem Leben und Treiben in seinen Straßen.
Batavia ist die Kapitale der gesamten niederländisch-ostindischen
Besitzungen, der Sitz des Generalgouverneurs und der Zentral-
punkt des holländisch-asiatischen Handels. Anno 1610 wurde die
Stadt von den Holländern gegründet; der dazu auserwählte
Grund und Boden war ein ungesunder, großer Sumpf, ein
Fieberpfuhl, den sogar die Eingebornen mieden, woselbst aber
gerade deshalb die niederländisch-ostindische Kompagnie relativ
leicht und ungehindert Posto fassen konnte. Ursprünglich eine
gut befestigte Stadt in holländischem Stile mit rechtwinklig sich
schneidenden Straßen, vor deren Mauerwerken die Chinesen und
Malayen in Vorstädten wohnten, wurde sie 1808 durch den
Generalgouverneur Daendels vollständig umgestaltet. Die Befestigungswerke fielen, und um dem wahrhaft mörderischen Klima
des sumpfigen Bodens zu entfliehen, wurde sechs Kilometer landeinwärts in höherer und gesünderer Lage eine neue Stadt angelegt, das jetzige Weltevreden. Gegenwärtig besteht die Altstadt
nur noch aus den Comptoirs und Lagerhäusern der Kaufleute
und den Wohnungen von vielen tausend Chinesen und Eingebornen, während Regierungsgebäude, Kasernen und Privat-
wohnungen der Europäer alle in Weltevreden liegen. Des
Morgens wandert die ganze Geschäftswelt teils per Eisenbahn
und Dampftram, teils in eigener Equipage nach der alten Stadt,
welche der Sitz des Handels geblieben ist; abends aber verödet
sie; die riesigen Comptoirs werden geschlossen; der Kaufmann
fährt nach der Neustadt zurück und erholt sich in ihren wahrhaft
herrlichen Gärten und Anlagen von der Unbill der Tagesarbeit.
Welches Ausruhen! Im leichten Nachtgewande liegt er bequem

auf einem rotangeflochtenen Fauteuil der Veranda ausgestreckt und raucht feine Manilla. Mit dem Lärm des Tages kontraftirt wohltätig die absolute Ruhe und Stille in der Natur, die nur hie und da durch das Geschrei eines vorbei saufenden Schwarms fliegender Hunde unterbrochen wird. Die Atmosphäre ift kühler und reiner als innerhalb der heißen Mauern der Geschäftsftadt und jeder Luftzug bringt den Duft von Millionen Blüten.

Ganz Batavia ift von Kanälen durchzogen; ihnen parallel führen die Straßen, welche durch lange Reihen ehrwürdiger Waringinbäume beschattet find. Viele der größeren Straßen Weltevredens überraschen durch ihre Schönheit; die Häuser liegen von einander getrennt und luftig, wie das Klima es erfordert, in prächtigen Gärten; sie find meiftens ein=, höchftens und sehr selten zweistöckig, haben platte Dächer und reizende Veranden. Gegen die Straßen zu find die Gärten mit schneeweißen, in Form und Größe übereinftimmenden, luftig durchbrochenen Mauern ab= geschloffen. Alles glänzt in holländischer Reinlichkeit. Nur die Kanäle find mit trüb=gelbem, träge dahinschleichendem Waffer gefüllt, welches die Auswurfftoffe der Stabt mit sich führt. Das hindert aber die Eingebornen nicht, tagtäglich in der Brühe zu baden; jederzeit und überall an der offenen Straße sieht man badende Männer, Weiber und Kinder. Die Erwachsenen ver= stehen es sehr geschickt, ohne alle Verletzung des Anftandes und mit gewisser Grazie vor den Augen allfälliger Zuschauer sich ihrer Kleidungsftücke zu entledigen. Sie tauchen dann mit dem nämlichen Behagen in die trübe Sauce, wie unsereiner in kryftall= helle Flut. Ja man trinkt sogar männiglich von diesem Fluß= waffer, und die artesischen Brunnen, welche von der holländischen Regierung überall an den Straßen angebracht wurden und ein reines, wenn auch laues Waffer liefern, werden von den Ein= gebornen nicht benützt. Sie fürchten — abergläubisch wie sie find — das künftlich dem Boden entnommene Waffer könnte ihnen Unheil bringen und ziehen die unappetitliche Fleischbrühe des heiligen Kali (Fluß) als Getränk vor.

Ab und zu sind an den Straßen Polizeistationen erstellt, kleine weiße Steinhäuschen, welche je einen Eingebornen als Sicherheitswächter beherbergen. Die männlichen Bewohner der javanischen Kampong werden der Reihe nach und für je 24 Stunden zu diesem Dienste beordert. Zwei Gegenstände, welche in keinem dieser Wachthäuschen fehlen, sind:

1) Eine gewaltige, aus Bambusrohr verfertigte, breizinkige Gabel, ähnlich einer großen Heugabel. Sie findet Verwendung bei der Verfolgung flüchtiger Verbrecher, Amokläufer (Erklärung folgt unten) 2c. Der so bewaffnete Sicherheitswächter sucht den Flüchtling damit aufzuspießen oder aber so lange gegen eine Mauer, einen Baum zu drücken, bis er von Herbeieilenden abgefaßt oder sonst unschädlich gemacht ist. Der praktische Wert dieses Instrumentes leuchtet ein: der Verfolgte kann damit festgehalten werden, ohne daß er im stande ist, seinem immerhin auf Gabellänge von ihm entfernten Verfolger mit einer schneidenden Waffe (und andere dürfen die Eingebornen nicht tragen) beizukommen;

2) ein zirka 1½ Meter langes Stück eines ausgehöhlten Baumstammes, das aufgehängt ist und als Alarmsignal verwendet wird. Ist nämlich öffentliche Gefahr vorhanden, z. B. durch einen Amokläufer, so schlagen die Polizisten mit Keulen auf diese hölzernen Cylinder; der dabei entstehende bröhnende Ton wird weithin gehört, warnt die Nachbarschaft und zieht Hülfe herbei.

Das Amoklaufen ist eine eigenartige Erscheinung, die hauptsächlich bei den Malayen, aber auch in Vorder=Indien und zur Seltenheit sogar in Japan vorkommt. Es ereignet sich von Zeit zu Zeit, daß ein Fieberkranker, oder aber ein körperlich ganz gesunder Mensch, der durch Eifersucht oder einen andern mächtigen

Impuls in Affekt geriet, plötzlich die Herrschaft über seine Sinne verliert, in rasender Wut seinen Kriß (ein spißes Messer, das jeder Javane im Gurte stecken hat) zieht, in wütendem Laufe, wie ein toller Hund, die Straßen durchrennt und alles Lebende, was ihm in den Weg kommt, niedersticht und mordet. Sein einziges Verlangen ist, Blut fließen zu sehen und es kommt vor, daß ein solcher Amokläufer seine Familie, überhaupt seine un= mittelbare Umgebung und eine beträchtliche Anzahl von Straßen= gängern hinmorden kann, bevor es gelingt, ihn einzufangen und unschädlich zu machen. Der Ruf „Amok" ist einer der gräßlichsten, den man hören kann, und bringt augenblickliche Panik in das Straßenleben. Alles flüchtet und sucht sich seitwärts zu verbergen, denn der Rasende sieht weder rechts noch links und nur was direkt in seinen Weg kommt, fällt ihm zum Opfer. Endlich bricht er zusammen, immer noch tobend und schäumend, oder aber er zuckt an der Fanggabel eines Polizisten oder fällt unter den Messerstichen seiner Verfolger. Die Wut, mit welcher sich der Pöbel über diese unglücklich Verblendeten hermacht und sie zer= fleischt, soll grauenhaft sein. Jedermann hat nicht nur das Recht, sondern im Interesse der öffentlichen Sicherheit sogar die Pflicht, einen Amokläufer niederzumachen. Der Vergleich mit einem tollen Hunde ist ein naheliegender. — Den Tag vor meiner Ankunft hatte, wie mir Herr Z. sagte, ein so beschriebenes, gräßliches Drama auf den Straßen Batavias sich abgespielt, von dem er hatte Augenzeuge sein müssen. — Ueber das Wesen dieser grauen= haften Erscheinung erhielt ich nirgends Aufschluß; aber offenbar handelt es sich dabei um eine besondere Art von aknter Geistes= störung (Raserei), wie sie in anderer Form gelegentlich auch bei uns vorkommt und die bei den äußerst erregbaren, leidenschaft= lichen, zum Fanatismus geneigten Gemütsanlagen der Bewohner Indiens ein ganz besonderes Gepräge annehmen muß.

Doch weg von diesen gräßlichen Szenen zu freundlicheren

Straßenbildern. Da ist vor allem die javanische Frau, die unser Augenmerk auf sich zieht. Mit wahrhafter Hoheit, das Haupt stolz in den Nacken geworfen, schreitet sie einher, und auch das a r m e Weib in Lumpen gleicht an Gestalt, Haltung und Gang einer Juno. Die dichten, glänzend schwarzen Haare sind in einen einfach-schönen Knoten geschlungen; um die Hüfte liegt der bunte Sarong; den Oberkörper deckt eine Jacke oder ein bis zu den Knieen reichendes Oberkleid aus leichtem Baumwollzeug, das vorn lose übereinandergelegt und mit einer Hand zusammengehalten wird. Die Füße sind unbekleidet und besorgen den Geh-Akt mit graziöser Elastizität. Es sei mir, dem Arzte verziehen, wenn ich mich auch nach Hühneraugen umschaute; selbstverständlich fand ich keine, denn wo sollten die herkommen, wenn der Fuß in seiner Entwicklung nicht gehemmt und nicht durch die unglückselig-eleganten Schmalschuhe der Zivilisation bedrängt ist? Die Kleidung der Malayo-Javanin, wie man sie in Batavia sieht, ist eine durchaus geschmackvolle, schöne und anständige; auch das gestrenge, „züchtig-verschämte" Auge des zivilisirten Europäers kann nichts daran aussetzen; und doch ist der Schönheit der weiblichen Formen in keiner Weise Eintrag getan, keine Wespenleiber, nichts von Stahl und Fischbein, keine „Tournüre", keine Stöckelstiefel mit schwungförmig nach vorne strebenden, zierlich hohen und schlanken Absätzchen.

Mode, du einfältige, gefallsüchtige Dirne! Was sinnst du jahraus, jahrein auf neuen Flitter und Tand? Was zwängst du das edle Ebenmaß des Körpers in unnatürliche Formen, anstatt die Kleidung dem Körper anzupassen? Geh' nach Java und lerne, was wahrhaft schön ist. Kehre zurück zur Mutter Natur und laß sie deine Ratgeberin sein!

Ein reizendes Bild gewährt eine junge Mutter dort, die ihren zweijährigen Jungen mit sich herumträgt; der kleine, braungelbe Kerl, der nichts an seinem Körper hat als eine rote Mütze mit schwarzem Zottel (Fez), hängt, in einer Tuchschleife sitzend, an der Schulter der Mutter, deren eine Hüfte er rittlings mit den Beinchen umklammert, und schaut von seinem Sitze kühn und trotzig in die Welt hinaus. Zur Erhaltung des Gleich- gewichtes neigt die Frau ihren Oberkörper leicht nach der ent- gegengesetzten Seite, aber die Elastizität des Ganges wird dadurch in keiner Weise vermindert.

Der männliche Eingeborne trägt als Haupt- und oft ein- ziges Bekleidungsmittel auch den Sarong; oft steckt der Oberkörper in einem Kittel und die Beine in enganliegenden Hosen, in welchem Falle dann auch der Sarong als Gurt um die Hüfte ge- rollt ist. Die langen Haare sind unter wannen- oder kegel- förmigen Riesenhüten aus Bambus oder Stroh verborgen oder es wird der Kopf mit einem Baumwolltuche turbanartig um- wunden. Man sieht die Männer meist geschäftig, oft mit schweren Lasten, auf den Straßen hin- und herrennen; sie tragen dieselben an langen Bambusstäben aufgehängt über den Schultern und leisten darin Erstaunliches. Die Arme haben bei dieser Be- schäftigung gar nichts zu tun; die Belastung trifft nur den Rumpf und die Beine und dem entsprechend sieht man die Mehr- zahl der Eingebornen mit strammen Waden, muskulösem Körper, aber — erbärmlich dünnen und lotterigen Armen.

Ein wichtiges Element im Straßenleben von Batavia ist der Chinese, der in allen Rangstufen vom Millionär bis zum gemeinen Kuli angetroffen wird. Den Sohn des himmlischen Reiches erkennt man vor allem an dem nie fehlenden Zopfe. Der vornehme Chinese trägt elegante, moderne Beinkleider, eine kurze, seidene Jacke und — einen europäischen Hut, unter welchem der Zopf hie und da aufgerollt verborgen liegt. Die Füße stecken in seidenen Strümpfen und tragen die bequem-weichen, dicksohligen Filzschuhe in Pantoffelform, die sehr hübsch aussehen. Von zehn Fingern sind womöglich neun mit goldenen, brillantblitzenden

Ringen befetzt; vier breite Goldreifen an einem Finger find keine Seltenheit; in der Seitentafche der feidenen Jade ruht, an schwer-goldener Kette um den Hals geschlungen, eine koftbare Uhr. Der junge, reiche Chinefe ift ein Stutzer erfter Klaffe und weiß mit feinem Zopfe ebenfo gut zu kokettiren, wie ein „Jarbelieutenant" mit feinem Galadegen oder ein Parifer Pflafter-treter mit dem dünnen Spazierftöckchen.

Wie überall außerhalb ihres Reiches find die Chinefen auch in Java nur geduldet, keineswegs beliebt. Sie find die Blut-fanger des Landes, die Wucherer, die manchen um Hab und Gut bringen; der Kleinhandel ift ganz in ihren Händen; da-neben verfchmähen fie aber auch die geringfte Arbeit nicht, wenn fie etwas einträgt. Verfchmitztheit und eine Zudringlichkeit, die, vorn hinausgeworfen, hinten wieder hineinkriecht, find fernere Charaktereigenfchaften des Chinefen. Kurzum, der Schlag Leute kam mir ziemlich bekannt vor.

Unter den Fußgängern Batavias wird felten ein Europäer angetroffen; die „Herren des Landes" ziehen es vor, zu fahren; viele in eleganten Viktoriawagen, auf dem Bocke einen malayifchen Kutfcher, hinten einen Jungen, welcher beim Anhalten zum Oeffnen und Schließen des Schlages bereit fteht.

Unterdeffen hatten wir, dank der fchweißtriefenden Bemüh-ungen unferes kleinen, javanifchen Gaules, den Koningsplein erreicht. Es ift dies eine ungeheuere, quabratifche Ebene, zirka eine Stunde im Umfang haltend und inmitten der neuen, euro-päifchen Stadt gelegen. Der fonft mit Gras bewachfene Platz war wie ausgebrannt, die ausgetrocknete Erde in tiefe Riffe ge-borften, und noch immer lagerte die fengende Sonnenglut über dem fchattenlofen Plane und es konnte noch Monate dauern, bis der erfte Regen fiel. Die holländifch-indifche Kavallerie manöverirte eben in diefer Glühhitze, d. h. es tummelten fich acht kleine, unanfehnliche Reiter, Eingeborne, mit vorfündflutlichem

Tschako und einer lotternden Uniform, scheinbar planlos herum, kontrollirt von einem europäischen Unteroffizier, der etwas besser aussah. Die Nähe des Urwaldes mag schuld sein, daß ich angesichts der berittenen Soldateska an eine Gesellschaft verkleideter Affen auf Zirkuspferden dachte.

Die holländische Armee zählt 30,000 Mann, wovon sich ein Dritteil aus Europäern rekrutirt; die übrigen zwei Dritteile sind Eingeborne, die, barfuß gehend, in ihren Uniformen so häßlich und unmilitärisch wie möglich aussehen. Wer sich angesichts dieser „Dächlikappenmannen" des Lachens erwehren kann, muß Melancholiker sein. — Die Anwerbung der europäischen Soldaten macht der holländischen Regierung von Jahr zu Jahr mehr Schwierigkeiten. Allerdings ist das Handgeld ein großes; aber die Anforderungen, vor allem die klimatischen, sind so ungeheuerliche, daß die Angeworbenen — kaum in Ostindien — sich bald als Geprellte erachten und keinen sehnlicheren Wunsch hegen, als den, aus dem Ding wieder herauszukommen. Das geht aber nicht leicht; viele Prozente, ja die meisten, erliegen den Fiebern; viele Prozente fallen in dem endlosen Kriege mit Atschin; wenige kehren wieder heim und unter diesen die Mehrzahl mit siechem Körper.

Unsere Landsleute stellen leider in die holländisch-indische Armee immer noch ein bedeutendes Kontingent. Doch hat der jährliche Zuwachs abgenommen; im Jahre 1882 waren es, wie mir Herr Konsul D. mitteilte, nur noch 54, die sich anwerben ließen. Jammerbriefe von Eltern, die ihre Söhne zurück haben wollen, sind nicht selten; aber die flehentlichste Bitte nützt nichts, wenn der Brief nicht 2500 Fr. wert ist. So oft ich Gelegenheit hatte, im Innern Javas mit Schweizern in holländischer Uniform zusammenzukommen, machten sie mir den Eindruck unglücklicher Verkaufter, und ich halte es für meine Pflicht, vor dem Köder des holländischen Handgeldes zu warnen, wo ich

Gelegenheit dazu finde. Bittere Enttäuschungen, schmerzliche Rene, die sich in vielen Fällen zur Verzweiflung steigert, sind die Kehrseite desselben.

Die holländische Regierung erlaubt den Soldaten, sich in den Kasernen ihre Kebs=Weiber zu halten; allfälligen Würmern ist als Schlafstätte der Platz unter den Betten angewiesen. — Ich überlasse es dem Leser, sich ein Bild von der Disziplin und dem Leben in solchen Kasernen zu entwerfen und beschränke mich darauf, zu sagen, daß ich dieses Institut nicht nur vom moralischen, sondern auch vom hygieinischen und militärischen Standpunkte aus verabscheuen lernte. Man wendet allerdings ein, die Verhältnisse seien dort andere; das Weib, das den Soldaten begleite, im Krieg wie im Frieden, sei für ihn von großem Nutzen; wenn er abends müde in die Kaserne oder ins Lager komme, finde er seinen Reis gekocht; die Reinigung der Kleider und der Waffen werde ihm abgenommen u. f. w. Ich entgegne aber: Die Engländer kennen diese Wirtschaft auch nicht und haben eine ganz andere Disziplin in ihrer indischen Armee als die Holländer und auch andere Kriegstaten aufzuweisen. — Ist es doch in Samarang (Java) vorgekommen, daß eine Abteilung Fuß=soldaten, die sich zum Feldzuge gegen Atschin einschiffen sollte, am Einschiffungsplatze erklärte: Wir gehen nur, wenn unsere Weiber auch mitdürfen. Es nützte alles nichts; die Weiber mußten in gehöriger Anzahl herbeigeschafft werden, und die stramme Truppe ging „mit Familie" an Bord.

Rings um den Koningsplein führt eine breite, mit Waringinbäumen eingefaßte Straße; an ihr liegen die schönsten, öffentlichen und privaten Gebäude, so auch der Palast des Gouverneurs, das Museum und ein Kranz herrlicher Gärten. Wir bogen in eine Seitenstraße ein, die mit Kebon=Siri bezeichnet war; noch einige Minuten und wir hielten vor einem freundlichen, inmitten eines Gartens gelegenen, steinernen Hanse mit großer, offener

Veranda längs der ganzen Façade. „Mer send biheim", sagte mein freundlicher Begleiter und verschwand, die Herrin des Hauses zu holen. Unterdessen legte ich mich in einen geflochtenen Rohrstuhl und ließ meine Augen über die nächste Umgebung streifen. Sie konnte mich vergessen machen, daß ich einige tausend Stunden von der Heimat entfernt sei; denn an den Wänden hingen lauter bekannte Bilder und in der Mitte prangte eine prächtige Arbeit aus dürren Blumen von der Hand eines ehrwürdigen Mannes, den ich daheim alltäglich gesehen hatte. Was mir das fremde Land signalisirte, war einzig eine Anzahl Gekkonen, große Eidechsen von molchähnlicher plumper Form, welche ungenirt zwischen den Porträts an der weißen Diele herumspazierten und mich, den Fremdling, anzuglotzen schienen.

III.

Komische Jagdszene. — Die Frau des Hauses. — Unsere Konversationssprache. — Im Garten. — Kokospalmen. — Fröhliche Mahlzeit. — Spazierfahrt. — Batavia bei Nacht. — Wienerwalzer in den Tropen. — Alleinstehende Dame in Nöten. — In Morpheus' Armen. — Moskitos. — Dutch wife. — Junger Tag. — Erfrischende Morgentoilette. — Holländisch-indische Küche.

Langeweile empfand ich während der kleinen halben Stunde, die ich zu warten hatte, durchaus keine, denn vor meinen Augen spielte sich in dem Garten eine ergötzliche Jagdszene ab. Es hatte sich ein zahmer Affe von seiner Kette losgerissen und benützte nun seine Freiheit, um in urkomischer Weise von Baum zu Baum und auf den niedrigen Dächern der benachbarten Oekonomiegebäulichkeiten herumzuhüpfen. Hinter ihm drein jagte der malayische Kutscher des Herrn Z. und einige nackte Jungen, die einen Mordspektakel verführten. Das fidele Vieh stattete auch

meiner Veranda einen kurzen Besuch ab und benützte meine
Schultern als Uebergangsstation zu einem Kronleuchter, an dem
es mit aller Kraft rüttelte, bis die herbeieilenden Verfolger und
mein in einen Knoten geschlungenes Taschentuch es an der Arbeit
störten. Der Kutscher wandte alle Ueberredungskünste an, um
des Flüchtigen habhaft zu werden; erst ertönten freundliche,
schmeichelnde Redensarten; in zartem Schmelz floß von den Lippen
des Malayen die Einladung, in seine Arme zu kommen. Der
Affe horchte aufmerksam und schien sich willfährig und zahm zu
nähern; aber sobald der Mann zugreifen wollte, schlug er einen
Purzelbaum, rannte laut kreischend in tollen Sprüngen aufs Dach
und zeigte seine Abgeneigtheit mit äußerst drastischen Gesten, bei
welchen der Hinterteil eine wichtigere Rolle spielte als das Gesicht. Als das Bitten nichts nützte, versuchte es der Malaye mit
Schimpfen und Fluchen und schließlich griff er zu einer List, die
denn auch zum Ziel führte. Der Affe war nämlich ein abgesagter
Weiberfeind; ein Gegenstand seiner Antipathie war in der Person einer kleinen Javanin, des Kammermädchens von Frau Z.,
bald gefunden. Sie erschien bewaffnet mit einer blechernen Kehricht-
schaufel und einer Bürste, die sie lärmend zusammenschlug, während
sie dabei im Garten herumrannte. Der Affe stutzte, riß die gräßlichsten Grimassen und ging sofort auf den Leim, d. h. er machte
sich mit solch blinder Wut an die Verfolgung der lärmenden
Jungfrau, daß er mit Leichtigkeit gefangen und an seine Kette
gelegt werden konnte. Dort schnitt er erst ein sehr überraschtes
und enttäuschtes Gesicht und kratzte sich ärgerlich hinter den Ohren;
bald aber sah ich ihn resigniert in einer Ecke hocken und neue
Entweichungspläne schmieden.

Erhitzt von der kleinen Anstrengung — ich hatte wacker mitgeholfen — suchte ich meinen bequemen Lehnstuhl wieder auf.
Bald aber erschienen Arm in Arm meine gastfreundlichen Wirte,
die Frau des Hauses in reichster Toilette, die demantblitzende

Hand zum Willkomm entgegenstreckend, und ich hatte nun zum
erstenmale Gelegenheit, ein echtes Kind der Tropen näher kennen
zu lernen. Die Heimat der Frau Z. ist Menado auf der Insel
Celebes, woselbst ihre Eltern zu den wenigen Eingebornen gehörten, die Bekenner des Christentums waren. Als die frühere
Gattin eines Kapitäns, der auf eigenen Schiffen die asiatischen
Meere befuhr, hatte sie die chinesischen Hafenstädte und den ganzen
hinterindischen Archipel aus eigener Anschauung kennen gelernt
und erzählte mit Begeisterung namentlich von dem herrlichen
Hongkong. Als ich vom lieben Vaterlande und von der Familie
ihres jetzigen Mannes zu reden· anfing, merkte ich bald, daß die
fremde Frau auch in meiner Heimat zu Hause sei, wenn sie
dieselbe auch noch nie gesehen hatte, und es rührte mich, wahr-
zunehmen, mit welcher Freude und mit welch teilnehmendem
Interesse sie auch die geringfügigste meiner Mitteilungen auffaßte.
Unsere Konversation war freilich mit ziemlichen Schwierigkeiten
verbunden; Frau Z. spricht nur malayisch und holländisch; mein
Sprachvorrat in diesen beiden Zungen war aber so minim, daß
ich damit lange nicht auskam und Herr Z. oft als Dolmetsch
funktioniren mußte. Da er aber tagsüber im Geschäftsquartier
sich aufhielt, mußten wir zwei übrigen uns eben doch allein
behelfen und ich deute jetzt noch mit großem Vergnügen namentlich
an die Mittagstafel und unser über Tisch gesprochenes Kauder-
welsch; was an Verstänblichkeit fehlte, wurde durch lebhafte Gesten
mit Kopf, Armen und Beinen und ein wahres Feuerruferpathos
ersetzt; wollte das Verständnis trotz dem größten Fortissimo oft
doch nicht kommen, so schritten wir ruhig zur Tagesordnung, d. h.
aßen unverdrossen weiter und unterdessen ging uns oft nachträglich noch ein Lichtlein auf.

Nachdem ich mit meinen ersten Nachrichten aus dem engern
und weitern Vaterlande zu Ende war, besah ich mir mit Herrn
Z. den zum Haus gehörigen Garten, der einen kleinen Wald

von Kokosnußpalmen darstellt und auf zwei Seiten mit niebrigen Gebäulichkeiten eingerahmt und gegen die Nachbarschaft ab= geschlossen ist. Dieselben stehen mit dem Wohnhaus durch gedeckte Hallen in Verbindung und bilden mit ihm ein Hufeisen. Sie enthalten die Küche, das Babezimmer, die Stallungen und die Wohnungen der verschiedenen Angestellten (Kutscher, Hausbiener, Köchin, Kammermädchen ꝛc.) und ihrer Familien. Neben zwei zierlichen javanischen Pferden hockten auf der Krippe zwei Affen und ließen melancholisch ihre langen Schwänze senkrecht zur Erbe hangen; des einen Bekanntschaft haben wir bereits gemacht. — Unter einem blühenden Busche girrten in luftigem Käfig einige Lachtauben und am Rande einer Cisterne neckten sich brei junge Katzen, welche alle die in Inbien vielfach angetroffene Varietät eines zu einem schraubenartigen Mißgebilde verkrüppelten Schwanzes zeigten. — Diese Mißbildung ist angeboren, wird in Vorber= und Hinterinbien, wie in China und Japan gefunden und ist ein merkwürdiges Beispiel dafür, daß sich zufällig erworbene Qualitäten durch Vererbung konstant erhalten können. — Es war 6 Uhr abends und begann bereits zu bämmern; aber kaum 10 Minuten bauerte der Uebergang vom hellen Tage zum Nacht= bunkel. Die Kürze der Abend= wie der Morgenbämmerung ist eine Eigentümlichkeit der Aequatorialzone und bebingt durch das senkrechte Hinabsteigen der Sonne. Auch bei uns ist ja die Dämmerungszeit in der Nähe des längsten Tages — wo die Sonne annähernd senkrecht steht — eine bebeutend kürzere als beispielsweise im Winter. — Die Tropenwelt sieht jahraus jahr= ein jeden Morgen um 6 Uhr den Tag, jeden Abend zur gleichen Zeit legt sich das Dunkel der Nacht über sie. Diese Einförmigkeit ermüdet auf die Dauer; ich möchte sie nicht vertauschen mit unsern herrlichen Sommermorgen, wo schon um 3 Uhr die Amsel singt und der Fink schlägt und Aurora lange vor ihrem Erscheinen golbene Herolbe vorausfendet, und noch weniger mit den Morgen=

stunden im Winter, wo man bis um 8 Uhr die warme Decke über die Ohren ziehen kann. — Eben sauste ein Schwarm Galongs in den Lüften über uns vorbei und seutte sich zu den Kronen der Palmen herab; es sind dies riesige Fledermäuse, mit dem Kopf und von der Größe eines mittlern Hundes, die abends zu Tausenden herumfliegen und sich durch ihr bellendes Geschrei und lautes Nagen an den Palmenfrüchten bemerkbar machen. Meinen Wunsch, den Inhalt einer Kokosnuß zu kosten, erfüllte Herr Z. sofort; auf seinen Wink kletterte ein Diener an dem schlanken Stamme einer solchen Palme in schwindelnde Höhe und warf uns im Nu die gewünschte Frucht zu Füßen. Sie enthielt zirka ½ Liter einer angenehm süßlich schmeckenden, milchigen Flüssigkeit, die sehr erfrischend war. Welche Wohltat für Durstende, wo weit und breit kein trinkbares Wasser gefunden wird! Die Kokospalme wird bis 40 Meter hoch, hat einen glatten, geringelten, oft komisch krummen Stamm und gefiederte Blätter, in deren Achsen gewaltige Blütenkolben und kürbisgroße elliptische Früchte gleichzeitig haugen. Ihre wehende Blätterkrone ist einer der schönsten charakteristischen Züge tropischer Gärten und Landschaftsbilder. An dem ganzen Baume ist keine Faser, die nicht Verwendung fände: Die reise Nuß liefert ein wertvolles Oel; ihre faserige Hülle wird zu Matten, Bürsten, Tauwerk verwendet; die eigentliche, sehr harte Schale ist für Drechsler ein wertvolles Material; aus den Blättern macht man Körbe, Teppiche, deckt damit auch die Dächer; das Mark unter der Endknospe ist als „Palmhirn“ eine beliebte Speise; das Holz des Stammes endlich bildet vermöge seiner zäh-faserigen und elastischen Beschaffenheit ein wertvolles Bau- und Palissadenmaterial. So ist denn die Kokospalme, nächst dem Bambus, die wichtigste Pflanze für die Völker der Aequatorialzone.

Unterdessen war es Essenszeit geworden (in Balavia, wie eigentlich überall im Osten, findet die Hauptmahlzeit abends

12

7 Uhr statt). In einer auf zwei Seiten gegen den Garten zu offenen Halle saßen wir zu Tische. Als Kellner funktionirte ein getreuer, seit Jahren im Dienste der Familie Z. stehender Diener; die Speisen wurden durch eine kleine appetitliche Javaũin aus der benachbarten Küche hergetragen. Ein Knäuel halbnackter Buben, die Nachkommen des alten Hausdieners, hockte als stumme Zuschauer auf dem steinernen Boden, beschaute sich den angekommenen Fremdling, bewunderte seinen guten Appetit und lachte unbändig, als die Gläser, mit edlem Wein gefüllt, zum ersten Male zusammenstießen und der Mutter Helvetia und allen Lieben daheim ein freudiges Hoch gebracht wurde. Ein 4jähriger Knirps unter ihnen mit bis auf die einsame Scheitel- locke kahlgeschorenem Kopfe und brennend schwarzen, großen Augen hatte mich besonders aufs Korn genommen; von Zeit zu Zeit zerrte er mich verstohlen am Rockzipfel und rief schelmisch: Tuan! Tuan! (d. i. Herr); sobald ich ihn aber ansah oder Miene machte, ihn zu fassen, erhob er ein Zetermordio, als ob er am Spieße stecke. Die kleinen braungelben Naturkinder fühlten sich in den vornehmen Räumen offenbar ganz zu Hause und wurden von ihrer Herrschaft gerne geduldet, spielten auch hie und da die Bettelkätzchen und gingen schließlich jedenfalls so wenig hungrig vom Tische weg, als wir selbst. — Das patriarchische Verhältnis zwischen Herrschaft und Untergebenen im Hause des Herrn Z. hat mich später noch bei mancher Gelegenheit angenehm berührt.

Nach Tisch wurde eingespannt; wir setzten uns in einen großen Viktoriawagen; das javanische Zweigespann lenkte ein buntgekleideter malayischer Kutscher mit farbigem Turban; hinter unserm Rücken stand auf einem Trittbrette ein Junge, der mit seinem Fächer uns die Mücken weg- und Kühlung zuwehte. Die Fahrt ging durch verschiedene herrliche Straßen Neu-Batavias und ich sah mit Staunen die Wunder der Tropenstadt bei Nacht. Nach beiden Seiten drang der Blick in die hellerleuchteten und

offenen Häuſer, über welchen ſich geiſterhaft die Kronen von
Palmen und rieſigen Gummibäumen wiegten. So ſah ich manche
freundliche häusliche Szene. Dort liegt der Papa, der Familien=
vater, nachdem er den ganzen Tag in dumpfigem Geſchäftslokale
zugebracht hat, in leichtem Nachtkleide auf einer Chaise longue
ausgeſtreckt und ſendet eine Rauchwolke nach der andern in die
Luft. Um ihn tummelt ſich wetteifernd eine fröhliche Kinder=
ſchar, während die Mama dafür ſorgt, daß der Thee aufgetragen
wird. — Hier liegen — burſchikos bequem hingegoſſen — einige
Junggeſellen, die wohl zuſammen haushalten, und durchblättern
beim Scheine einer in goldenem Leuchter gefaßten Gasflamme
die neu angekommenen Journale. Geſchäftige Diener rennen
hin und wieder, tragen die Mahlzeit ab und verſehen den ele=
ganten Marmortiſch mit Rauchmaterial, bringen Stoff zum
Schlucken und das unentbehrlichſte aller Genußmittel in Ba=
tavia — Eis. Ich will nicht aus der Schule ſchwatzen, aber
mir iſt, als hätte ich auch weibliche Stimmen herausgehört und
eine graziöſe Javanin in Sarong und reich verzierter Kabaja
(Jacke) vorbeihuſchen ſehen.

Wir hielten an in der Nähe des großen Geſellſchaftslokales
der in Batavia wohnenden Europäer, der ſogenannten „Harmonie.“
Es iſt ein monumentaler Säulenbau mit prachtvollen Räumlich=
keiten — Billards=, Leſe=, Tanz= und Reſtaurationsſälen — und
ſchönem Garten. Eben ertönten dorther die Klänge einer meiſter=
haft exekutirenden Regimentsmuſik und wahrhaftig — das erſte,
was ich in Java Muſikaliſches zu hören bekomme, iſt ein heime=
liger Wteuer Walzer: „Du ſchöner Mai“ aus dem Prinz Me=
thuſalem von Joh. Strauß; ich ſang natürlich mit, als ob ich
allein in der Welt wäre und träumte mich in den Volksgarten
in der ſchönen Donauſtadt. So war denn das Herz in der
Heimat, die Gedanken in Wien und der Leib am Aequator. Aus
dieſer Dreifaltigkeit kondenſirte mich ein ſchriller Mißton zur

reellen Einheit; fallende Rutenstreiche und das jämmerliche Heulen einer Jungfrau erinnerten mich an die Wirklichkeit. Die Polizei hatte eine „alleinstehende Dame" aufgegriffen und ihr auf dem gesetzlich anbefohlenen Wege mit einer Tracht Prügel auseinander= gesetzt, daß anständige Fräuleins um diese Zeit nichts mehr auf der Straße zu tun haben. — Diese stramme Straßenpolizei wird nur in den holländischen Kolonien gehandhabt, und es sei dies, der holländischen Regierung zu Ehren, hier ganz besonders erwähnt.

Die vielen neuen Eindrücke während des verflossenen Tages hatten mich nachgerade müde gemacht; sogar das zauberhafte und vielgestaltige Leben auf den hell erleuchteten Straßen Batavias vermochte meine Lebensgeister nicht mehr frisch zu erhalten; Morpheus lächelte mir verführerisch. Die Lider faulen bleiern herab, schnellten anfangs allerdings blitzschnell wieder in die Höhe, so oft ich angeredet wurde, aber schließlich blieben sie liegen und die Welt erschien mir wie ein großer Ameisenhaufen, ich als kleine Ameise, die in dem Gewimmel nicht vorwärts kam und sich nur mit aller Anstrengung aufrecht erhalten konnte. Plötzlich verließen mich meine Kräfte, ich brach zusammen in diesem Kampfe ums Dasein, der Kopf lag auf der Brust und — ich schlief.

Meine interessante Nachbarin im Wagen, Frau Z., möge mir verzeihen, daß ich auf alle von ihr an mich gerichteten Fragen und Erklärungen nur eine stereotype Erwiderung hatte — ein schlaffelig=freundlich=grinsendes Lächeln und ein verständnis= loses, sinnumnebeltes „Ja." Ich schlief eben, geehrte Frau, und erwachte erst, als der Wagen wieder vor unserem Wohnhause in Kebon=Siri anhielt. — Eine Flasche Champagner, die meine Gastfreunde zum nochmaligen Willkomm kredenzten, machte mich wieder lebendig. Aber wie gerne kroch ich eine halbe Stunde später unter mein Moskitonetz! Dieser Akt wird mit größter

Schnelligkeit ausgeführt, damit ja keiner der geflügelten Quäl=
geister Gelegenheit zu einer Invasion finde. Aber, o weh, kaum
lag ich da und hatte meine müden Augen geschlossen, so hörte
ich ein feines Singen und Summen; es kommt immer näher
und näher, mit impertinent langsamer Gleichmäßigkeit; plötzlich
hört es auf und krabbelt mir vor meinem Ohre. — Ein her=
kulischer Backenstreich — gut gezielt, wie ich meinte, sollte den
Blutsauger töten. Meine Wange feuerte. Das Auge stob Funken.
Das kleine geflügelte Vieh war — entronnen und begann ein
neues Attentat. — Im Kampfe mit Löwen oder Tigern kann
man siegen oder sterben; Moskitos gegenüber ist beides unmöglich
und es bleibt nur eine stumme Resignation, die sich willig zu
Aber läßt. Endlich hatte das beutelustige Tier genug Schweizer=
blut und ließ mich schlafen und träumen.

Das Schlafen in holländisch=indischen Betten ist ein ganz
besonderes Vergnügen, vorausgesetzt eben, daß man nicht durch
die Moskitos daran gestört wird. Mit Leintuch und Decke ist
man nicht stark geplagt, denn man hat und braucht keines von
beiden. Man legt sich in leichtem Nachtgewande — baumwollene
oder seidene mächtig weite Hosen und dito Jacke — zu Bett
und trägt diesen für die heißen Klimate idealen Anzug auch in
den Morgen= und Abendstunden, sitzt damit sogar zum Frühstück,
wobei einem die Damen in buntem Sarong, weißer Kabaja und
goldgewirkten Pantöffelchen Gesellschaft leisten. Was keinem
holländischen Lager in Indien fehlt, das ist die Knieerolle, ein
langes, mit Roßhaar ausgestopftes Rollkissen, das zwischen die
Kniee gelegt wird. Dies bildet für den stets transpirirenden
Körper eine große Annehmlichkeit. Die Engländer haben für
dieses Bettstück den Namen Dutch Wife (Holländische Frau)
aufgebracht.

Der erste Morgen in Batavia weckte mich in aller Frühe.
Die Uhr zeigte halb 6 Uhr; ich trat ans offene Fenster und

atmete in vollen Zügen die erfrischende Morgenluft. Noch herrschte vollkommene Dunkelheit und Ruhe; kein Lüftchen regte sich. Jetzt unterbricht ein Vogelruf die Stille der Nacht; ich bemerke den ersten Lichtschimmer und nach weitern 10 Minuten ist heller Tag. Ich rutschte in meinen Slippers (chinesische Pantoffeln) über den steinernen Boden des Korridors und Speisesaals; auch dort war noch alles still; nur eine junge Katze spielte unter dem Tische mit dem papiergoldenen Champagnerpfropf des vorhergehenden Abends.

Ich trat in den Garten. Die Lachtauben begrüßten mich mit solchem Gelächter, daß ich laut mitlachen mußte; die Affen bewiesen mir einige andere Liebenswürdigkeiten. In den glänzenden Tauperlen der Blätter brachen sich die ersten goldenen Strahlen der Morgensonne; dazwischen wiegten sich riesige Schmetterlinge und von der Krone einer Palme herab sang ein bunt gefiedertes Vögelein sein Morgenlied. Aber wenige Minuten später trat schon jene Hitze ein, die so sehr ermattet und den nicht daran gewöhnten Körper und Geist lähmt. Ich ging gerne zum ersten Traktandum meiner Tagesarbeit über, zum Bade. Ein Bade- zimmer fehlt in keinem holländisch-indischen Hause; denn eine sorgfältige Hautkultur ist in den Tropen ein ganz besonders wichtiger Faktor zum Gesundbleiben, der dort am allerwenigsten durch die Utopie einer Universal-Normalkleidung entbehrlich ge- macht wird. — Beim Betreten des Baderaumes störte ich eine gewaltige Kröte, die eben in einer Ecke sich darüber gefreut hatte, wie's doch darinnen so schön kühl und feucht sei. Sie empfahl sich aber schleunigst durch ein Loch in der Mauer, das für ihren dicken Wanst kaum groß genug war. — Einige Kübel frischen Wassers über den matten Leichnam belebten Leib und Seele. Das dazu verwendete Wasser wird an einem der städtischen artesischen Brunnen geholt, dann durch einen Kohlenfilter filtrirt, abgekühlt und zum Baden, wie auch zum Trinken — allerdings dann mit Eis versetzt — benützt.

Jetzt wieder hinaus in den Garten. Wie schmeckte da die Morgencigarre so gut! Draußen war es unterdessen lebendig geworden. Die kleine Javanin schöpfte Wasser aus einer Cisterne. Ich mußte die Anmut aller Bewegungen dieses Naturkindes bewundern und sah, daß angeborne Grazie etwas anderes ist als angelernte. — Die Buben des Hausdieners spielten mit einem kleinen Eichhorn, das durch einen Schrotschuß halb gelähmt war; sie hatten eine Schnur an den Hinterfüßen des armen Tieres befestigt und zerrten es im heißen Sande herum. Aber schon nahte der Befreier in der Person eines schweizerischen Konkordats= arztes; das Tier wurde von seinen Leiden erlöst und die kleinen Spitzbuben hatten eine „schwizerbütsche" Strafpredigt zu hören, die ihnen aber so wenig imponirte, daß der eine davon, ein sechsjähriger Knirps, der sich aus einem dürren Palmblatt und etwas Tabak eine Cigarette gedreht hatte, mich unverfroren sofort um „Api" (Feuer) bat. Der minime Kerl dampfte wie eine Lokomotive und blies den Rauch aus allen verfügbaren Löchern seiner gelben Physiognomie.

Um 7 Uhr wurde gefrühstückt. Von 8 Uhr morgens bis halb 6 Uhr abends war ich dann — mit Ausnahme Sonntags — auf mich selber angewiesen, da Herr Z. genannte Zeit im Geschäftsquartier zuzubringen hatte. Ich benützte die Stunden, während welcher die Sonne nicht gar zu hoch und sengend am Himmel stand, zu kleinen Entdeckungsreisen in die Stadt, teils zu Fuß, wobei mich die Eingebornen, die sich das an Europäern nicht gewöhnt waren, groß ansahen, teils im Dos-à-Dos. Wollte ich aber den gerechten Zorn der gastfreundlichen Hausfrau nicht heraufbeschwören, so mußte ich zur Mittagszeit wieder daheim sein, um die Erzeugnisse ihrer Kochkunst würdigen zu können. Des Mittags um halb 1 Uhr setzt man sich in Holländisch=Indien zur sogenannten Reistafel. Die Seele der Mahlzeit bildet ein großer Topf mit verdämpftem Reis und ich bekenne, daß ich —

der ich zu Hanse nie Reis und in keiner Form essen mochte — jedesmal einen gewaltigen Reisberg auf meinen Teller schöpfte. Das an und für sich kraftlose Gericht wird mit einer aus verschiedenen Gewürzen präparirten scharfen Sauce, dem sogenannten Curry, übergossen. Diese äußerst pikante Zugabe spielt in ganz Indien eine so wichtige Rolle, daß man die Leistungen einer Küche so ziemlich nach der Qualität des servirten Currys beurteilt. Von Reis allein hat allerdings der Eingeborne, der Europäer aber noch lange nicht gelebt. Da stehen auf der Tafel als Trabanten der Reisschüssel: Beefsteaks, Geflügel, Fische, gehacktes Fleisch, Eierspeisen ꝛc. und eine kunstvoll in Fächer abgeteilte Holzplatte mit wohl zwanzigerlei verschiedenen Gewürzen. Man nimmt sich, was das Herz begehrt und was etwa auf dem Teller noch Platz hat, mischt alles durcheinander und ißt munter darauf los. Zur Anfeuchtung der Kehle stehen Eiswasser, Bier und ein gutes Glas Bordeaux bereit. Aber wehe dem, der über einen Studentendurst verfügt und denselben in vaterländischer Weise befriedigen will! Die Kehle wird immer dürrer und trockener, und was sie schluckte, fließt stromweise aus den weit geöffneten Poren. In Schweiß gebadet, lechzend, schachmatt sitzt man da und der Kater, der sich beim Studenten an die Morgenstunde hält, wird hier permanent, legt sich mit zu Bette und hat einen grimmigen Verbündeten an den ohrumsäuselnden Moskitos. Ich lasse es mir nicht nehmen, daß die scharfe, stark gewürzte, grausam dursterregende Diät, an welche sich die Europäer in den Tropen halten, unvernünftig ist; eben so sehr bin ich davon überzeugt, daß die vielen „Schnäpser“, welche man sich daselbst zu Gemüte zu führen angewöhnt hat, großen Schaden für die Gesundheit bringen, so sehr die zahlreichen Verehrer derselben das Gegenteil behaupten. Ein „Bitterer“ mit Cognac oder Brandy-Soda ist die stereotype Freundlichkeit, die einem beim Eintritte in ein europäisches Haus in Batavia sofort erwiesen wird, und es ist horrend, welche Quantitäten gebrannter Wässer in Holländisch-Indien konsumirt werden. Dort trinkt man Schnaps, weil es heiß ist; der russische Bauer tut's, weil er friert. Um Gründe ist man nie verlegen.

Weine und Biere kommen kistenweise in Flaschen aus Europa nach Batavia. Das Bier verlangt natürlich eine ganz besondere Präparation, um den Export nach den Tropen und die dortige Hitze zu ertragen, ist auch in dieser Form viel stärker und berauschender als das Faßbier und schmeckt eben doch noch lange nicht so gut. Gambrinus in Indien konnte mich daher nicht zu seinen Verehrern zählen. Ein einziges Geschäft Batavias importirt — wie mir ein Angestellter erzählte — wöchentlich 800 Kisten seiner Weine (jede Kiste zu 48 Flaschen) und 1000 Kisten Bier dorthin und nach Samarang. Um einen Begriff von der Größe eines solchen europäischen Geschäftshauses auf Java zu geben, erwähne ich hier, daß das erwähnte im Jahre 1882 nur vom Artikel Zucker 1,700,000 Pikul (1 Pikul = 125 Pfund) ausführte, das Pikul zu 15 fl. angeschlagen.

Eine schwache Seite der holländisch-indischen Küche bilden die Fleischspeisen. Viehzucht ist eben so zu sagen gar keine auf Java; die zahmen Büffel (Karbaujen) werden von den Landleuten nicht ihres Fleisches wegen gehalten, sondern weil sie ihnen zur Bebauung der Reisfelder unentbehrlich sind; daß aber die Faser eines alten, abgearbeiteten Tieres weder saftig noch weich sein kann, ist allgemein verständlich. So bleibt denn — das Büffelfleisch mag präparirt sein wie es will — den Zähnen immer noch eine große Arbeitsleistung übrig. Es hat sich daher eine Gesellschaft gebildet, welche den Import von frischem Ochsen- und Kalbfleisch aus Australien nach Java sich zur Aufgabe macht. Der Transport geschieht in eigens zu diesem Zwecke erbauten Schiffen, welche eigentlich nichts anderes sind als schwimmende Eiskeller. Gerade während meiner Anwesenheit in Batavia langte

das erste derartig befrachtete Fahrzeug an; das Fleisch war stein-
hart gefroren und — in jeder beliebigen Weise präparirt — von
vorzüglicher Qualität; dagegen ging ein großer Teil unveräußert
zu Grunde, weil man die Auswägung nicht gut organisirt hatte.
Das „australische Fleisch" bildete während einer halben Woche
das Tagesgespräch in Batavia und wird wahrscheinlich unterdeſſen zum unentbehrlichſten Bedürfniſſe der Europäer auf Java
geworden sein.

Frau Z. verstund sich vorzüglich auf die Kunst der indischen
Küche, aber auch was im zivilisirtesten europäischen Kochtopfe prä-
parirt wird, war ihr nicht fremd; überraschte sie mich doch eines
Tages mit einem Gericht — Kutteln. Wahrhaftige Kutteln mit
Kümmich, ganz wie daheim! Ich behandelte die anderu Genüſſe
der Tafel mit Verachtung und verzehrte in elegiſch-patriotiſcher
Stimmung das vaterländiſche Gericht.

Nach der Reistafel legt sich alles, was nicht im Geschäfte
ist, für einige Stunden zu Bette, um im Schlafe neue Kräfte
für die Hauptmahlzeit am Abend zu holen; erst danu ſtürzen
ſich die Herren und Damen in große Toilette; man empfängt
und macht Viſiten, beſucht Theater, Militärkonzerte, Klubhäuſer
oder genießt die Friſche des Abends auf einer Spazierfahrt. —
Viel ideales Streben läßt ſich aus dieſer holländiſch-indiſchen
Tagesordnung nicht herauslesen.

IV.

Schweizerische Gastfreundschaft in Batavia. — Der „behandelte" Arzt. — Museum. — Koningsplein. — Religion der Javaner. — Mohammedanisches Gottes-haus. — Javaner Schulmeister. — Holländische Kolonisations-Politik.

Die Gastfreundschaft, wie ich sie bei der Familie Z. genoß, sucht ihresgleichen. Die guten Leutchen hatten aufmerksame Augen auch für meine kleinsten Bedürfnisse, und ihre Liebenswürdigkeit im Verein mit dem freundlichen Entgegenkommen einiger anderer Kompatrioten, speziell des schweizerischen Konsuls, Herrn D. aus St. Gallen, machten mir den Entschluß leicht, meinen Aufenthalt auf Java, entgegen meiner ursprünglichen Absicht, auf mehrere Wochen zu verlängern. — Die Frau vom Hanse dehnte ihre Sorgfalt für mein leibliches Wohlbefinden in einer Weise aus, die mir verhängnisvoll wurde. Wie alle Eingebornen, namentlich diejenigen besserer Familien, verstund sie sich auch etwas auf die edle Heilkunst und verfügte über einen entsprechenden Arzneischatz. Sie tat sich nicht wenig darauf zu gute und ich muß ihr Gerechtig-keit widerfahren lassen und bezeugen, daß sie nach ganz ver-nünftigen, durchdachten Grundsätzen handelte, gestützt auf zahl-reiche Erfahrungen, die sich dort von Generation zu Generation vererben und das um so eher, als die Eingebornen in Krankheits-fällen vielfach auf Selbsthülfe angewiesen sind. Aber wie erschrak ich, als sie Miene machte, auch mein unglückseliges Seelengehäuse mit ihren Heiltränklein zu beglücken, sobald sie erfahren hatte, daß ich an den Folgen einer Blutvergiftung mich noch zeitweise krank fühle! Tumulawa hieß der Zaubername, dessen materielles Substrat mir meine diensteifrige und gesundheitsbesorgte Wirtin zudachte. Tumulawa! Wenn ich dein gedenke und des Aromas, das du auf die Zunge brachtest, so vollzieht mein Gesicht die

Mimik des verabscheuenden Entsetzens, der Gaumen schluckt in verkehrter Richtung, der Magen gurrt und meine sämtlichen animalen Organe machen Miene des energischsten Protestes. Eines Morgens — es war der 12. Juli — sah ich meine gastfreundliche Wirtin emfig mit Schaben einer goldgelben Wurzel beschäftigt; das Geschabsel wurde mit Wasser umgerührt und mir mit wohlwollender Miene zirka ein Schoppen der dick-gelben Brühe zu sofortigem Verschlucken präsentirt. Alles Husten, Räuspern und Protestiren nützte nichts; wollte ich nicht beleidigen, so mußte ich gehorchen. Sokrates hat vor 2200 Jahren seinen Schierlingsbecher mit größerer Gemütsruhe geleert als ich den Tumulawatraut in Batavia. Voll grimmiger Verzweiflung stürzte ich den gelben Ganzen bis auf die Nagelprobe, als Sühne für viele auch nicht besonders schmackhafte Tränklein, die ich meinen armen Patienten daheim hie und da zugemutet hatte. Mein weiblicher Leibarzt kontrollirte gewissenhaft mein Befinden und gewahrte mit Stolz und sichtlicher Befriedigung die augenfälligen Heilerfolge ihrer Medikation. Denkt man sich die Seekrankheit mit 10 Löffeln Rizinusöl kombinirt, so kann man sich eine ungefähre Vorstellung von meinem damaligen Seelenzustande machen. Und daneben noch die Verpflichtung, ein dankbares Gesicht zu schneiden! Das war zu viel für einen schwachen Menschen, wie mich; zudem war ich nicht nach Batavia gekommen, um den ganzen Tag innerhalb der vier Mauern zu bleiben und so verzichtete ich fürderhin auf die Heilmethode und ihre günstigen Aussichten, ließ mir jeden Morgen den gelben Schoppen aufs Zimmer bringen und schüttete ihn jedesmal gewissenhaft in den Garten, nachdem ich vorher den Versuch gemacht, den Affen damit eine kleine Freude zu bereiten. Die zwei Vierhänder, die sonst in ihrem gegenseitigen Brodneide alles Mögliche und Unmögliche zusammenfraßen, schnitten aber beim ersten Schluck ein pitoyables Gesicht voll des schmerzlichsten Bauchwehs und kehrten dem Reste den Hintern. — Schließlich war ich banu so ehrlich, meiner werktätigen Heilkünstlerin den kleinen Betrug einzugestehen und sie ihrer ferneren Mühe zu entheben.

Den ersten Vormittag meines Aufenthaltes in Batavia benützte ich dazu, mir die Schätze des dortigen Museums anzusehen. Das Museum ist am Koningsplein gelegen, ein schöner Säulenbau in Hufeisenform, und enthält auf seiner ethnologischen Abteilung eine möglichst vollständige Sammlung aller Kunstprodukte der Völkerschaften des niederländisch-indischen Archipels. Die zahllosen Gegenstände sind nach den verschiedenen Inseln, von welchen sie stammen, geordnet und so findet man abteilungsweise die kulturgeschichtliche Entwicklung der Einwohner von Sumatra, Java, Borneo, Celebes, Timor, den Molukken und Neu-Guinea aufs schönste und interessanteste illustrirt. Meine große Bewunderung erregte ein Doppelgebläse, konstruirt aus zwei Bambusrohren, aus welchen durch Pumpenbewegung Luft herausgepreßt wird. Die Kolben sind durchbrochen, d. h. enthalten Klappenventile, die sich beim Heben des Kolbens öffnen, beim Niederdrücken schließen. Eine passende Hebelvorrichtung erlaubt eine alternirende Bewegung der durch Stangen mit ihr verbundenen Kolben, so daß ein beständiger Luftstrom, ein kontinuirliches Gebläse, entsteht. Diese scharfsinnige Erfindung ist mehr als 1000 Jahre alt und wurde auf den Sunda-Inseln zum Ausschmelzen der Eisenerze benützt. Interessant ist die Tatsache, daß die Bewohner Madagaskars sich seit denkbarer Zeit dieses nämlichen Apparates zum gleichen Zwecke bedienen. Es ist dies eines der verschiedenen Argumente für die Ansicht, daß Madagaskar, so sehr es räumlich von der Sundawelt getrennt ist, doch von dort aus bevölkert wurde, ja, daß vielleicht der ganze indische Archipel mit Vorder-Indien, Ceylon und Malakka einerseits, Madagaskar und Afrika anderseits einst einen gewaltigen Kontinent gebildet habe. Man gab diesem hypothetischen ungeheuren Erdteile den Namen Lemuria wegen der überall in den genannten

Ländern und ausschließlich dort vorkommenden Halbaffen (Lemuren), welche auffallende Uebereinstimmung in der Fauna gänzlich getrennter Erdstriche zuerst den Gedanken an ihren einstigen Zusammenhang geweckt hatte.

Nirgends besser als im Museum zu Batavia sieht man, welche fast unbeschränkte Verwendung die wichtigste Pflanzenform der Tropen, der Bambus, findet. Er gehört bekanntlich zu den Gräsern, wird über 80—100 Fuß hoch und erreicht einen Stammdurchmesser bis zu 8 und 10 Zoll. Es ist eine sofort in die Augen fallende Eigentümlichkeit der heißen Zone, daß sie von manchen auch bei uns vorkommenden Pflanzen- und Tiergattungen riesige Repräsentanten besitzt: Die Gräser vertritt der Bambus; unsere zierlichen Eidechsen wiederholen sich als Krokodile, die Schlangen als 25 Fuß lange Ungetüme; das Geschlecht der Katzen ist durch den Tiger repräsentirt; Schmetterlinge finden sich bis zu 1 Fuß Querdurchmesser, Fledermäuse von der Größe eines Hundes zc.

Die riesigen, aber bis zur größten Feinheit sich zuspitzenden Halme des Bambus biegen sich sanft unter der Last der Zweige und der grünen, lanzettförmigen Blätter und es gehört eine Bambusgruppe zu den anmutigsten Erscheinungen in der Pflanzenwelt. Die sehr festen und haltbaren, röhrenförmigen und durch Zwischenwände in regelmäßige Abstände abgeteilten Stämme liefern ein vorzügliches Baumaterial, funktioniren als solide Balken. Dann sieht man eine Menge Waffen: Lanzen, Bogen, Pfeile, aus Bambus verfertigt. Die verschiedenen Hausgeräte sind erst gar nicht aufzuzählen: Möbel aller Form, Matten, Leitern, Wassergefäße, Kochgeschirr, Pfeifen, Musikinstrumente — alles ist aus Bambus hergestellt. Modelle von hängenden und schwimmenden Brücken, von Booten, Wasserleitungen zc. bezeugen im weitern die allseitige Verwendbarkeit der köstlichen Pflanze, welche zudem den großen Vorteil bietet, daß sie nicht etwa — wie Bauholz — erst ausgetrocknet werden muß, sondern sofort nach dem Schlagen verarbeitet werden kann. Der Bambus — dieses herrliche Geschenk der Natur für die Völker der heißen Zone — hat offenbar auf die kulturgeschichtliche Entwicklung derselben den mächtigsten Einfluß ausgeübt. Waren doch manche wichtige Erfindungen durch den äußerst zweckmäßigen Bau dieser Pflanze sehr nahe gelegt.

Von Musikinstrumenten enthält das Museum eine reichhaltige Sammlung; dieselben sind zum Teil höchst originell und einfach. Da ist vor allem das Gong, eine oder mehrere ungeheuere Metallplatten oder auch -Kessel, die an einem Holzgerüste aufgehängt sind und mit einem Hammer angeschlagen werden. Der dumpf dröhnende Ton des Gong übertrifft an Stärke alle andern Instrumente. Das Gambang ist eine Art Harmonika, die aus 16 hölzernen Brettchen oder metallenen Platten verschiedener Größe besteht: Sie liegen über zwei Bambustragbalken und tönen durch Anschlagen mit kleinen Hämmern. Gestimmt sind sie nach unserer C-Dur-Tonleiter, aber mit Weglassung der halben Töne, so daß 1½tonwertige Intervalle zu stande kommen (c, d, e—g, a—c, d, e—g, a u. s. f.). Unter den Platten sind zur Verstärkung des Tones Resonanzröhren aus Bambus angebracht, die aber alle, ohne Rücksicht auf die zugehörige Platte, übereinstimmende Länge zeigen. Die Javaner scheinen sich also die Erfahrung noch nicht zu Nutze gemacht zu haben, daß abgestimmte Resonatoren den Ton besser verstärken als beliebige. Viele dergleichen Instrumente zusammen formiren einen Gamelang, ein javanisches Orchester, das bei keinen festlichen Gelegenheiten und an keinem fürstlichen Hofe fehlt, und dessen Direktor ein zweisaitiges, geigenartiges Instrument, das Rebab, spielt. Die Saiten sind in der Quart abgestimmt und werden mit dem Bogen gestrichen.

Drei Stunden Aufenthalt in einem Museum der Tropen ist

eine Leistung; ich hatte plötzlich genug gesehen und geschwitzt und verlangte ins Freie. Der Weg dorthin führte über die Leiber einiger malayischer Wächter, welche mir freundlich die Hand entgegenstreckten und — ein Trinkgeld verlangten. Was doch die Leute rasch zivilisirt sind!

Vor dem Museum steht inmitten eines Rasenplatzes auf granitnem Postament ein Elefant aus schwarzem Marmor, ein Geschenk des Königs von Siam, der zwei Jahre zuvor auf eigenem Schiff nach Batavia gekommen und von der Stadt äußerst gastfreundlich aufgenommen worden war. Der ganze Platz ist mit Sinnpflanzen bewachsen (Mimosa pudica). Dieses reizende Unkraut von freundlich-grüner Farbe und zarter Blattform hat die Eigenschaft, bei der leisesten Berührung seine gefiederten Blätter zusammenzufalten und die Blattstengel zur Erde zu senken. Dadurch werden die untern Blattseiten, die bisher dem Boden zugekehrt waren, dem Auge sichtbar und die ganze Pflanze erscheint anders gefärbt. So kommt es, daß beim Gehen über einen mit diesen Mimosen bewachsenen Boden der zurückgelegte Weg als breites, grau-grünes Band noch längere Zeit sichtbar ist, ähnlich der Bahn eines Schiffes auf ruhiger Wasserfläche.

Die vielen teils privaten, teils öffentlichen Gebäude, welche außer dem Museum am Koningsplein liegen, sind alle holländischen Ursprungs. Dagegen erinnern einige gewaltige Bauten z. B. auf dem mit einem steinernen Löwen gezierten Waterlooplatz daran, daß das Regiment über Java einst in englischen Händen lag. Bekanntlich waren die Portugiesen die ersten Europäer, welche zu Ende des 16. Jahrhunderts Handelsverbindungen mit verschiedenen javanischen Fürsten angeknüpft und sich dieselben bald untertan gemacht hatten. Aber den Eingebornen war der fanatische Religionseifer, mit dem portugiesische Jesuiten sie zu bekehren suchten, unbequem und sie sahen es gerne, als die ersten Eroberer anno 1594 durch die Holländer verdrängt wurben, welche in der Folge keine religiöse Propaganda dulbeten und auch die bisherigen Gesetze und Gebräuche des Laubes un= angetastet ließen. — Dieses auch jetzt praktizirte Verfahren be= deckt die im übrigen äußerst eigennützige und nur auf den eigenen Beutel bebachte holländische Kolonisationspolitik mit einem menschenfreundlichen Mäntelchen, welches dem fernerstehenden Europäer und manchem naiven Eingebornen die wahre Tendenz verbirgt. Ich werde bei späterer Gelegenheit noch darauf zurück= kommen. Zu Anfang dieses Jahrhunderts wurde der ganze indische Archipel, 1811 zum Schlusse auch noch das herrliche Eiland Java von den Engländern erobert; dieselben bewiesen sich sofort als ausgezeichnete Kolonisatoren und Administratoren und es fand zwischen ihnen und den Eingebornen ein herzliches Einvernehmen statt. Aber 1824 fiel Java nebst den benachbarten Inseln durch Vertrag wieder an Holland zurück. Viele blutige Auf= stände, die balb barauf stattfanden, zeigten die Unzufriedenheit der Eingebornen über diesen Wechsel und wenn jetzt auch seit Jahren Ruhe im Lande herrscht, so lebt der Haß gegen die europäischen „Bebrücker" doch fort und wird hauptsächlich genährt durch jene Mekkapilger, welche — vom heiligen Grab in ihr Land zurück= gelehrt — sich durch diese Pilgerfahrt den Titel und das Ansehen von Priestern erworben haben und in dieser einflußreichen Stellung, mit großem Erfolg den Kampf gegen die „christliche Thrannei" prebigen. Die herrschende Religion auf Java ist der Islam; aber erst zu Eube des 14. Jahrhunderts wurde er durch ma= lanische und arabische Geistliche eingeführt; vorher waren die Javaner Bubbhisten und Brahmanen; prächtige Ruinen bubb= histischer Tempel geben Zeugnis von der hohen Kunstfertigkeit der alten Einwohner; literarische Werke in der alten religiösen Sprache des Volkes, dem sogenannten Kawi, dokumentiren die bamalige hohe Entwicklungsstufe des Geistes; und in der ethno= logischen Sammlung des Museums ist deutlich zu sehen, wie viel

talentvoller und erfindungsreicher die alten Javaner waren als
die heutigen stupiden, unter europäisches Joch sich fügenden Ein=
wohner der tropischen Insel. — Auch ohne genauere Kenntnis
der Lehren Buddhas und des Brahmanismus einerseits und
Mohammeds anderseits müßte man aus dieser einzelnen in die
Augen fallenden Tatsache erkennen, wie ungleich höher das
Religionsgebäude der alten Inder steht und wie unendlich mehr
es die Völker für die Segnungen der Zivilisation zugänglich
macht als die sinnlichen Suren des Korans.

Auf dem Rückweg vom Museum besuchte ich in Kebon=Siri
ein mohammedanisches Gotteshaus. Eine ödere, elendere Stätte
zur Verehrung Gottes habe ich nie gesehen. Nur die Größe der=
selben und der dazu gehörige freie Platz zeichnete die windschiefe,
lotterige Bambushütte vor den miserablen Wohnungen der Ein=
gebornen aus. Um Eintritt zu erhalten, wendete ich meine Schritte
in eine nebenan stehende, halb verfallene Hütte, welche mir als
Schulhaus vorgestellt wurde. In Wahrheit bestund sie aus dem
sehr primitiven, von Hühnern bevölkerten Wohnraume des Lehrers
und einer daran stoßenden offenen Remise, dem „Schulzimmer“,
einem schmalen Riemen, in welchem kaum zehn Schüler Platz finden
konnten. Stühle und Bänke fehlten; als Sitzplätze für die Lern=
begierigen diente eine aus Bambus geflochtene Hürde, worin als
stumme Zeugen für den heutigen Fleiß einige zerrissene und be=
schmutzte Bücher — die wichtigsten Satzungen des Koran in ma=
layischen Typen enthaltend — unordentlich durcheinander lagen.
Den Fußboden bildete die Mutter Erde und einige Hühner gaben
sich Mühe, festgetretene Speiseüberreste emsig herauszuscharren. —
Der Schulmeister hockte nach vollbrachtem Tagewerk vergnügt
nebenan und kaute Siri. Ich eröffnete mein Begehr; schweigend
erhob sich der Erzieher der Jugend, spritzte mit Hochdruck einen
Eßlöffel voll rotbraunen Speichels zwischen den Zähnen hervor
an die Wand und hieß mich folgen. Das Innere des Tempels

bestand in einem äußerst kahlen, viereckigen, mit Reisstrohgeflecht
bedeckten Raume, dem alle und jede Dekoration fehlte, mit rühm=
licher Ausnahme eines Paares nasser Hosen, das der Schulmeister
an einem querüber gespannten Seile zum Trocknen aufgehängt
hatte. Aber nicht einmal das vermochte mich andächtig zu stimmen;
mir ward so öd zu Mute in dem trostlos kunstleeren Gehäuse
und ich dachte wehmütig der herrlichen indischen Tempel, in
welchen sich tausend Jahre früher die alten Javaner erbaut
hatten und jammerte im Stillen über diesen Rückschritt und die
Entfremdung vom Christentum, dem sie ciust so viel näher ge=
standen.

Für die Bildung des javanischen Volkes wurde bis in die
neueste Zeit von den Holländern gar nichts, oder doch sehr wenig
getan, natürlich! Es liegt ja nicht im Interesse des holländischen
Geldbeutels, daß die Eingebornen auf eine höhere Entwicklungs=
stufe gelangen, auf welcher Selbstbewußtsein, Menschenwürde und
Freiheitsgefühl erwachen könnten. Je dümmer und ungebildeter,
desto williger unter das Joch des europäischen Usurpatoren. —
Das Verbot gegen die Propaganda des Christentums basirt auch
nicht auf der Pietät für die hergebrachten religiösen Anschauungen
der Javaner, so schön sich das anhört, sondern auf der eigen=
nützigen Befürchtung, es möchte der herrliche Kern des Christen=
tums, das Prinzip der Nächstenliebe und die Lehre von der
Gleichheit der Menschen, Früchte tragen, die den jetzigen Besitzern
und willkürlichen Herren des Landes verhängnisvoll werden
könnten.

Da verfahren die Engländer in ihren Kolonien ganz anders;
sie lassen sich das geistige und leibliche Wohl der Eingebornen
sehr angelegen sein, sorgen für vorzügliche Schulen und trachten
auf alle Weise darnach, ihren 240 Millionen Hindus und Ma=
layen diejenige Freiheit zu verschaffen, die der Mensch erst durch
Bildung, Sitte und Gesetz haben kann und zu welcher er sorg=

fältig erzogen werden muß. Und das tun sie angesichts der Wahrscheinlichkeit, daß dieses Freiheitsgefühl einst ein nationales Element der Inder und die Triebfeder zur vielleicht baldigen Loslösung Britisch = Indiens von England werden wird, zur Bildung eines selbständigen, unabhängigen Staatswesens.

Die Asiaten holländischer Herrschaft sind „freie Männer" in anderem Sinne. Sie haben keinen Religions= und Schulzwang, d. h. sie dürfen nach wie vor stupid und dumm bleiben, keinen Impfzwang, d. h. sie liefern, wie vor Zeiten, ein gehöriges Kon= tingent Geblatterter und Blinder 2c.

Von welchem Standpunkte aus die Holländer das Geschäft des Zivilisirens betreiben, erhellt aus einer gesetzlichen Verfügung vom Jahre 1883 (!), wonach es den Chinesen auf Java ver= boten ist, ihre Kinder in höhere Schulen zu schicken. Furcht vor der chinesischen Konkurrenz und die Ueberzeugung, daß die Bildung der Untergebenen die höchste und für die holländische Geldbeutelpolitik gefährlichste Macht ist, haben diesen Paragraphen geschaffen, der wohl in der Gesetzgebung der zivilisirten Völker unseres Jahrhunderts einzig dasteht. Die vornehmen Chinesen wissen sich aber zu helfen; sie senden ihre Kinder nach Singapore oder anderen englischen Kolonien, wo die Bildung nicht als Monopol der europäischen Rasse angesehen wird und die Tore der Lehrgebäude für jedermann offen stehen.

V.

Auf den Abend hatte Herr Z. eine Gesellschaft zu Tische geladen. Außer unserm Konsul, Herrn D., und dem vergnügtesten und fidelsten aller Eidgenossen in Batavia, Herrn T. aus Winter-thur, erschienen verschiedene Verwandte von Frau Z., lauter Halb-blut (durch Kreuzung von Europa mit Asien entstanden), das den europäischen Gesichtsschnitt und die hohe Stirne mit den üppigen Formen, der Haarfülle und den brennenden Augen der Tropen paarte. Diese Mischlinge, deren es auf Java — wie überhaupt in Indien — eine große Menge gibt, zeichnen sich im allgemeinen neben ihrer physischen Vollkommenheit durch hervorragende Geistes-armut und rein materielle Richtung aus. Wo das Gespräch über Essen und Trinken und die kleinen Unannehmlichkeiten des täglichen Lebens hinausgeht, erlischt ihr Interesse und ihr Mund verstummt. Die zum Teil gar nicht, zum Teil halbgebildeten Leute, welche — die Männer wenigstens — meist elend bezahlte Schreiberdienste bei der Regierung versehen, blicken aber mit großer Verachtung auf die Eingebornen herab und leisten in Toilette fast mehr als die Europäer selbst. — — Auf der reich besetzten Tafel paradirte u. a. auch eine gewaltige Schüssel mit Gurkensalat, den Frau Z. eigenhändig und in prima Qualität angerichtet hatte. — Ich stutzte anfänglich über dem „gefährlichen Gericht" zu einer Zeit, da die Cholera gerade ziemlich heftig graffirte und auch unter den Europäern Batavias Opfer forderte; aber man aß männiglich so munter drauf los und die freundliche Wirtin beteuerte so

zuversichtlich, daß gut gepfefferter Gurkensalat zur Cholerazeit
nicht nur unschädlich, sondern sogar sehr gesund sei, daß ich
schließlich auch Bedeutendes in diesem Artikel leistete. — Die
Cholera erlischt in den Quartieren der Chinesen und Malayen
Batavias gar nie; wenn man aber sieht, in welchen Misthöhlen
die Asiaten daselbst leben, welch verpestete Luft sie einatmen,
welche zweifelhafte Brühe sie unter dem Titel Wasser massenhaft
zu sich nehmen und wie unmäßig sie im Genuß von oft nur
halbreifen Früchten sind, so läßt sich dies begreifen. — Die ge-
regelte Lebensweise der Europäer, ihre luftigen, in schönen Gärten
gelegenen, dem Klima vortrefflich angepaßten Wohnungen, die
Reinlichkeit und sorgfältige Hautkultur, die Scheu vor unge-
reinigtem Wasser — dies sind die Momente, welche sie inmitten
eines Choleraherdes die meiste Zeit seuchefest machen und die
nämlichen Momente bilden gewiß auch bei uns den Hauptschutz
gegen die mörderische Krankheit.

Bis spät in die Nacht hinein blieben wir beisammen sitzen;
wie oft hatten wir unser Ohr dem lebendigen Anekdotenalmanach
und köstlichen Possenreißer Herrn T. aus Winterthur zuzuwenden!
Er trug ziemlich derb auf, denn die Halbeuropäer verstanden ja
kein Deutsch und zur Motivirung unseres schallenden Gelächters
hatte er stets ein unschuldiges Mädchensekundarschul-Witzchen in
Bereitschaft, das er den andern Gästen in holländischer Sprache
vorerzählte.

Andern Tags holte mich Herr Konsul D. mit seinem Zweigespann zu einer Fahrt in den zoologischen Garten ab. Leider
spürt man diesem Institut auf jeden Schritt den Geldmangel an.
Die klimatischen Bedingungen für das Aufziehen jener Tiere, die
bei uns mit aller erdenklichen Sorgfalt und Mühe gehegt und
gepflegt werden müssen, sind daselbst natürlich vorzügliche; aber
die Anlage des Gartens ist eine sehr mangelhafte; es wird nicht
einmal gehörig für Instandhaltung der Wege gesorgt und die

überreiche Vegetation, deren Willkür keine Zügel angelegt sind, sieht stellenweise aus wie gigantisches Unkraut, das im Urwald imponiren würde, zwischen von Menschenhänden gezogenen Wegen aber unangenehm auffällt. Die Behälter für die Tiere sind äußerst dürftig und machen alle den Eindruck der Unzulänglichkeit.

Die prächtigsten Raubtiere befinden sich in kleinen, vergitterten Holzkästen und es ist ihren natürlichen Lebensgewohnheiten in keiner Weise Rechnung getragen, was doch an dieser Stelle so leicht möglich wäre, unendlich leichter als in der gemäßigten Zone. Der zoologische Garten zu Batavia kann denn auch, was Ausstattung anbetrifft, keinem der europäischen an die Seite gestellt werden. Dagegen sind daselbst verschiedene Tierspezies in wahrhaft herrlichen Exemplaren vorhanden. So stach mir vor allem ein gegitterter Pavillon in die Augen, der um einen Baumstamm errichtet war und in welchem vier ausgewachsene Orangutans ihr Wesen trieben. Als wir uns näherten, streckte der größte darunter und offenbar auch der Alterspräsident, der von den übrigen mit ziemlichem Respekt behandelt wurde, einen vier Fuß langen, haarigen Arm zwischen den Gitterstäben uns entgegen und präsentirte gutmütig seine biedere Rechte zum Gruß. Ich reichte dem naturhistorischen Vetter die meinige, die er verständnisinnig schüttelte, um gleich darauf zu einem zweiten Traktandum, zum Betteln überzugehen. Leider verfügte ich über nichts Eßbares und offerirte — aus Mangel an etwas Besserem — ein am Boden liegendes Bambusrohr. Der Herr Orangutan senior zog es vorsichtig in seine Behausung hinein, prüfte es auf alle Weise, beschnüffelte es, guckte dadurch, wie durch ein Teleskop, in die Höhe, hielt es wie ein Trinkgefäß an seine weit vorgestreckten Lippen, in der Hoffnung, es möchte wenigstens etwas Flüssiges darin verborgen sein und warf es schließlich mit einem verachtungsvollen Seitenblick auf den Geber dieser zweifelhaften Gabe zur Seite. — Während dieser ganzen Zeit hatten die drei übrigen

Orangutans als aufmerksame — fast andächtige — Zuschauer funktionirt. Jetzt machten sie sich aber an den weggeworfenen Gegenstand und wiederholten in komischer Weise die Untersuchungen ihres Vaters oder Großvaters. Da aber stets ihrer drei gleichzeitig das Nämliche vornehmen wollten, kriegten sie bald Händel und prügelten sich. Der Alte machte dem Streit und Lärm ein Ende, indem er das Corpus delicti zu Handen nahm und sich in raschem und festem Entschlusse darauf setzte, so daß den drei Streitenden nur noch das Riechen übrig blieb.

Die Menschenähnlichkeit des Orangutans ist keine auffällige, denn der kurze Kopf, der unverhältnismäßig große Bauch, die langen, bis zu den Füßen herabhängenden Arme sind zu bedeutende Differenzen; und mit seinem sogenannten aufrechten Gang ist's auch nicht weit her. Dagegen zeigt die Physiognomie eines andern Affen, von welchem der zoologische Garten zu Batavia zwei prächtige Exemplare besitzt, eine überraschende und komisch wirkende Menschlichkeit. Es sind dies die Nasenaffen von Borneo, mit roten Wangen und fleischfarbiger, langer, spitzer Nase, die etwas nach oben umgestülpt ist. Der Anblick dieser Tiere reizt unwiderstehlich zum Lachen; das mimische Spiel der Gesichtsmuskeln gleicht demjenigen des Menschen; überaus komisch war die Entrüstung, welche die beiden Affen zeigten, nachdem ich ihnen eine Frucht präsentirt und wieder weggenommen hatte, als sie eben zugreifen wollten. Die Stirne wurde gerunzelt; die Lippen verlängerten sich rüsselartig nach vorn; die Vorderhände holten aus wie zu einer Ohrfeige und der Kopf wurde halb seitwärts gedreht, wobei die Augen wütend zu uns hinüberschielten.

Zwanzig Schritte von diesen Affen entfernt schlich ein gewaltiger, erst Tags zuvor eingebrachter Königstiger an der hintern Wand seines Käfigs knurrend auf und ab. Als wir uns näherten, warf er sich brüllend und zähnefletschend an die Gittertüre uns entgegen, so daß wir beide erschreckt zurückfuhren. Das herrliche

und noch vollständig ungezähmte Tier maß vom Kopf bis zum
Schwanze gewiß drei Meter. In Djandjoer, einer Ortschaft im
Innern Javas, kam mir später ein Tigerfell zu Gesicht, dessen
Länge 3,75 Meter betrug und ich begriff gut, daß ein solches
Tier im stande ist, mit einem halb ausgewachsenen Ochsen im
Maule über sechs Fuß hohe Palissaden wegzuspringen.

Unter den Vögeln fiel mir namentlich der in Java heimische
Nashornvogel auf, ein riesiger Repräsentant der gefiederten Welt,
dessen voluminöser Schnabel einen fast faustgroßen, hornartigen
Auswuchs zeigt. Das eheliche Verhältnis dieser Vögel basirt
nicht auf großem gegenseitigen Vertrauen; wenn die Frau Ge-
mahlin ihre Eier ausbrüten soll, so wird sie vom Herrn Gemahl
vollständig in einen hohlen Baum eingemauert, bis auf eine kleine
Oeffnung, durch welche er ihr die notwendige Nahrung zuführt.
Auf diese Weise bleibt auch dem faulsten und leichtsinnigsten
Weibchen nichts anderes übrig, als seine ehelichen Pflichten, wie
sich's gebührt, zu erfüllen. — Einen wertvollen und wichtigen
Vogel lernte ich ferner kennen in der Salaganschwalbe. Dieses
Tier ist äußerst geschätzt wegen seiner eßbaren und teuer bezahlten
Nester. Es nistet zu Tausenden in schwer zugänglichen Höhlen,
teils an den Kalkfelsen der javanischen Südküste, teils im Innern
des Landes. Viermal jährlich brüten die Schwalben und jedesmal bauen sie ein neues Nest; das Baumaterial besteht aus vege-
tabilischer Substanz, die durch Magenschleim und halb verdaute
tierische Stoffe (Mollusken und andere Seetiere) zusammengekittet
wird. Beim Ausbeuten der Nester, welches Geschäft mit großen
Gefahren verbunden ist, gehen jährlich mehrere Millionen von
der Brut, teils Junge, teils Eier, zu Grunde. Trotzdem vermindern
sich die Salaganschwalben — dank ihrer enormen Fruchtbarkeit
und hauptsächlich infolge einer gewissen, beim Nestersammeln
beobachteten Schonungsmaßregel — durchaus nicht. Die Chinesen,
die nach allem Unappetitlichen lüstern sind, bilden die Haupt-

konsumenten dieser eßbaren Schwalbennester und bezahlen 5 bis 6000 fl. per Pikul (125 Pfund). Der jährliche Ertrag macht über eine Million holländischer Gulden aus.

Von höchstem Interesse für den Naturforscher ist in den Tropen das Studium und die Beobachtung der Insekten, die in größter Mannigfaltigkeit und zahllos die Pflanzenwelt bevölkern. Speziell die Heuschrecken zeigen zum Teil sehr merkwürdige Eigenschaften. Einige Arten derselben sind so träge und so absolut wehrlos, daß sie in kurzer Zeit durch ihre Verfolger, die Vögel, ausgerottet werden müßten, wenn nicht die weise Mutter Natur ihnen mit einer Schutzvorrichtung zu Hülfe käme. Es sind dies die sogenannten Gespenstheuschrecken, der wandelnde Zweig und das lebende Blatt. Die erstern werden acht bis zwölf Zoll lang, sind flügellos und gleichen durch Aussehen, Farbe und Form, durch ihre kleinen Höcker an der Oberfläche, durch die Aehnlichkeit der Beingelenke mit kleinen Verzweigungen so vollkommen einem dürren Reis, daß das Auge nicht im stande ist, die lebenden Insekten und vom Baum gefallene Zweige von einander zu unterscheiden. Sie halten sich meist am Waldsaume auf und oftmals sieht man Ameisen ahnungslos über die scheinbar leblosen Dinger wegspazieren oder Vögel unmittelbar daneben ihre Nahrung suchen, ohne daß sie den leckern Braten entdecken. Das lebende Blatt hat die ungefähre Größe eines mittlern Blattes; die Flügel des Tieres sind geädert und gerippt wie Blätter und ihre grüne Farbe entspricht vollständig der Farbe der Pflanze, von welcher es lebt. Die Beine sind in der Ruhe unter den Flügeln verborgen und da das Tier bei Tag stille sitzt und nur des Nachts frißt, so ist es absolut unmöglich, dasselbe zu erkennen.

Von beiden beschriebenen Arten enthält der zoologische Garten in Batavia zahlreiche Exemplare auf einem von durchsichtigem Drahtgeflecht überdeckten Busche, die lebenden Blätter auf Kujavenzweigen. Ich sah anfangs nur eine Pflanze mit vielen gleichmäßigen Blättern, bis ich durch gelinde Erschütterung derselben Leben in die Szenerie brachte und zahlreiche Blätter sich von der Stelle bewegten und als Tiere entpuppten. Sogar kleine Schattirungen, Roftflecken u. f. w., wie sie auf den Blättern der betreffenden Pflanze gefunden werden, sind auch auf den merk- würdigen Tieren zu sehen, und es ist dies das vollkommenste Beispiel von Mimicry (b. h. von Nachahmung der Form und Farbe gewisser Organismen durch andere, welchen dieselben einen Schutz gegen ihre Verfolger gewähren), das mir je zu Gesicht gekommen ist.

Eingedenk eines Versprechens, das ich f. 3. einem verehrten akademischen Lehrer und Insektensammler in Zürich gegeben hatte, kaufte ich mir eine Anzahl dieser Gespenstheuschrecken; unverzeihlicher Weise wurden sie mir aber vom Verwalter des zoologischen Gartens in eine Cigarrenkiste zusammengepackt; ich hütete sie wie einen Schatz und trug sie sorgfältigft unter dem Arme nach Hause; wohl spürte ich unterwegs, daß die Tierchen sich — wie ich meinte — recht munter aufführten und emfig herumkrabbelten; aber wer beschreibt meinen Aerger, als ich beim Oeffnen der Kiste nur ein jämmerliches Schlachtfeld mit Trümmern vorfand. Kein einziges Tier war ganz geblieben, sie hatten sich alle gegenseitig die Beine und Fühler ausgerissen und mir blieb nur ein Sammelsurium von zuckenden Leibern und abgelösten Extremitäten. Ich brachte die Ueberreste meiner sechsguldenwertigen Errungenschaft den beiden Affen des Herrn 3., welche sich das unappetitliche Fressen ge- räuschvoll schmecken ließen und namentlich die langgestreckten, weichen, saftigen Leiber mit behaglichem Grunzen verzehrten. — Später fand ich Gelegenheit, den Verlust zu decken und konnte außer den genannten noch andere seltene Heuschrecken nach Europa senden.

Das Zimmer, das mir im gaftlichen Haufe des Herrn 3. zur Benützung überlassen war, sah nachgerade recht malerisch und

unordentlich aus. Sofa, Waschtisch, Stühle, Fußboden, ja sogar
das Bett waren überdeckt mit Büchern, Käfern, Schlangen,
javanischen Gerätschaften, Pflanzen, Steinen und frischer Wäsche,
die der Zimmerjunge sorgfältig und kunstvoll dazwischen aufgebeigt
hatte. Ueberall roch es nach Spiritus, Jodoform und Carbol-
säure; mit geschlossenen Augen glaubte man in einer Gifthütte
zu sein. Die vier Wände wüßten auch allerlei zu erzählen: In
stiller Nachtstunde, als alles im Schlummer lag und kein Laut
die tiefe Ruhe störte, habe ich beim Schein einer Petroleumlampe
und umschwärmt von blutgierigen Moskitos — meine Hosen
— das einzige nach Java mitgenommene Paar — geflickt.
Aber fraget nur nicht wie! Das Beinkleid grau, der Faden
schwarz, die Stopfkugel von der Größe eines Mannskopfes, hohl
und aus Porzellan. Nähere Benennungen ersterben mir auf den
Lippen. Andern Tags gewahrte ich mit Entsetzen, daß mein kurzer
Rock nicht reichte, die schwungvoll geflickten, aber fadenscheinigen
Partien zu bedecken, und von da an hegte ich Rücksichten und
Hintergedanken, die ich vorher nie gekannt hatte, die mir das
Sitzen in angenehmerem Lichte erscheinen ließen als das Stehen,
und die erst nach der Wiedervereinigung mit meinem Koffer in
Singapore aufhörten.

Die Tierstudien, die ich morgens im zoologischen Garten
gemacht hatte, konnte ich tagsüber fortsetzen. Ich fing nachmittags
im Garten des Z.'schen Hauses einige prächtige Chamäleons. Die
eidechsenartigen Tiere haben einen pyramidalen Kopf und einen
sehr langen dünnen Schwanz, mit dem sie sich an Zweigen aufhängen, um stundenlang unbeweglich auf Beute zu lauern. Eine
charakteristische Eigenschaft des Chamäleons ist das Vermögen, im
Nu seine Farbe zu wechseln. Die ursprünglich hellgelb schillernden
Tiere wurden beim Fangen blauschwarz. — Ebenso erbeutete
ich einen großen Skolopender oder Tausendfüßler. Die raupen-
artigen, ekelhaften Tiere haben eine schreckliche Waffe, zwei giftige,

scharf gekrallte, mit den Kiefern verschmolzene Füße (Kieferfüße), mit welchen sie ihre Opfer packen. Ihre Verletzungen können sogar dem Menschen gefährlich werden. Abends beobachteten wir eine Herde Galongs, d. i. fliegende Hunde, die wie riesige schwarze Früchte an einem Baume hingen. Herr Z. holte ein Jagdgewehr, legte an, senkrecht in die Höhe; auf den Knall entwich der Schwarm bellend, aber einer blieb zurück und am andern Morgen kletterte ein javanischer Diener auf die Baumkrone und holte das noch festgekrallte tote Tier herunter. Der Schrotschuß war ihm mitten durch den Kopf gegangen. Jetzt prangt das merkwürdige Vieh längst im natur-wissenschaftlichen Museum zu Frauenfeld.

Als ich Tags darauf in die alte Stadt ging, besuchte ich wieder jenen chinesischen Hof, in dem ich am Tage meiner Ankunft die lärmenden Hochzeitsfeierlichkeiten mit angesehen hatte. Dasselbe bunte Bild wie dazumal: Schauspieler, Musikanten und Gaukler in schweißtriefender Aktion und umlagert von einer vergnügten Volksmenge. Auf der Veranda der blasirte reiche Chinese mit der Cigarre im Munde! Es sah aus, als ob er seinen Platz nie verlassen hätte. An seiner Seite hockte eine runzelige javanische Kindswärterin, welche einen zirka dreijährigen Sprößling des vornehmen Hauses mit Reis stopfte. Der kleine Knirps war mit Seide und Gold reich gekleidet, hielt sich mit den Händchen am Fauteuil seines Papas fest und verschluckte unglaubliche Mengen von Reisballen, welche die schmutzigen Finger seiner Wärterin kunst- und mundgerecht formten. Dabei stampfte er vergnügt mit seinen dicken Beinchen den Boden und kümmerte sich wenig um den „Jahrmarkt" in seiner Nähe.

Abends hatte ich trotz energischsten Protestes meinerseits und trotz Berufung auf meine mangelhafte Touristengarderobe ein elegantes Familienfest mitzumachen. Es wurde der Geburtstag eines Verwandten von Frau Z. in dessen Hause gefeiert; etwa

40 Perſonen nahmen daran teil, außer Herrn Z. und einem
ſeit 20 Jahren in Batavia als Polizeipräfekt lebenden Deutſchen
alles Eingeborne und Miſchlinge und auch ein Neger. Die ganze
Geſellſchaft war in tabelloſer Toilette, befrackt, behandſchuht und
glißernd von Gold und Edelgeſtein. Aber manchem der jüngern
Männer ſah man die entlehnten, etwas zu kurzen oder zu
langen Hoſen an und um die Oberſchenkel des Negers flatterte
verzweifelt ein Paar langer Frackſchöße, die auch für andere Dimen-
ſionen berechnet waren. Ein Frack iſt mir ſtets ein Gegenſtand
des Gelächters und des ſpöttiſchen Mitleids, aber nie in der
Welt hat er mir einen komiſcheren Eindruck gemacht als in dieſer
Geſellſchaft. — Von auffallender Schönheit und Formvollendung
waren einige arabiſch-europäiſche Miſchlinge. Der dunkelbraune
Teint und die pechſchwarzen Haare paßten ganz gut zu den
wahrhaft griechiſchen Profilen.

Vor den hell erleuchteten Räumlichkeiten ſaß im Garten,
um einen Baum gruppirt, eine javaniſche Muſikbande, die zum
Tanze ſpielte. Es waren Künſtler britten Ranges, auch nach
aſiatiſchen Begriffen: Ein alter Geiger, zwei Klarinettiſten,
eine Tuba und zwei Trompeter. Im Gewoge des Tanzſaales
hörte man aber nur den Baß und die Klarinette. Die Muſik
war unter aller Kanone, die Temperatur in dem dicht angefüllten,
vierzigfältig aromatiſchen Tanzlokale zum Metallſchmelzen. Ich
ſchwiße jeßt noch, ſo oft ich an jene Situation denke. — Die
Hiße und die bewußten Beinkleider, die ich von Zeit zu Zeit
durch einen Seitenblick in einen hohen Wandſpiegel kontrollirte,
verboten mir, das Tanzgebein zu ſchwingen. Ich hatte übrigens
auch ſonſt nicht die mindeſte Luſt dazu. Nur Frau Z. durfte
ich — galant wie ich ſein ſollte — ein Wälzerlein nicht ab-
ſchlagen. Meine Befangenheit in Betreff des oben erwähnten
Gegenſtandes erlaubte mir aber nicht die freie Handhabung
meiner Glieder, und zu meinem Entzücken ſtellte mich meine

Tänzerin nach einigen fruchtlosen Bemühungen auf die Seite und erklärte, „sie bringe mich nicht herum." Ich dachte meiner- seits dasselbe und dankte dem Himmel, als ich wieder auf der Veranda saß. — Auf der Straße standen Hunderte von zer- lumpten Eingebornen und bewunderten in elenden Fetzen und vielleicht hungrig die nach außen glänzende Gesellschaft. Diese grellen Kontrastfarben stimmten mich bitter und unzufrieden.

Bei Tische war das blonde, aber hektisch aussehende Töchter- lein des deutschen Polizeikommissärs meine Nachbarin. Die Mutter des Kindes ist eine Eingeborne; trotzdem verrät bei ihm nur der gelbe Teint das asiatische Blut und herrscht das deutsche Element vor; es zeigte sich namentlich auch in einem Gefühl, das ich bei dem Kinde der Tropen nie vermutet hätte, einem sehnlichen Heimweh nach Deutschland. Der Vater des Mädchens hatte vor fünf Jahren seine 74jährige Mutter aus Deutschland nach Batavia kommen lassen. Die Großmutter aber, erfüllt von sehnlichem Verlangen nach der frühern Heimat, hatte ihrer Enkelin stets von dem schönen deutschen Vaterlande erzählt und so war die Sehnsucht nach deutscher Erde in das Kindesherz übergegangen. Ich fürchte, das zarte, durchsichtige Wesen mit der matten Stimme, dem trockenen Hüsteln und den fieberglänzenden Augen hat das Land seiner Träume nicht mehr zu sehen bekommen.

Unterdessen wurde es 3 Uhr morgens; noch immer tanzte man unverdrossen weiter; die Damen glühten; die Herren wedelten sich Kühlung zu mit ihren zierlich kleinen, rotgeränderten Sack- tüchern. Dem alten Geiger waren zwei Saiten gesprungen, der Klarinettist überschnappte im Ton und der Baß gab nur noch hie und da einen lebensmüden Laut von sich. Der schwalben- beschwanzte Neger stampfte einen Nationalsolotanz; im Speise- zimmer toastirte und applaudirte es wie ein Hagelwetter.

Plötzlich wurde mir die Welt langweilig; ich bat meine Gastfreunde, Herrn und Frau Z., um Urlaub und empfahl mich.

Ein Fuhrwerk brachte mich Gesellschaftssatten durch die dunkle Nacht in ³/₄=stündiger Fahrt nach Kebon-Siri, woselbst der alte, treue Hausdiener noch Wache hielt und mir ins Bett leuchtete.

Es bleibt mir nun noch übrig, von dem inhaltschweren, ersten Sonntage zu erzählen, den ich in Batavia verlebte und der deshalb besonders genußreich und interessant für mich war, weil Herr Z. — seiner geschäftlichen Verpflichtungen lebig — mir seine ganze Zeit widmete und mich in allen Winkeln und Ecken der merkwürdigen Stadt herumführte. — Nachher schnüren wir unser Bündel, lieber Leser, und reisen ins Innere des herr= lichen Eilandes Java; dort zeige ich Dir ein wahres Paradies.

VI.

Aromatische Ueberraschung. — Heimatliche Klänge auf fremder Erde. — Krakatau-Katastrophe. — Elend in Bantam. — In der Altstadt Batavia. — Chinesischer Leichenzug. — Ceremoniell in Trauerhäusern. — Barbier auf der Straße. — Riesenschildkröte. — Chinesisches Déjeûner. — Trödelkrambuden. — Glückliche Acquisition. — Opferstätte.

Das Erwachen am Morgen nach der schweißtriefenden Abend= gesellschaft war nicht gerade ein freundliches. Die Verpflichtung zu tanzen hatte sich im Traume fortgesetzt; aber wenn ich meine Gebeine in Bewegung setzen wollte, stolperte ich über ein Hinder= nis; das Hindernis war meine Tänzerin selber, und so oft ich zum Bewußtsein kam, umfaßten meine Hände krampfhaft die roßhaarene holländische Knierolle, welche der schlafenden Phantasie als Ballbame imponirt hatte. Als ich erwachte, war ich tobmüde und ein dünnes, aber beharrliches Kopfweh lagerte — gleich einem Nebel — auf den Wipfeln meines Haupthaares. Zu meinem Erstaunen wurde am Moskitonetze meines Bettes durch eine unsichtbare Gewalt lebhaft gezupft und gerissen. Ich vermutete meine Freundin, die junge Hauskatze, am Boden und wollte dem Spiele des niedlichen Tieres zusehen; da stieg ein infernalischer Duft in meine arme Nase. Ein halbverwestes Eichhorn, ein Bruchstück unserer vorgestrigen Jagdbeute, lag neben dem Bette und diente der Katze als Spielzeug. Es brauchte einige Mühe, dem Tiger en miniature das Aas zu entreißen; schließlich baumelte es aber an der Spitze eines langen Bambusstockes und flog in steiler Kurve zum Fenster hinaus, — aber acht Tage lang genügten weder Jodoform noch Carbol, die aromatische Erinnerung an das Eichhorn auszulöschen.

Während ich nach dieser ersten Sonntagsarbeit eine Cigarette rauchend auf dem Divan lag — vom Bette hatte ich vollständig genug — tönten mir aus dem benachbarten Salon die Harmonien des Zwyssigschen Schweizerpsalms „Trittst im Morgenrot daher" entgegen. Wie die zum Herzen drangen! Fern von der Heimat würdigt man am allerbesten die wahren, schönen, echten Vaterlandslieder und fühlt ihre Seele heraus. Zwyssigs innig begeistertes Lied und das Gottfried Keller-Baumgartnersche „O mein Heimatland" haben mich denn auch nie mehr gepackt als in der Fremde. Die Klänge entsprangen einem Klavier und davor saß — im Nachtkostüm — mein freundlicher Gastwirt Herr Z., der im Verlaufe des Sonntagsmorgens noch manche Schweizerweise aus dem Gedächtnis reproduzirte und mir dadurch — wie bei manch anderer Gelegenheit — zeigte, daß die Heimat in seinem Herzen noch immer einen bevorzugten Platz einnimmt.

Nach dem Frühstück fuhren wir tatendurstig von Kebon-Siri weg und besuchten erst einige der schönen Privathäuser, die im Besitze des Herrn Z. und an einige holländische Familien ausgemietet sind. Das eine davon ist mit viel Luxus erstellt und zeigt verschwenderische Verwendung von Marmor als Baumaterial. Wohl verzinst sich eine derartige Kapitalanlage ausgezeichnet; aber dem Besitzer kann oftmals angst und bange werden, wenn der vulkanische Boden Javas zu beben oder einer der vielen riesigen Bergschlöte zu speien anfängt. Denn eine Häuserversicherung gegen Erdbeben gibt es nicht. Als ich in Batavia weilte, waren die dortigen Einwohner noch in gelinder Aufregung; es hatte einige Wochen zuvor die Sonne plötzlich sich verfinstert; der Tag war zur halben Nacht geworden und aus unbestimmter Himmelsrichtung dröhnte und donnerte es wie eine Kanonade. Drei Tage lang dauerte das unheimliche und unerklärte Naturschauspiel; die Häuser zitterten und ihre Besitzer dazu. Alle die alten Vulkane, Gedeh, Salak u. s. w., wurden nachgesehen, aber ruhig befunden. Endlich kam ein englischer Segler von der Sundastraße her gefahren und meldete, das Meer sei dort über und über mit grauer Asche bedeckt und der Krakatau, eine vulkanische Berginsel, die seit hundert Jahren als ausgebrannt und tot betrachtet wurde, befinde sich in voller Eruption. Nachher beruhigte sich der Störefried wieder, aber nur um neue Kräfte zu sammeln für eine Katastrophe, wie sie die Welt noch kaum je gesehen hat und die Schrecken und Elend über die Südwestküste von Java brachte. Die gewaltige Revolution fand statt bald nachdem ich Batavia verlassen hatte, während ich in China weilte. Bei der Ueberfahrt nach Japan wurde uns während drei Tagen das eigentümliche Schauspiel, daß die Sonne als mattgelbe, glanzlose Scheibe am Horizonte auf- und niederging. Der ganze Himmel, namentlich intensiv aber der morgendliche und abendliche Horizont, zeigte eine merkwürdige, blendend gelbe Färbung, die einige Monate später in Europa überall und in gleicher Weise zu sehen war und über deren Erklärung die Gelehrten sich dort die Köpfe zerbrochen haben. Man konnte selbst mittags, ohne geblendet zu werden, direkt in die Sonne schauen; die Sonnenflecke ließen sich mit einem gewöhnlichen Feldstecher ganz deutlich beobachten.* Das eigentümliche Kolorit gab der Meerwelt ein ganz unheimliches Gepräge und das Unbehagen und die Angst der Bewohner unseres vom Sturme hin- und hergeworfenen Fahrzeuges wurde noch vermehrt, da der Kapitän — auf den bei solchen Gelegenheiten zur See aller Augen gerichtet sind — durchaus keine Auskunft zu geben wußte und selber etwas ängstlich; schien.

In Japan angekommen, trafen wir auch dort ziemliche Be= stürzung. Die Japaner meinten in ihrer naiven Auffassungs= weise, „die Sonne sei krank", und waren zahlreicher als sonst in den Tempeln, um drohendes Unheil durch Gebet abzuwenden. Erst in Yokohama erhielten wir durch den Telegraph die Kunde von den schrecklichen Vorgängen in der Sundastraße und es wurde außer Zweifel erachtet, daß die eigentümlichen Lichteffekte und die Verfinsterung der Sonne die Folgen gewesen seien von der in den obern Luftschichten schwebenden Asche des Krakatau, welche der zur Zeit herrschende Südwestmonsun in der Richtung nach Japan vorwärts getrieben hatte. — Als ich einige Monate später die nämlichen Farben am Horizonte wieder glühen sah, lag der Gedanke nahe, für die nämliche Erscheinung den nämlichen Ur= sprung anzunehmen, und die Erscheinung ist denn ja auch von einigen Gelehrten so gedeutet worden.

Ueber die gräßlichen Zerstörungen, welche die entfesselten Elemente in der Sundastraße anrichteten, ist in den Tages= blättern aller Länder einläßlich berichtet worden. Das arme Bantam! Zwei Jahre zuvor hatte in dieser Provinz die Rinder= pest geherrscht und Hunderttausende jener nützlichen Tiere, der zahmen Büffel, ohne welche keine Reiskultur möglich ist, deren Verminderung also immer auch Hungersnot bedeutet, mußten

---

* Bei dieser Gelegenheit lief mein eidgenössischer Ordonnanzfeldstecher einem Instrumente fabelhafter Größe, das ein chilenischer Reisender aus London mit= gebracht und dort mit 450 Fr. bezahlt hatte, den Rang ab.

getötet werden. Diese Kalamität zog eine andere, schwerere nach sich. Da die Riesenleiber der toten Büffel oft zu 200 und mehr in ein Massengrab zusammengeworfen und nicht immer sorgfältig zugedeckt wurden, gebar die verpestete Atmosphäre bösartige Fieber, welche im Verein mit Hunger und Elend an die hunderttausend Einwohner von Bantam töteten. Und kaum ein Jahr später kommt die Krakatau-Katastrophe, welche in ihren Folgen nicht weniger gräßlich ist als die früheren!

In der Altstadt Batavia angelangt, verabschiedeten wir unsern Wagen und gingen zu Fuß weiter. Es wäre auch anders nicht möglich, durch die engen Gassen in den Quartieren der Chinesen und Eingebornen durchzukommen; oft genug stellen sich sogar dem Fußgänger noch Hindernisse entgegen, die ihn zwingen, seitwärts in die Krämerbuden oder die offen stehenden elenden Wohnungen auszuweichen und eine Nase voll unbeschreiblicher Gerüche mit fortzunehmen, sei es, weil ein Lastträger die ganze Breite des schmutzigen und schmalen Weges beansprucht, oder daß ein Leichenzug — eine sehr häufige Begegnung — die Schritte des Passanten aufhält. Wir kreuzten denn auch die Transporte mehrerer Leichen von Chinesen wie von Eingebornen. Ohne alles und jedes Geleit wird der javanische Tote auf einer Bahre, nur mit einem bunten Tuche bedeckt, durch vier Inländer in scharfem, fast trabendem Gange vorwärts getragen; niemand kümmert sich um die Träger mit ihrer Last, die kein größeres Aufsehen erregt als ein transportirter Tuchballen oder ein Sack Kaffee.

Ganz anders sieht ein chinesisches Leichenbegängnis aus. Der Leichnam liegt — sorgfältig einbalsamirt — in einem ein- fach geschnitzten Sarge, gewöhnlich einem ausgehöhlten und ge- plätteten Baumstamm. Auf einer oft ungeheuer großen und fast haushohen Bahre, die mit weißen Tüchern behangen ist, wird er auf den Schultern von 30 bis 40 Chinesen vorwärts getragen, begleitet durch einen langen Zug von Angehörigen und Verwandten, in deren Kleidung die weiße Farbe (bekanntlich die Farbe der Trauer bei den Chinesen) vorherrscht. Vor dem Sarge her gehen phantastisch gekleidete, bis über die Ohren vermummte Klage-weiber, die aussehen wie wandelnde Kleiderständer. An der Spitze des Zuges wird an mächtig langer Stange eine kolossale Papier-puppe vorausgetragen, welche zur Abwehr der bösen Geister dienen soll; eine Unmasse kleiner, an Stöcken befestigter Figuren aus buntem Papier stellt das Korps der Diener für den Verstorbenen vor. Die ganze leichte Gesellschaft wird am Grabe verbrannt, d. h. nach der Vorstellung der Chinesen mit dem Toten ins Jenseits befördert. Unterwegs zur Leichenstätte werden von allen Begleitern zahlreiche Opfer gebracht; es knallt mannigfaches Feuer-werk, und Tausende von goldenen und roten Papierschnitzeln fliegen in die Luft und bezeichnen nachher als bunte Saat den Weg, den der Leichenzug zurückgelegt hat. Auch Gegenstände mannigfachster Art (Schweine, Fische, Früchte ꝛc.) werden in Papier ausgeschnitten und den Göttern geopfert; der praktische und haushälterische Chinese findet, daß ihn die Sache in Papier billiger zu stehen kommt, als wenn er sie in natura zu spenden hätte. Materiellere Opfer, Speisen und Früchte, welche den Göttern etwa angenehm sein könnten, sind allerdings auch ausgestellt; doch übt der Chinese die Praxis, dieselben schleunigst aufzuessen, nachdem die Götter keinen Appetit hiezu gezeigt haben; denn eßbare Gegenstände liegen und verderben zu lassen, geht gegen den Strich auch des frömmsten Zopfträgers.

Ganz besonders interessant war mir ein längerer Besuch, ein stundenlanges Herumflanieren im chinesischen Stadtviertel. Das ist ein Gewirr von eng zusammengepferchten verfallenen Hütten, von schmutzigen und vielfach gewundenen Gäßchen, von Kram-läden, Handwerkerbuden, von zerlumpten Kulis, von lärmenden nackten Kindern, schmutzigen Weibern, daß einem Hören und Sehen darüber vergeht. Jedes Haus ist auch ein kleines Waren-

magazin, dessen Artikel, Früchte, getrocknete Fische, Gewürze, alte
Gerätschaften zc., offen gegen die Gasse zu daliegen. Dazwischen
schwebt schwer und unbeweglich eine Luft, gegen welche die Riech=
nerven jedes einigermaßen zivilisirten Menschen des energischsten
protestiren. Dieses entsetzliche Gemisch von Knoblauch, Fischgeruch,
an der Sonne hängendem und mit Schmeißfliegen bedecktem Schweine=
speck, aashaft zersetzten Speiseresten, von allen erdenklichen Aus=
wurfsstoffen der Häuser (nein — der Misthöhlen), welche ihren
Weg durch die Gasse suchen, um sich schließlich einem halbfaulen,
stagnirenden Wasser beizumengen, dieses Duftkonzert alles Etel=
haften, durch das hie und da das penetrante Aroma von Ge=
würznelken oder atschinesischem Pfeffer einen Augenblick durch=
bringt, wie die Klarinette aus einem Haufen verstimmter Blech=
instrumente, wird meine arme Nase ihrer Lebtag nicht vergessen.
Da muß man sich nicht wundern, wenn die Leute wegsterben wie
die Fliegen und wenn die Cholera und andere epidemische Krank=
heiten nie aufhören.

Hie und da sah ich vor einer chinesischen Wohnung einen
halbverkohlten, noch rauchenden Holzblock liegen. Herr Z. erklärte
mir, daß in den betreffenden Häusern jemand gestorben sei. Es
herrscht nämlich bei den Chinesen die Gewohnheit, einen Toten
so lange im Hause zu behalten, bis ein zum Stimmen gebrachtes
Stück Holz, ein Baumstamm, vollständig verkohlt ist. Reiche Leute
ziehen diesen Termin möglichst in die Länge, bis zu 40 Tagen,
und haben für jeden Tag, der über die sanitätspolizeilich ver=
fügte Zeit von zwei bis dreimal vierundzwanzig Stunden hinaus=
geht, große Summen an die holländische Regierung zu bezahlen.
Ist ein chinesisches Familienglied gestorben, so wird es sorgfältig
angekleidet, bei den Reichen mit Seide, Gold und Edelstein förmlich
überdeckt und in einen Lehnstuhl gesetzt. Daneben plazirt man
einen Tisch mit all den Lieblingsgerichten des Verstorbenen, wobei
Reis, Theekrug und Tabakspfeife nicht fehlen dürfen. Niemand

jammert oder klagt und wer ins Haus kommt, muß sich wohl hüten von einem Toten zu reden, sondern er hat sich zu erkundigen, wie es dem Kranken gehe, ob er gut bei Appetit sei u. s. w. Am britten Tage endlich legt man den hartnäckig die Speisen versagenden Gestorbenen in den Sarg. Dann erst geht das Weh= klagen und Jammern an. Die Außenseite der Häuser wird nun — wie ich häufig zu sehen Gelegenheit hatte — mit weißen Tüchern und kunstvoll geschnitzelten Papierlaternen behangen und des Opferns und Feuerwerkerns wird kein Ende. Es ist überhaupt unglaublich, was die Chinesen darin leisten: kaum eine einiger= maßen wichtige Tätigkeit wird begonnen ohne Piff=paff=puff und Papieropfer; Fischer und Schiffer feuerwerkern, um die Wasser= götter günstig zu stimmen; der Reisende, bevor er sich auf den Weg macht; der Dieb und Mörder, um des Gelingens seiner Anschläge sicher zu sein. Goldpapier und Pulver werden denn auch bei den Chinesen in ungeheurer Quantität gebraucht.

Wir blieben stehen bei einem Barbiere, der einem seiner Landsleute mit einem schartigen und schmutzigen Messer die nötige Toilette machte. Gesicht und Schädelbach wurden — bis auf die Ursprungsstelle des Zopfes — kahl rasirt; dann nahm der chinesische Coiffeur den Kopf des Klienten zwischen seine Kniee und reinigte ihm sorgfältig Nasenlöcher und Ohren vermittelst metallener Häkchen und Löffelchen, die er wie einen Malerpinsel und nicht ohne Eleganz zu handhaben wußte. Ich warf einen Blick ins tiefste Innere des noch ungereinigten Chinesenohres; „doch der Mensch versuche die Götter nicht, und begehre nie und nimmer zu schauen, was sie gnädig bedecken mit Nacht und mit Grauen.“

Eben wurde ein brüllender Junge hergebracht, der sich einen Fruchtkern in die Nase geschoben hatte. Der Barbier steckte ohne Umstände den kleinen Kopf in den Schraubstock, d. h. zwischen seine Kniee, und beförderte das corpus delicti sehr rasch mit einer langarmigen Zange ans Tageslicht. Die Operation wurde ihm mit 25 Cents (zirka 60 Rappen) honorirt.

Alle Augenblicke wurden wir in den schmalen Gassen ge= pufft, um Platz zu machen; einmal waren es zwei halbnackte, schmutzige Kulis, die von weitem schon um Passage brüllten. Sie kamen im Trabe und unter unaufhörlichem Geschrei her= gerannt und trugen schweißtriefend an einem Bambusrohre eine Riesenschildkröte auf den Schultern, wie weiland Josua und Kaleb die Weintraube aus Kanaan. Das Tier war lebend und mit einem durch den fleischigen Schwanz gebohrten Stricke am Bambus= rohre aufgehängt, so daß der Kopf senkrecht nach der Erde hing; die klugen Augen betrachteten die Welt von diesem ungewohnten Standpunkte aus sehr mißvergnügt. Mit Ausnahme einer bra= silianischen Riesenschildkröte, die anno 1873 über den Ozean ins mittelländische Meer sich verirrte und bei Algier gefangen wurde, habe ich nie ein größeres Tier dieser Art gesehen. Es maß über fünf Fuß Körperlänge und wog mehrere Zentner. Der Rücken= schild war felsenhart verknöchert, der Brustschild aber knorpelweich. Die Kulis legten das riesige Tier vor einem Krämerladen zu Boden auf den Rücken, in welcher Lage es hülflos sich nicht von der Stelle bewegen konnte. Die verzweifelten Anstrengungen, die es mit dem weit vorgereckten Kopfe machte, um sich auf die Beine zu stellen, blieben erfolglos. Das Tier war in Wut, und als ich ihm ein Bambusrohr vor die Augen hielt, biß es sich mit seinen verhornten und scharf zugespitzten Kieferknochen (eigentliche Zähne besitzen die Schildkröten keine) so fest hinein, daß es schwer war, den halb durchgebissenen Gegenstand wieder loszukriegen. Die Kulis hatten die sonst in den Süßwasser führenden Flüssen Javas lebende Schildkröte ziemlich weit landeinwärts im Sande, wahrscheinlich beim Geschäfte des Eierlegens, angetroffen und suchten nun den willkommenen Fang zu veräußern. Sie ver= langten den bescheidenen Preis von zwei Gulden, wurden aber überall nach längerem Feilschen abgewiesen und trabten mit ihrer Last lange Zeit vor uns her, uns immer wieder überholend.

Trotz der unappetitlichen Atmosphäre, in der wir uns bewegten, fing unser Magen über Mittag doch zu knurren an und wir traten in ein chinesisches Restaurant, eine dunkle, nach der Straße zu offene Bretterbude, in welcher emsig gekocht, gebraten und gegessen wurde. Das brodelte und dampfte und schmatzte nach Noten. Der Eßgeruch war recht einladend und schreckte uns durchaus nicht zurück, wenn wir uns auch über manches Aroma keine Rechenschaft abzulegen vermochten. Kaum waren wir abgesessen, so erschien ein „Kellner", d. h. ein nur mit dem Allernotdürftigsten bekleideter Chinese von appetitstörender Häßlichkeit, von dessen gelber Brust und Rückenhaut es troff wie Fett. Wir bestellten Reis mit Sauce und irgend ein Nationalgericht aus gehackter Schweinsleber und eine Art Käse, dann Geflügel und Früchte. Für den Durst stellte man uns zwei Flaschen kuhwarmen deutschen Exportbieres hin. Meine Verdauungswerkzeuge machten erst abwehrende Bewegungen; aber von der fabelhaften Gefräßigkeit der herumsitzenden Chinesen fiel schließlich auch ein Fünklein auf m e i n e Seite und ich vertilgte meine Portion zur Zufriedenheit meines Begleiters, und wo der Gout mir etwas zweifelhaft schien, ließ ich von der warmen Bierbrühe nachströmen, die doch wenigstens nach Hopfen und Malz schmeckte. Zu bezahlen hatten wir überraschend wenig; ich hatte das Fünffache erwartet. Gehoben durch diese billige chinesische Stärkung setzten wir unsere Wanderung fort.

Die meisten der zahllosen Tröbelkrambuden im chinesischen Kampong sind wahre Rumpelkammern und enthalten auf engen Raum zusammengeschränkt alles Mögliche und Unmögliche: Eßwaren, Getränke aller Art, neue und getragene Kleidungsstücke, Rauchrequisiten, Porzellansachen, alte, verrostete Waffen. Was die Europäer als Abgang wegwerfen, paradirt oftmals noch als „Prachtstück" auf dem Auslegebrett eines solchen Verkaufsladens.

Die Verkäufer benahmen sich, sobald wir Miene machten, ihre Herrlichkeiten eines längern Blickes zu würdigen, äußerst untertänig und zuvorkommend. Verlangten wir einen Gegenstand, der nicht auf Lager war, so bat der betreffende Chinese um einen Augenblick Geduld, rannte zu einem Nachbar und kehrte rasch mit dem Gewünschten zurück. — Was verkauft wurde, notirte er sofort auf. Das chinesische Schreibmaterial besteht in einem fein zugespitzten Pinsel aus Fuchshaaren und Schilf und einer oft nett verzierten Reibschale, in welcher Tusche immer frisch angerieben wird. Der Pinsel wird senkrecht zum Papier geführt; der Chinese schreibt von rechts nach links und fängt die Seite unten an, unten rechts, nicht, wie wir, oben links. Dieser strikte Gegensatz zu unsern Gewohnheiten zeigt sich auch bei manch anderer Gelegenheit: der Chinese nickt mit dem Kopfe als Zeichen der Verneinung und schüttelt denselben, um zu bejahen; er winkt mit der Hand, wenn er abweisen will, und macht die entgegengesetzte Handbewegung, um zum Nähertreten einzuladen; die Magnetnadel — die in China schon im Jahre 121 n. Chr. entdeckt war — weist für ihn nach Süden, nicht nach Norden u. s. f.

In einem größern Verkaufslokale zeigte man uns u. a. ein Glasgefäß, enthaltend Rhinozeroshörner. Es waren zirka zehn Stück jener für das Nashorn charakteristischen hornigen Auswüchse zwischen Stirn und Nase, welche einen Wert von 1000 Gulden repräsentirten. Der an und für sich wertlose, aus Hornsubstanz bestehende Körper, der höchstens die Größe einer Faust erreicht, wird von den Chinesen deshalb so geschätzt und so übermäßig bezahlt (100 bis 200 Gulden per Stück), weil sie darin das kräftigste Gegenmittel gegen alle Gifte vorhanden glauben. Das Horn wird geschabt und das Geschabsel als Gegengift genossen. Reiche Chinesen lassen sich besonders große Exemplare auch ausdrechseln zu der Form eines Bechers und benützen denselben für Speisen und Getränke, welche ihnen giftverdächtig

erscheinen. Die Beimengung von Gift soll beim Eingießen der
zu untersuchenden Flüssigkeit in den Nashornbecher eine sichtbare
Verfärbung bewirten und jedes Gift durch diese Berührung un=
schädlich gemacht werden. — Was Wahres daran ist, konnte ich
nicht ermitteln; doch wird — wie ich im Innern Javas von
seiten eines Arztes hörte — geschabtes Horn vom Rhinozeros,
mit Speichel zu einem Brei angerührt, gegen giftige Schlangen=
bisse mit Erfolg angewendet.

Als ich im Vorbeiweg einen Blick in eine chinesische Schmiede
warf, sah ich — vom Widerschein der Esse grell beleuchtet —
eine prachtvolle Fächerkoralle mit einem Stück ihres Mutterbodens
auf einem vorstehenden Steine an der Wand aufgestellt. Sie
mußte schon seit Jahren dort stehen, denn der Ruß lag linien=
dick auf dem schönen Gebilde des Meeres. — Der nackte Schmied
lachte mich aus, als ich Lust zeigte, das Ding, das für ihn so
gar keinen Wert hatte und zudem unbequem groß war (es maß
wohl fünf Fuß im Breiten=Durchmesser) mitzunehmen. Schließ=
lich verlangte er aber doch zwei holländische Gulden dafür, die
ich gerne bezahlte. Begleitet von dem mitleidigen Lächeln des
Verkäufers und angeglotzt von jedermann trug ich das schöne
Stück durch die Straßen nach einem sichern Orte und wurde
dabei an Händen, Gesicht und Kleidern schwarz wie ein Kamin=
feger, so daß ich am Ende meinen Fang teuer genug erkauft hatte.

Mein Absteigequartier, in dem ich die jeweils eingehandelten
Gegenstände in Sicherheit brachte, bildete die in der Nähe des
chinesischen Kampongs gelegene Filiale der holländischen Staats=
apotheke zu Batavia. Im Chef derselben, Herrn V. aus Fries=
land, einem intimen Freunde von Herrn Z., lernte ich einen
der liebenswürdigsten Männer kennen, denen ich auf meiner Reise
begegnet bin. Ihm verdanke ich außer zahllosen kleinen und
großen Aufmerksamkeiten und Gefälligkeiten namentlich auch
wichtige Aufschlüsse über die holländische Herrschaft in Judien.

speziell auf Java. Herr V. ist einer von den wenigen Holländern in Batavia, welche die Schattenseiten und die Krebsschäden des Kolonisationsverfahrens ihrer Nation einsehen und die im Be- amtenheere eingerissene Korruption schonungslos an den Pranger stellen. Ein kleines Beispiel für die Art und Weise, wie der Fiskus (d. h. also indirekt die armen Eingebornen) von Hoch und Niedrig bestohlen und betrogen wird, erfuhr ich innerhalb der genannten Apotheke selbst: Ein monatlich mit 800 Gulden be- soldeter Arzt, Direktor des Stadtverbandhospitales, hat als solcher die Verpflichtung, alle in Batavia lebenden Staatsangestellten, welche weniger als 150 Gulden Monatslohn haben, unentgeltlich zu behandeln. Natürlich werden aber die dazu erforderlichen Medikamente extra bezahlt, d. h. von der Staatsapotheke gratis geliefert. In der Praxis macht sich nun die Sache so: Der vom Staate mit jährlich fast 10,000 Gulden honorirte Arzt geht seiner Privatpraxis nach. Wer sich krank fühlt (und zu den- jenigen gehört, welche auf unentgeltliche Behandlung Anspruch haben), schreibt an die Staatsapotheke einen Brief, nennt seine Beschwerden und verlangt Medikamente, eventuell auch ärztlichen Besuch. Der Apotheker öffnet die Briefe — deren im Tage oft hundert sind — und befriedigt die Petenten größtenteils von sich aus. Auf diese Weise ist ein großartiger Mißbrauch eingerissen: Die kleinern Beamten verlangen und erhalten Tag für Tag die verschiedensten Medikamente und Luxusgegenstände: Eau de Cologne, Seifen ꝛc., und schaffen sich auf diese Weise eine gut besetzte Hausapotheke, die sie zu Geld machen, indem sie ihren Inhalt an Eingeborne und Nicht-Medizinberechtigte verkaufen. Tausende von Gulden werden auf diese Weise monatlich dem Staate gestohlen, und wie viele andere Betrügereien wird auch diese geduldet und ist durch den langjährigen Usus zur selbst- verständlichen Regel geworden. Eine einzige Frau, die, wie mir Apotheker V. sagte, Simulantin ist, kostet die Regierung auf diese Weise jährlich 700 Gulden, ohne daß je ein Arzt zur Kon= trole sie besuchen würde.

Es interessirte mich, auch eine chinesische Apotheke zu sehen; Herr V. führte uns persönlich hin und ich bewunderte die Exaktität und Gewandtheit, mit der die bezopften Apotheker ihre Wurzeln und Kräuter schneiden, alles von Hand, wie vor 2000 Jahren. Ein eben einlaufendes Rezept eines chinesischen Arztes war wohl zwei Fuß lang und verordnete ein Gemisch von wenigstens zwanzigerlei verschiedenen Droguen. Das muß ja geholfen haben! Wie alle chinesischen Händler rechnete auch der Apotheker jede Kleinigkeit mit Hülfe des sogenannten Suan= puan, der Rechentafel. Dieses Instrument wird seit historischen Zeiten in ganz China gebraucht und gehört zu den unentbehr= lichsten Schulgegenständen des chinesischen Schuljungen, wie bei uns Griffel und Schiefertafel. — Die Kunst des Kopfrechnens wird gar nicht geübt, und auch der gewandte Geschäftsmann traut sich die kleinste arithmetische Aufgabe, die elementarste Rechenoperation nicht zu ohne Rechentafel. Dieselbe besteht aus einem viereckigen Rahmen; innerhalb desselben ist eine Reihe paralleler Drähte angebracht, an welchen verschiebbare Kugeln stecken. Jede Kugel des ersten Drahtes bedeutet beispielsweise eine Einheit, jede des zweiten zehn u. s. w. Die kleinste wie die größte Rechnungsaufgabe löst der Chinese durch ein rasches Spiel seiner Finger auf dieser Rechenmaschine, und in größern Geschäften, wo viele Verkäufer sind, hört man beständig das Klappern der hin= und hergeschobenen Kugeln.

Schachmatt infolge der Hitze und halbkrank durch die Ein= wirkung der vielen Düfte von Chinesisch=Batavia lag ich nach= her wieder auf einer Chaise longue der heißatmosphärigen Staats= apotheke und betrachtete im Schweiße meines Angesichts einen javanischen Lehrburschen, der hinter dem Rezeptirtische unverdrossen seit dem frühen Morgen Pillen drehte und sie nachher mit Schaum=

golb ober =Silber vergolbete unb verfilberte, benn nur in biefer
Form finbet bas Mebikament aus europäifchen Apotheken Gnabe
bei ben Chinefen unb Malayo=Javanern.

Ein Fläschchen Veuve-Clicquot, burch Eis gekühlt unb
vom liebenswürbigen Apotheker B. krebenzt, brachte neues Leben
unb frifchen Mut in unfere hinfälligen Hüllen unb es vergingen
noch mehrere Stunben eifrigen Herumrennens unb Befchauens,
bevor wir „zu Muttern" nach Kebon=Siri zurückkehrten.

Der Fifchmarkt gewährte einen befonbers intereffanten Anblick; Taufenbe ber eben frifch bem Meere entnommenen Bewohner, Riefen unb Zwerge, zum Teil noch zuckenb unb nach
Luft fchnappenb, lagen in großen Haufen auf bem Boben ber
Verkaufshallen beifammen; kaum fauben unfere Füße Platz, um
aufzutreten. Der gefräßige Hai war in allen Größen vorhanben
unb kounte mit Gemütsruhe aus ber Nähe betrachtet werben;
Munb= unb Rachenhöhle finb von entfetzlicher Geräumigkeit unb
mit bolchähnlichen, fpitzen Zähnen bewaffnet. — Eine ekelhafte
Gefellfchaft bilben bie Kopffüßler mit ihren fchleimig gallertigen
Leibern unb ihren mit Saugnäpfen bebeckten Fangarmen, bie
auch bei ben ihrem Elemente entnommenen Tieren noch ftunben=
lang in fteter langfam taftenber Bewegung begriffen finb unb
oft eine riefenmäßige Größe erreichen. Ein im britifchen Mufeum
aufbewahrter Kephalopobenarm ift 30 Fuß lang; ein fo be-
waffnetes Meerungetüm wäre wohl mit Leichtigkeit im ftanbe,
einen Menfchen in feine Arme zu fchließen unb — zu verbauen. —
Geftank unb Lärm eines Fifchmarktes finb in ber ganzen Welt
biefelben, in Batavia wie in Marfeille unb Hamburg; keifenbe
Fifchweiber fehlen auch nirgenbs. Jeber Gebanke, ber über Fifch=
thran hinausgeht, ift in folcher Atmofphäre unmöglich; beshalb
marfchirten wir nach kurzem Aufenthalt gerne wieber weiter.
Unfer Weg kreuzte bie impofanten Branbruinen bes kurz zuvor
eingeäfcherten Marinebepots famt zugehörigen Archiven. Hunberte

von Zentnern halb verkohlter Manuskripte und Folianten, die seit Beginn der holländischen Herrschaft in Indien dort aufbewahrt worden waren, lagen zwischen angebrannten Balken, Mauerschutt und demolirten Positionsgeschützen. Der Brand war — wie man vermutete — entstanden durch die Zündholzschachtel eines „ehrlichen“ Beamten hohen Ranges, der Interesse daran hatte, das Archiv zerstört zu wissen.

Unweit von dem nördlichen Eingangstore in die alte Stadt liegt auf einem großen, aber ganz vernachlässigten freien Platze, von Unkraut halb überwuchert, ein mächtiger Kanonenlauf; die Eingebornen erzählen sich darauf bezüglich die Sage, daß noch ein zweiter, ganz gleicher Lauf irgendwo in der Insel verborgen sei; sobald die beiden Zwillinge auf diese oder jene Weise zusammen kommen, werde die Stunde der Erlösung vom Joche der Holländer schlagen.

Fast immer genießt man an genannter Stätte das eigentümliche Schauspiel opfernder und betender Frauen; Räucherterzen brennen, Papierfiguren werden an Holzstäben in die Erde gesteckt u. s. w. Doch sind es nicht etwa patriotische Gefühle, welche die kleinen Opfer entzünden, sondern meistens ganz private, diskrete Begehren, die den Göttern auf diese Weise sehr eindringlich vorgebracht werden.

Gegen sechs Uhr fuhren wir — ermüdet von der heißen Tagesarbeit — auf einer zweirädrigen Karre nach Hause und wurden dort von der guten Hausfrau mit vorwurfsvollem Gesichte empfangen. Hatte sie uns doch über Mittag vergeblich zu Tische erwartet und eine kulinarische Herrlichkeit, einen Triumph ihrer Kochkunst, der uns als Ueberraschung zugedacht war, allein verzehren müssen.

VII.

Zwei nationale Gifte der Chinesen. — Opiumsucht und Alkoholismus. — Das Opium holländisches Staatsmonopol. — Marktplatz bei Nacht. — Javanische Theatervorstellung. — Spielplätze der Chinesen. — Opiumbuden.

Nach dem Essen machten wir uns nochmals auf die Strümpfe und besuchten die weiter landeinwärts gelegenen Quartiere der Eingebornen und Chinesen Batavias, vor allem, um zwei Schand= flecke der europäisch=ostasiatischen Zivilisation, die Spielhöllen und die Opiumbuden, zu sehen. Spieltisch und Opiumpfeife sind die zwei nationalen Gifte, welche am Mark des chinesischen Reiches nagen, und die Chinesen im Auslande huldigen den beiden Lastern noch weit mehr und ungezügelter, als sie dies in der Heimat tun können, wo die Regierung bemüht ist, denselben mit strengen Maßregeln — Verbot des Mohnpflanzens, kolossale Einfuhrzölle auf indischem Opium ꝛc. — entgegenzutreten. Die zivilisirten Völker aber, England wie Holland, sehen schmunzelnd zu, wie die beiden Uebel Land und Leute ruiniren; fließen doch dabei immense Summen in ihren Geldbeutel.

Spielplätze und Opium sind auf Java Monopol der hollän= dischen Regierung und werden Jahr für Jahr um große Summen an einzelne Chinesen verpachtet. Derjenige, der das alleinige Recht hat, Spielplätze zu eröffnen und zu halten, bezahlt für die Stadt Batavia allein 200,000 Gulden per Jahr; für ganz Java macht dies Millionen aus. Bedenkt man aber, daß weitere Millionen den Pächtern als Gewinn zufallen, so ist einleuchtend, welcher materielle Schaden dadurch der chinesischen Bevölkerung* erwächst,

---

* Den Eingebornen Javas ist das Spiel auf diesen Plätzen verboten; doch helfen sie sich über dieses Gesetz hinweg, indem sie Chinesen ihr Geld zustecken und dieselben beauftragen, für sie und ihr Interesse zu spielen.

ganz abgesehen von der daraus resultirenden moralischen Ver-
derbnis. — Noch verderblicher in seinen Wirkungen ist das sehr
verbreitete Laster des Opiumrauchens. Was der Branntwein
für unsere Schnapsgegenden, das ist in höherer Potenz das Opium
für die Chinesen. Der Reiche raucht das teuerste indische Präparat,
das im Verbrennen einen wirklichen Wohlgeruch verbreitet; der
mäßig Bemittelte begnügt sich mit einer geringen Sorte, kann
es aber immerhin noch auf 6 bis 8 Gulden per Tag bringen,
und der Kuli verraucht seinen letzten Heller in den Abfällen
von den Pfeifen der Reichen und den billigsten, aber auch schäd-
lichsten, ungereinigten Präparaten. Die Wirkung ist überall
dieselbe: Schließlicher Zerfall der körperlichen Kräfte und zu-
nehmende geistige Stumpfheit; Unvermögen, etwas zu tun oder
zu denken, ohne vorherige Erregung des Nervensystems durch
einige Dosen Opium — ganz wie bei unsern Alkoholikern. Alkoholismus und Opiumsucht sind überhaupt zwei vollständige
Parallelerscheinungen; ein ganz objektiver Beurteiler könnte vielleicht im Zweifel sein, welches Uebel er als das größere zu betrachten habe; einem von der europäischen Zivilisation unbeleckten
Chinesen mag es sogar viel unbegreiflicher, lasterhafter und ge-
sundheitsgefährlicher vorkommen, jeden Abend bis in die späte
Nacht mit dampfender Cigarre im dumpfigen Lokale zu verweilen,
Glas um Glas jener Flüssigkeiten, genannt Wein oder Bier, durch
die Gurgel laufen zu laffen und schließlich noch einige Schnäpse
darauf zu setzen, als die für ihn heimische und verständliche Sitte
des Opiumrauchens. Ich für meine Person muß aber gestehen,
daß mir die Folgen der Opiumpfeife in so widerlicher und trauriger
Form zu Gesichte traten, daß ich nur mit Grauen daran denke,
und ich kann mich immer noch eher mit einem Stubenbrand
oder einem Jubiläumsfähnchen versöhnen als mit der miserablen
Erscheinung eines Opiumrausches.

Lange, bevor man in China das Opium kannte, wurde es

15

in Vorder-Asien als Arznei- und Genußmittel verwendet; namentlich huldigten der Gewohnheit des Opiumgenusses auch die islamitischen Völker und verbreiteten diese Unsitte weiter nach Osten. Es ist ganz gut möglich, daß die Mohammedaner haupt-sächlich durch den Gebrauch des Opiums in jenen rauschähnlichen Fanatismus gerieten, der sie mit Mut und Todesverachtung das Schwert führen ließ. Erst im 17. Jahrhundert lehrten Araber die Anwendung des Opiums in China und zwar diente es dort anfänglich nur als Arzneimittel zur Betäubung der Schmerzen, bis gegen Ende des Jahrhunderts das Opiumrauchen trotz vieler Verbote seitens der Regierung sich zu verbreiten begann. Damals wurden jährlich etwa 14,000 Kilogramm in China eingeführt; jetzt beträgt die Einfuhr durch die englische Krone allein (welche die Opiumkultur in Indien als Monopol hat) über sechs Millionen Kilo per Jahr.

In den holländischen Kolonien ist der Verkauf des Opiums Staatsmonopol und es stellt sich aus einleuchtenden Gründen der Preis für das an und für sich teure Mittel sehr hoch. Die holländische Regierung bezog in den Jahren 1874 bis 1878 für 68 Millionen Gulden Opium aus Bengalen und hat mindestens das Dreifache dafür eingenommen. Es sind einzelne reiche Chinesen, welche der Regierung gegenüber die Käufer bilden und sich von ihr außerdem noch um. horrende Summen das alleinige Recht des Wiederverkaufes für abgegrenzte Distrikte erwerben. Der monat-liche Pachtzins für dieses Recht in der Residenzschaft Batavia beträgt beispielsweise 300,000 Gulden. Diese Aufschlüsse erhielt ich von einem holländischen Marine-Offizier, mit dem ich im Innern Javas einige Zeit zusammen war; er hatte zwei Jahre lang auf einer jener Fregatten gedient, die zur Verhütung des Opiumschmuggels in der javanischen See kreuzen und auf die chinesischen Segelboote fahnden, welche — mit Opium befrachtet — von Indien oder China herkommen und an unbewachtem Landungs-

plaße ihre koftbare Ladung zu löſchen ſuchen. Die Mannſchaft
dieſer holländiſchen Kreuzer erhält große Prämien, ſo oft es gelingt, ein Schmugglerſchiff aufzugreifen (der Kapitän 3000 Gulden,
Steuermann und Offiziere je 800 Gulden, jeder Matroſe 100
Gulden).

Unſer nächtlicher Spaziergang führte uns erſt auf einen
großen, freien Marktplaß, auf welchem Hunderte von malayiſchen
und chineſiſchen Verkäufern Früchte und andere Eßwaren feil-
boten. Andere kochten in fahrenden Garküchen oder ſchenkten
Eiswaſſer und Fruchtſäfte aus. Dazwiſchen flottirte eine bunte
Menſchenmenge hin und her. Es war ein Gewimmel, wie in
einem Ameiſenhaufen. Jeder Verkäufer beleuchtete ſeine auf dem
Boden oder auf einem kleinen Tiſche ausgebreiteten Herrlichkeiten
mit einer höchſt originellen, einfachen, aber keineswegs feuerſichern
Lichtquelle, beſtehend aus einem mit Petroleum gefüllten Medizin-
oder Ean-de-Cologne-Fläſchchen, aus deſſen engem Halſe als
brennender Docht ein Stück Holzmark oder Kokosnußfaſer heraus-
hing. Die feilgebotenen Früchte waren zum Teil ganz unreif
und nachdem ich eine Viertelſtunde mit angeſehen, in welchen
Quantitäten und wie gierig dieſelben von den Eingebornen ver-
zehrt und mit Eiswaſſer heruntergeſpült werden, begriff ich, daß
Cholera und Dyſenterie daſelbſt einen günſtigen Boden finden
und gar nie aufhören.

In der Nähe des Marktes war auf einem kleinern freien
Plaße eine javaniſche Theatervorſtellung zu ſehen. Vor der mit
Bambuszweigen überdachten Bühne hockten in regelmäßigen Reihen
etwa hundert Chineſen und Malayen auf dem Pflaſter; man
räumte uns Europäern ſehr zuvorkommend die beſten Pläße ein;
ein Chineſe lief ſogar weg und holte zwei Teppiche, um uns
das Sißen bequemer zu machen.

Aus der Theatervorſtellung wurde ich nicht klug; es trieben
einige halbnackte Schauſpieler mit ſcheußlichen Masken auf der

kleinen Bühne ihr Unwesen; der eine davon zeichnete sich durch eine mindestens acht Zoll lange Pappdeckelnase aus, welche er mitten im Spiel ungenirt abhob, so oft er seine richtige Nase zu schneuzen oder sonst etwas mit ihr zu tun hatte. Eine kleine, niedliche Tänzerin mit hoher Blumenkrone füllte, begleitet von einigen Mitleid erweckenden Musikanten, mit Gesang und Tanz die Zwischenakte aus. Das Theaterstück war — seinen Wirkungen auf die Zuhörer nach zu urteilen — ein äußerst komisches. Dem dicken Chinesen zu meiner Rechten wackelte die ganze Zeit vor Lachen und Vergnügen der Bauch wie ein Gelatine-Pudding und aus den roten Triefaugen flossen fröhliche Zähren über sein Vollmondsangesicht.

Einige hundert Schritte weiter führten uns auf die Spiel- plätze der Chinesen. Teils im Freien, teils unter gedeckten Veranden saßen die Spieler gruppenweise um bambusgeflochtene Teppiche herum; im Zentrum jedes Teppichs hockte ein Bank- halter, welcher das Spiel leitete und zwar mit der Gewandtheit etnes Croupiers von Monaco. Die Einsätze wurden auf das Bambusgeflecht gelegt, meist in Silber; der Banquier nahm aus einem Gefäß eine Hand voll Bohnen, schüttete sie auf den Boden und teilte sie zu vieren ab; je nachdem schließlich eine oder zwei oder drei Bohnen übrig blieben, hatten die verschiedenen Einsätze gewonnen oder verloren, wurden vom Bankhalter eingezogen oder verdoppelt und verdreifacht zurückgegeben. An andern Plätzen entschieden drei Würfel über Gewinnen oder Verlieren. Ueberall aber ging das Spiel fabelhaft rasch und es wurden in kürzester Zeit große Summen umgesetzt. Die Spieler zeigten mit keiner Miene ihre innerliche Aufregung und auch der gemeine Kuli setzte scheinbar gleichgültig einige Silbergulden, vielleicht sein ganzes Vermögen, auf den Spielteppich. Kaum hatten wir einige Minuten zugesehen, so erschien barfuß ein eingeborner, aber holländisch uniformirter Polizist und wies uns fort; Europäern

wie Javanern ist nämlich der Zutritt zu den Spielplätzen verboten. Herr Z. und etwas klingende Münze besänftigten aber
den gesetzeseifrigen Wächter und gestalteten ihn zu einem freundlichen Führer, der uns auch das Innere der Spielhäuser erschloß.
Von der Spielwut der Chinesen macht man sich keinen Begriff.
Wo ihrer mehrere zusammen kommen, sei's zu Wasser oder zu
Land, wird schnell ein Spielplatz improvisirt und das bischen
erworbene Geld in Bewegung gesetzt. Ich sah auf dem englischen
Dampfer, der mich später von Singapore nach Hongkong führte,
wie fünf Chinesen aus Mangel an Platz auf dem übervölkerten
Hinterdeck eine wahre Burg von Kisten erstiegen und auf der
obersten, hoch in der Luft, sich häuslich einrichteten und ihre
Dollars rollen ließen. Es kommt vor, daß Kulis, die sich durch
Jahre lange Arbeit in der Fremde ein kleines Vermögen erworben
haben, am ersten Tage auf der Rückfahrt den letzten ihrer sauer
verdienten Dollars verspielen.

Die Opiumbuden, die wir zum Schlusse des inhaltschweren
Tages noch besuchten, hätten eine Illustration zu Dantes Hölle
geliefert. Ich kann nur mit Grauen an jene verpesteten Laster-
höhlen zurückdenken. Jeweils am Eingang befindet sich zur Seite
der Pforte ein kleiner Holzverschlag mit Schalter, hinter welchem
schmunzelnd der Opiumverkäufer sitzt, der den Eintretenden das
Gift um teures Geld verkauft. Ein Haufen Silber, der neben
ihm auf dem Tischchen liegt, wie wir durch das hölzerne Gitter-
werk deutlich sehen können, zeigt uns, daß der Mann heute schon
gute Geschäfte gemacht hat. Unserm Eintreten widersetzten sich
aufs energischste einige schmutzige Chinesen; Herr Z. konnte sie
aber beschwichtigen durch die Mitteilung, daß ich ein Arzt sei;
vom Augenblicke an wurde ich mit großer Zuvorkommenheit behandelt, sogar von dem Opiumhändler, dem ich dann der Kuriosität
halber ein kleines Quantum seines Artikels abkaufte.

Eine warme, widerlich süß-brenzliche Stickluft wehte uns

beim Eintreten entgegen; der Raum, in welchem wir uns jetzt
befanden, war mit heißem Qualm erfüllt und das Auge vermochte bei der miserablen Beleuchtung durch einige primitive
Kokoslämpchen erst gar nichts Bestimmtes zu erkennen. Bald
aber war es an das rauchige Halbdunkel gewöhnt und die Umgebung gewann Form und Gestalt. Ich sah, daß wir in einem
langen, schmalen Raume uns befanden, mit trostlos kahlen,
schmierigen Wänden ohne Fenster oder Luftlöcher. Auf beiden
Langseiten waren längs der Wände hölzerne Lager erstellt, die
sich kaum zwei Fuß über den Boden erhoben, wie Apfelhürden
aussahen und nur einen schmalen Gang zur Passage zwischen
sich ließen. Auf diesen mit Bambusgeflecht bedeckten Gestellen
lag Mann an Mann, jeder mit der Opiumpfeife beschäftigt, jeder
nur von der e i n e n Leidenschaft erfüllt, welcher gegenüber alle
andern Lebensinteressen gänzlich zurücktreten und jedes bessere
Streben erlischt. Es waren alle Stadien der Opiumwirkung zu
sehen; dort jener junge, schöngebaute, kräftige Chinese ist noch
Anfänger; er macht vielleicht den ersten Versuch mit der gefährlichen Pfeife, kam allerdings bald in jenes beglückende Stadium
des Opiumrausches, in welchem alle Sorgen schwinden, in welchem
man nur den e i n e n Wunsch hegt, daß diese unendlich glückliche
Stimmung, dieses von keiner Unzulänglichkeit getrübte Dasein
ewig andauern möge; dem tiefen Schlafe, der sich an dieses be-
seligende Stadium anschloß, folgte ein grenzenloser Katzenjammer.
Taumelnd richtet sich der Erwachende eben auf und stützt stöhnend
den Kopf mit beiden Händen. Der Zopf tut ihm weh bis in
die äußersten Haarspitzen und der Kehlkopf macht verdächtige
Spaziergänge nach oben. Dieser Zustand — so miserabel er ist —
wird bald vergessen und in kurzer Zeit greift der junge Mann
neuerdings zur Opiumpfeife, um immer und immer wieder jene
erst geschilderte Opiumseligkeit zu erlangen, und bald reagirt der
Körper nur noch mit leisem Unbehagen auf die tagtägliche Ver-

giftung; und dieses Unbehagen heißt Opiumhunger und schwindet wieder mit dem ersten Zuge aus der Opiumpfeife.

Zwischen je zwei Rauchern war ein kleines Petroleumlämpchen aufgestellt; diesem zugewendet lagen sie da, den Nacken mit einer Rolle gestützt, die Hände zur Bedienung der Pfeife frei. Die letztere besteht aus einem cylindrischen Rohre von der Größe einer Flöte; demselben ist ein halbfaustgroßes, tönernes Gefäß aufgesetzt, das oben nur eine stecknadelkopfgroße Oeffnung hat und unten mit der Höhlung des Rohres in Verbindung steht. Der Raucher holt sich mit einer Stricknadel etwas Opiumextrakt aus einer kleinen, neben ihm liegenden Büchse, schmilzt dasselbe unter beständigem Drehen der Nadel über dem Licht zu einer flüssigen Perle, setzt dieselbe auf die feine Oeffnung des Ton= gefäßes, durchbohrt den unterdessen erstarrten Opiumtropfen mit der Stricknadel, nimmt das eine Eube des Rohres in seinen Mund, hält die so armirte Pfeife über das Licht und zieht in ein bis zwei langen Zügen den beim Verbrennen des Opium= kügelchens entstehenden Rauch tief ein. Er scheint in die Seele zu bringen; kein Atom kommt davon wieder zum Vorschein und der Gesichtsausdruck des Rauchenden wird während dieses Aktes ein widerlich wollüstiger. Rasch klopft er den unverbrannten Rest des Opiums aus und präparirt eine neue Dosis. Mit jeder Pfeife steigt die Erregung; das Gesicht rötet sich; die Augen glänzen; der Ausdruck wird ein unbändig vergnügter; alle Be= wegungen des Körpers geschehen lebhaft und elastisch. Dann kommt ein Stadium jener Ruhe, die bei vollständig erhaltenem Bewußtsein nichts zu wünschen und nichts zu beklagen hat, die mit allem, mit der Umgebung, den Sinneseindrücken in höchstem Maße zufrieden ist, welche zu besitzen glaubt, was immer die lebhaft erregte Phantasie vorspiegelt. Bald aber sinken die Augen= lider bleiern herab; die Atmung wird schnarchend. Nach mehr= stündigem, von angenehmen Träumen umgaukeltem Schlafe folgt

ein trauriges Erwachen: das unter der Opiumwirkung auch im
Schlafe noch stark gerötete Antlitz wird blaß, die Züge zerfahren
und verfallen, der Blick matt und trübe; auf dem Gesicht lagert
der Ausdruck trostloser Verlorenheit. Es gibt nur einen Weg
zur Erlösung aus diesem elenden Zustande und dieser Weg heißt
— Opium in immer stärkerer Dosis.

Dort liegen auch Weiber in berauschtem Zustande und zeigen
das Bild menschlicher Verkommenheit in abstoßendster und wider-
lichster Form.

Mehrere gleich große und ebenfalls bis auf den letzten Platz
mit Rauchern besetzte Lokale schließen sich an das beschriebene an.
Ueberall dieselbe brustbeklemmende, schmutzig-dicke Atmosphäre,
überall Menschen, die nach dem verführerischen Gifte haschen und
sich beeilen, ihren körperlichen und geistigen Rnin herbeizuführen.

Ein alter Gewohnheitsraucher, deffen Frau opiumtrunken
und schnarchend an feiner Seite lag, präparirte seine Pfeife und
streckte mir das durch Schmutz und eingedickten Speichel klebrige
Inſtrument entgegen mit der freundlichen Aufforderung, das
Ding auch zu probiren. Ich lehnte verbindlich dankend ab und
sah mich nach einem Spucknapf um (was übrigens unnötig war,
denn das ganze Lotal verdiente keinen andern Namen).

Es sind allerdings extreme Bilder, die ich hier gezeichnet
habe; aber ich sah solche in den Opiumbuden Batavias und
nachher in China zu Dutzenden. Daneben muß ich nun freilich
daran erinnern, daß Hunderttausende während Jahren Opium
in relativ mäßigen Quantitäten rauchen, ohne an der Gesundheit
einen augenfälligen Schaden zu nehmen, es wäre denn das Unvermögen, ohne eine Dosis Opium eine irgendwie bedeutendere
körperliche oder geistige Leistung vollführen zu können. Dasselbe
Verhältnis — nur in höherer Potenz — wie beim Alkoholismus!
Wer denselben in der geringsten und traurigsten Form in einer
Schnapswinkelkneipe sieht, täte Unrecht, nicht daran zu beulen,

wie viel tausend Menschen der Alkohol, in bescheidener Quantität genossen, ein wohltätiges Genußmittel ist. Hier wie beim Opium ist es die Unmäßigkeit, welche das Verderben bringt und den Menschen unter das Tier herabwürdigt.

Gesättigt von den Eindrücken des Tages und niedergeschlagen durch die Bilder, welche mir die Krone der Schöpfung in so gräßlicher, wahnsinnig verzerrter Art gezeigt, trat ich an der Seite meines gastfreundlichen Führers den Heimweg an. Am wolkenlosen Himmel glänzte der Vollmond; eine erfrischende Seebrise wehte und bewegte die mächtigen Kronen der die Straße begleitenden Waringinbäume in geheimnisvollem Rauschen; herrliche Blumendüfte wehten uns mit jedem Luftzug an; aber mitten in diesem Paradiese konnte ich doch der Hölle nicht vergessen, die ich eben gesehen und die der Mensch mit seinen Lastern geschaffen hat. Stumm und nachdenklich pilgerten wir nach Kebon-Siri zurück und in tiefem Schlafe vergaß ich bald die Pracht und das Elend dieser Welt.

VIII.

Nach Buitenzorg. — Reisbau und Reisdiebe. — Bezopfte Reisegesellschaft. — Ruma makan tuan Ihnen. — Orchideen. — Botanischer Garten. — Victoria regia. — Ueberall Echtgenooten. — Eine ärztliche Konsultation mit Schwierigkeiten. — Grausamkeit der Atschinesen. — Siesta. — Hibbigeigei in den Tropen. — Kinderszenen. — Gewitter. — Ein unheimlicher Konkneipant. — Nach Djandjoër.

Auf die bunten Eindrücke, die ich in Batavia dichtgedrängt in mich aufgenommen hatte, auf das rastlose Getriebe der Menschen, den vielgestaltigen Kampf ums Dasein, den Zivilisirte und Nichtzivilisirte dort mit einander kämpfen, verlangte ich sehnlichst nach der erhabenen Ruhe und Stille der Natur. Ich fühlte ein wahres Heimweh nach dem Urwald, der ja — wie unsere Berge —

gewiß vom Menschen und seiner Qual nichts zu erzählen wissen konnte. So schnürte ich denn mein Bündel und reiste Montags den 16. Juli in aller Frühe weg von Batavia. Ziel meiner Reise waren die Preanger-Regentschaften, jener Distrikt Javas, welcher die gewaltigsten Naturschönheiten der indischen Tropenwelt in sich birgt. Bereits ist eine Eisenbahn bis Djandjoer (zirka 150 Kilometer von Batavia entfernt) erstellt und in kurzer Zeit wird dieselbe bis Bandong und Solo fortgesetzt werden, um dort in die nach Surabaja führende Linie überzugehen. Dann ist die Insel Java so ziemlich der Länge nach von einem Schienenstrang durchzogen. Was würde General Daendels dazu sagen, der als Generalgouverneur der holländischen Besitzungen in Ostindien zu Anfang dieses Jahrhunderts seine ganze rücksichtslose Energie und die grausamsten Maßregeln anwenden mußte, um die damals widerspenstigen Eingebornen zur Anlage einer durch das Land führenden Fahrstraße zu zwingen! Es klebt viel javanisches Blut an diesem noch heutzutage hauptsächlich benützten Verkehrswege! — Und jetzt? Wo noch vor 50 Jahren kaum das Auge eines Europäers hingedrungen, schnaubt heute das Dampfroß und der Reisende besieht sich vom bequemen Waggon aus die früher verschlossenen Naturwunder.

Schon die Bahnlinie bis Buitenzorg ist äußerst interessant. In langsamer Steigung fährt man zwischen reich gesegneten Feldern und Palmwäldern vorwärts. Die Reiskulturen waren zum größten Teil noch unter Wasser; die terrassenförmig abgeteilten und gleichmäßig bewässerten Felder, über deren Wasserspiegel sich einige Zoll hoch das weiche saftige Grün der Reispflanze erhob, gewährten einen äußerst merkwürdigen und ungewohnten Anblick. Hunderte von schneeweißen Reihern (Ciconia leuco-cephala) wateten und flatterten in den Plantagen umher und fanden in dem seichten, schlammigen Wasser reichliche Nahrung. Wenn man (nach zirka 40 Tagen von der Saat des Reises an

gerechnet) das Wasser abfließen und den Reis in trockenem Boden
reifen läßt, so verschwinden die weißgefiederten Bewohner und
suchen sich ein anderes Freßterrain. Dann erscheinen die Reis-
finten und Reisdiebe in dichten Scharen und tun sich an den
Körnern gütlich. Um diese Schmarotzer möglichst fern zu halten,
werden Reiswachen ausgestellt; dieselben halten sich in auf hohen
Pfählen (zum Schutz gegen wilde Tiere) ruhenden, luftigen Hütten
auf; spinngewebeartig sind von diesen Wächterhüttchen aus Bambus-
stricke, mit klappernden Gegenständen behangen, weit über die
Felder gezogen; die zweibeinige Spinne hält die Fäden ihres
Netzes in beständiger Bewegung und verscheucht durch den Lärm
die geflügelten Diebe.

Wie alle Pflanzen der Tropen kann der Reis zu jeder Zeit
des Jahres gesäet und geerntet werden; da aber die Bewässerung
der Felder e i n h e i t l i ch geschehen muß und für ganze Gegenden
einheitlich organisirt ist, so liegt darin die Notwendigkeit, daß
alle daselbst wohnenden Bauern zu gleicher Zeit ihre Saat bestellen. Diese von der Natur geforderte Rücksicht des einen auf den
andern, welche seit historischen Zeiten bei den reiskultivirenden
Völkern besteht, ist sicherlich auf das soziale Leben derselben von
großem Einfluß gewesen. Die Leute blieben notgedrungen in
Beziehungen zu einander und lernten, daß sie ihr Einzelinteresse
nur dann verfolgen können, wenn sie es dem Gesamtinteresse
unterordnen.

Meine Reisegesellschaft zur Eisenbahn bestund fast ausschließlich aus Chinesen. Der junge reiche Bezopfte, der mir
gegenüber saß, ließ seine zahlreichen Diamanten wohlgefällig im
Glanze der eben aufgehenden Morgensonne strahlen. Dabei duftete
er gerade so Pinaudisch und feilte ebenso graziös mit kokett in
die Luft gestrecktem kleinen Finger an seinen langen Nägeln
herum, wie der eleganteste Commis voyageur des zivilisirten
Europa. Auch die Unverfrorenheit gewisser an bestimmten Wochen-

tagen auf der Stammlinie der Nordostbahn fahrenden Kornju—
nter fand ich im Eisenbahnwagen auf Java und ich kniff einen
sich schlafend stellenden Chinesen, der seine Beine auf die gegen-
überliegenden Plätze gelegt hatte und mit blinzelnden Angen
meine Platznot beobachtete, rücksichtslos in seine Waden, welche
Maßregel mit Erfolg und mit einer nichts weniger als freundlichen Grimasse gekrönt wurde. — Rechts und links von der
Bahnlinie liegen, unter Palmen und hinter Kaffeepflanzungen
verborgen, kleine javanische Bambu-Dörfer, deren Kindersegen sich
schon in dieser frühen Morgenstunde ohne alle und jede Be-
lästigung durch Kleider herumbalgte. Ein zirka sechsjähriger
Junge, dem die Obhut über ein Dutzend grasender zahmer Büffel
(Karbaujen) anvertraut war, hatte sich rittlings auf ein solches
Tier gesetzt; vom Schlafe übermannt war er rückwärts auf den
Hinterleib des Tieres zurückgesunken; die Arme hingen zu beiden
Seiten herunter; der Kopf ruhte auf der Schwanzwurzel des
mächtigen Viehs und wurde in höchst komischer Art bewegt, so
oft es mit dem Schwanze das Ungeziefer abzuwehren suchte.
Auf das braungelbe Gesicht fielen direkt die grellen Strahlen
der Morgensonne.

Kurze Zeit, bevor der Zug in Buitenzorg einfährt, wird
der Ausblick auf das Gebirge frei und es erscheint eine herrliche
Hochebene, ein üppiger tropischer Garten, begrenzt durch ein
wunderbares Gebirgspanorama, die Bergketten der Vultane Salak
und Gedeh. Die imposanten, zirka 7000 Fuß hohen Kegel sind
bis zu einer Höhe von 2500 Fuß mit Thee- und Kaffeeplantagen
bedeckt; von dort an bis zur Spitze liegt ewiger Urwald, ein
Hort der in jener Gegend noch vorkommenden Rhinozerosse.
Die Flanke des Salak ist durch eine wilde Schlucht zerrissen;
in dieser sammeln sich die Wasser zu einem schäumenden Berg-
bache, dem Tschiapus, dessen Bett von Palmen und andern Laub-
bäumen, von Bambus und wildem Gestrüpp begleitet, als üppig-

grüner Streifen in vielfachen Windungen die Hochebene bis nach Buitenzorg durchzieht. — Nach ⁵/₄stündiger Fahrt hielten wir in der geräumigen Halle des Bahnhofes zu Buitenzorg; die Waggons entleerten sich; die klappernden Holzsandalen der javanischen Passagiere dritter Klasse widerhallten mächtig in dem weiten Raume; zu dem Bilde, das ich vor Augen hatte, dem bunten Gewimmel von Chinesen, Malayen, rotbraunen und schwarzen Indiern, schien mir das fortschrittliche Tosen der Lotomotive so ganz und gar nicht zu passen. — Von den zwei in Buitenzorg existirenden Gasthöfen hatte mir Herr Z. das Hotel de l'Europe anempfohlen, dessen Besitzer, ein ehemaliger Schiffskapitän, von Geburt ein Norddeutscher sein sollte. — Um hin zu gelangen, sagte ich einem Javanen, der müßig herumstand, das Zaubersprüchlein Ruma makan tuan Ihnen (ruma = Haus; makan = Essen; ruma makan = Speisehaus, Hotel; tuan = Herr; Ihnen = Name des frühern Besitzers), d. h. auf deutsch: Sein's so freundlich und zeigen Sie mir das Gasthaus des Herrn Ihnen. Der barfuße Kerl nahm mein Gepäck und trabte voraus durch eine mit Mimosen dicht bewachsene Wiese, in welcher sich allerhand kriechendes Gewürm herumtrieb, und nach wenigen Minuten standen wir vor einem ganz einfachen, einstöckigen Verandenbau, bestehend aus einem Mittelgebäude, das den Speisesaal enthielt, und zwei seitlichen, barackenähnlichen Flügeln. In und um das Haus war kein lebendiges Bein zu sehen; ich klatschte in meine Hände und es erschien ein malayischer Diener, der mir ein nach europäischen Begriffen sehr primitives Gartenzimmer anwies, mit liederlichem Plättliboden, Tisch, Stuhl, eiserner Bettstatt samt Moskitonetz und einer spanischen Wand, welche es möglich machte, auch bei offener Türe neugierige Blicke fern zu halten. Ein kleines, in der Höhe befindliches Fensterchen spendete das notwendige Licht. Im Fremdenbuch des Hotels, in das ich mich sofort einschrieb, reihte sich mein Name folgender Gesellschaft an:

Gomo Eng Tschiang,   Nio Kim Kong,

Lii Tschiang Son,   Bhei Eng Sang,

Tschio Teng Tschii,   Jop Tscheng Seng,

Tschu Toi Tschang,   Thio Jos Yong,

Nio Tam Siang,   Tio Tik Long.

Daß diesen der Zopf hinten hing, brauche ich nicht zu sagen. Es war eine junge chinesische Gesellschaft aus Batavia, so eine Art Turn-, Sing- oder Schützenverein, die „eine kleine Spritztour" nach Buitenzorg gemacht hatte.

Im Hofraume zwischen den einzelnen Gebäulichkeiten des Gasthofes sah's nicht sehr einladend aus; Kehrichthaufen, leer getrunkene Flaschen, Petroleumkisten, zerbrochenes Geschirr, Fuhrwerte 2c. bildeten ein ungemütliches Durcheinander und auf dem Boden wucherte mannigfaltiges Unkraut. Aber auch diese Stätte hatte die tropische Sonne geküßt; auch hier waren Wunder der heißen Zone zu sehen. Einige Fruchtbäume, die in Schutthaufen wurzelten, zeigten auf ihren Stämmen und an den Teilungsstellen der Aeste als Parasiten herrlichster Form und Farbe verschiedenartige Orchideen. Ein Lüftchen hatte vielleicht die staubförmigen Sämchen hergebracht; einige derselben waren in den Riffen der Baumrinde hängen geblieben und in wenig Monaten war daraus die herrlichste blühende Pflanze geworden. Die Orchideen bilden wohl die artenreichste Pflanzenfamilie, die in den Tropen vorkommt; bereits sind ihrer über 10,000 bekannt und beschrieben; die kleinsten gleichen feinem Moose, die größten haben bis zu 10 Fuß lange, fleischige Blätter; alle zeigen Blüten von ganz wunderbarer Farbe und Gestalt; die herrlichsten Blumen, die ich je zu Gesicht bekam, waren die Orchideenblüten im Hofraume meines Gasthauses zu Buitenzorg. Der freie Platz grenzt unmittelbar an die mit tropischen Schlinggewächsen und Bambus dicht bewachsene Schlucht, in welcher der Bach Tschiapus dahinrauscht. Am Abhange ist ein kleines Badehaus angebracht zur speziellen Benützung für die Gäste des Hotels. Als ich den kühlen, dunkeln Raum betrat, um mich durch ein Bad auf die Tages- arbeit zu stärken, flohen geräuschlos zwei mittelgroße Schlangen durch ein' Mauerloch ins Freie; der Wirt sagte mir nachher, daß diese Reptilien mit Vorliebe sich dort aufhalten; beim Ein- gange in den Baderaum ist auch ein Besen postirt, mit welchem der Badkandidat vor dem Eintreten solche unliebsame Gäste ver- scheuchen kann.

Nachdem ich die nächste Umgebung des Gasthofes nach allen Richtungen durchforscht hatte, machte ich mich, mit einem Sonnen- schirm bewaffnet, auf weitere Entdeckungsreisen und durchschlenderte das holländische, sowie das ungleich größere chinesische und ja- vanische Quartier Buitenzorgs.

Diese bedeutende Ortschaft ist seit 1744 Sitz des holländischen Generalgouverneurs. Der 1834 (nach der Zerstörung durch ein Erdbeben) neuerstellte Palast ist ein geschmackvoller Bau, seine nächste Umgebung ein wahres Paradies. Man kann sich kaum einen herrlicheren Fleck Erde denken als diesen sogenannten botanischen Garten, aus welchem die Kunst im Verein mit der Natur ein irdisches Eden geschaffen hat. Durch das nördliche Portal des- selben betritt man eine Allee von gigantischen Banjanenbäumen, deren dichtbelaubte Kronen keinen Sonnenstrahl durchlassen und die breite, gut kultivirte Straße dunkel beschatten. Welche Wonne für den Fußgänger, der eben noch der intensiven drückenden Wärme und dem grellen Licht der Tropensonne ausgesetzt war! Jede dieser Kronen wird aber nicht von einem einzigen Stamme getragen, sondern es sind die von den Aesten zur Erde reichenden und dort Boden fassenden Luftwurzeln zu der Mächtigkeit von Stämmen entwickelt, so daß der einzelne Baum dreißig und mehr ungefähr gleich starke Stützen, natürliche Pfeiler, hat, unter welchen der ur- sprüngliche, zentrale Stamm oft nicht mehr herauszufinden ist. So zieht sich zu beiden Seiten der Straße eine imposante natür-

liche Kolonnade von zirka fünf Minuten Länge, und die grünen
Kronen wölben sich als ein gewaltiges Laubdach über den zahl-
losen Säulen. Man glaubt im Mittelschiffe eines ungeheuren
Domes zu sein, wenn man durch diese in ihrer Art einzige
Allee dahinschreitet. Die Perspektive ist eine wunderbare, und
in der Schlußlichtung des Naturdomes sieht man grün eingerahmt
ein architektonisch schönes, marmorweißes Gebäude mit jonischen
Säulenreihen — den Palast des Gouverneurs.

Im Schatten der Bäume, zwischen den stammgleichen Luftwurzeln, grasten Dutzende von Rehen, welche den einsamen
Wanderer neugierig beguckten, sich aber im ganzen wenig an
ihrer Arbeit stören ließen. Als ob an der herrlichen Allee an
und für sich des Schönen nicht genug wäre, wurzelten auch hier
Hunderte von Orchideen in den Gabeln der Aeste, und alle Augenblicke hemmte eine wunderbare Blüte meine Schritte. Und wo
immer ein modernder Baumstamm oder ein kahler Stein am
Boden lag, wucherten die mannigfaltigsten Formen jener prächtigen Pflanzen darüber hinweg, gleich als ob die Natur sorgfältig
alles Tote mit lebendigem Grün verhüllen wollte.

Als ich mich dem Palaste näherte, fiel mein Auge auf einen
großen Teich, dessen Wasserfläche über und über mit Nym-
phäaceen bedeckt war; aber aus allen heraus leuchtete die Königin
der Seerosen, die herrliche Victoria regia. Unter den zahlreich
vorhandenen Blüten bemerkte ich solche von 35 bis 40 cm im
Durchmesser. Die äußersten Blumenblätter sind blendend weiß,
nach der Mitte zu werden sie allmälig rosapurpurrot. — Ein
interessantes Gebilde ist das Blatt; die obere Seite ist schön
grün gefärbt, die untere, auf dem Wasser schwimmende, dunkel-
purpurn und mit Stacheln besetzt. Der Blattdurchmesser beträgt
bis zu zwei Meter. Die voluminösen Blattrippen enthalten viel
Luft und bedingen dadurch eine so bedeutende Tragfähigkeit, daß
ein sechsjähriges Kind auf einem solchen Blatte stehen kann, ohne

unterzusinken. An der Peripherie ist das Blatt in einen zirka 4 cm hohen, senkrechten Raub umgestülpt. Es war nicht sehr poetisch, aber eine durchaus natürliche Ideen-Association, daß ich angesichts dieser eigentümlich geformten kreisrunden Blätter lebhaft und lüstern einer vaterländischen „Böllendünne" gedachte.

Auf einem freien Platze vor dem Palaste war ein ganz junger Elefant mit einer eisernen Kette von beträchtlicher Länge an einen Baum festgebunden. Er spazierte unverdrossen auf und ab, so weit es ihm seine Fesseln erlaubten, und machte gelegentlich so plumpe und unbeholfene Sprünge und gymnastische Uebungen, daß ich lange Zeit laut lachend vor ihm stehen blieb.

Der botanische Garten beschlägt ein mächtiges Areal von sehr glücklicher Hügelformation, mit Bächen, kleinen Seen, Wasserfällen u. s. w. Er enthält aber auch alles, was die Tropen unserer Erde hervorzubringen im stande sind. Die bedeutendsten holländischen Botaniker haben daran gearbeitet, und auch die amerikanische und afrikanische Tropenwelt ist reichlich vertreten.

Eine Hauptmerkwürdigkeit bildet ein Waringinbaum (Ficus-Art) seltener Größe und Schönheit. Er wurzelt am Rande eines kleinen Sees; der Umfang der Krone beträgt 400 Schritte; die Wurzeln erheben sich über einer Fläche von zirka 50 Meter Durchmesser als $3\frac{1}{2}$—4 Fuß hohe, holzige, vielfach in einander übergehende Rippen über den Boden und sehen aus wie das gewaltige Relief eines Gebirgslandes. Ueberall hängen wie ein Gewirre von Schlangen Luftwurzeln herunter; wo dieselben aber das Wasser treffen und in dem feuchten Grunde Boden fassen konnten, sind sie zu dicken Säulen entwickelt und haben die gewaltigen Aeste des Baumes ganz nach unten gezogen, so daß die Hälfte der Krone den Wasserspiegel fast berührt und für Kähne ein schattiges Versteck bildet.

Wunderbar sind auch die gigantischen Schlingpflanzen. Einen mit Entada Monostachya angeschriebenen, sieben Fuß im Umfang

16

haltenden Stamm kounte ich 400 Meter weit verfolgen, wie er sich in den wunderlichsten, schlangenähnlichen Windungen und Verschlingungen von Baum zu Baum zog, um schließlich faden= dünn an einer Arekapalme zu enden. Das Fehlen aller und jeder Blätter und Zweige machte die Aehnlichkeit mit einer un= geheuern Schlange zu einer täuschenden.

Im Schatten von baumartigen Mimosen fand ich einige sorgfältig gepflegte Gräber mit Monumenten. Wie groß war mein Erstaunen, als ich auf der Marmortafel des zunächst liegenden die folgenden Worte las: „N. N. en Echtgenoote." Mein in vaterländischem Ideencyclus befangenes Gehirn übersetzte natür= lich „N. N. ein Eidgenosse." Ich hatte die gleichen Worte auch auf der Visitenkarte meines Gastfreundes Herrn Z. in Batavia gesehen und es dazumal allerdings etwas komisch gefunden, daß die Nationalität in dieser Weise herausgestrichen werde. — Ist es möglich, dachte ich, daß sogar hier an dieser seltenen Stätte ein Schweizer begraben liegt? Eben bückte ich mich mit patrio= tischen Gefühlen, um eine Blume vom Grabe des Landsmannes zu pflücken, als ich auch auf dem benachbarten Grabmale die sterblichen Ueberreste eines Eidgenossen signalisirt fand. Endlich, nachdem auch der dritte Stein „en Echtgenooten" präsentirte, fing der Leser an zu merken, daß unsere Eidgenossenschaft nichts mit diesen Gräbern zu tun habe, daß das „en Echtgenoote" mit „und Ehegenossin" zu übersetzen sei und der Eidgenosse auf der Karte des Herrn Z. dessen Gattin bedeute.

Die holländische Sprache hat mir übrigens an anderer Stelle noch einen viel komischeren Streich gespielt: In Batavia besuchte ich eines Abends den kleinen, aber wegen seiner zahl= reichen Arten von Crotonpflanzen sehenswerten Garten eines holländischen Unterbeamten, der, so viel ich mich erinnere, den seltenen Namen „Meier" trug. Der Eigentümer ist gleichzeitig Besitzer des größten Bauches, den ich je in meinem Leben zu sehen

Gelegenheit hatte. Seine Angen suchen vergeblich nach den Füßen; denn der Blick ist für alle Zeiten durch die unförmliche Rundung des Rumpfes von den unteren Gliedmaßen abgeschnitten. Als der Mann hörte, daß ich Arzt sei, bat er mich zu sich ins Haus und fing an, mir in holländischer Sprache (deutsch sprach er kein Wort) eine lange Krankengeschichte zu erzählen. Ich verstand so etwas von einer großen Geschwulst im Leibe, die heftige Beschwerden verursache, der bisherigen ärztlichen Behandlung spotte u. s. w. Die Sache schien mir ganz begreiflich und ich nickte mit einem Seitenblick auf den gewaltigen Bauch verständnißinnig und murmelte etwas von großer Leber, Fettbauch und Karlsbadersalz in den Bart hinein. Je mehr ich ihn zu verstehen schien, desto eifriger wurde mein Klient und desto beredter in seinen Schilderungen. Um die Sache abzukürzen, wollte ich mich gleich medias in res stürzen und fing an, den Bauch aufs gründlichste zu untersuchen und mit meinen Fingern zu bearbeiten, bis mir der erstaunte und halb entrüstete Besitzer mit lebhaften Gestikulationen erklärte, nicht er, sondern eine Frau im anstoßenden Zimmer leide an der so einläßlich geschilderten Krankheit.

Bis mittags 1 Uhr schwelgte ich in der paradiesischen Herrlichkeit des Buitenzorger botanischen Gartens; dann aber mahnte der bereits holländisch dressirte Magen an die Reistafel, welche im Hotel de l'Europe eines ganz besondern Rufes genießt. Getafelt wurde in einem nach drei Seiten offenen, luftigen Gartensaale; reinlich gekleidete malayische Diener machten die Honneurs. — Mein Nachbar zur Rechten war ein Obermaschinist der holländischen Marine, welcher sich im Urlaub befand und mir zur Beförderung der Verdauung haarsträubende Abenteuer erzählte, die er zur See erlebt haben wollte. Er hatte auch einen Teil des Feldzuges gegen Atschin mitgemacht und teilte mir manches Interessante über die Kriegsführung der Atschinesen mit.

Dieses von Natur aus tapfere Bergvolk kennt seit langem den Gebrauch der Feuerwaffen. Dieselben sind aber größtenteils noch sehr primitiver Art, Zündpfannengewehre mit nach vorn trompeten= artig erweitertem Laufe, also die Waffe des dreißigjährigen Krieges. Die an und für sich geringe Treffsicherheit derselben wird zudem noch bedeutend beeinträchtigt durch die Gewohnheit, bei seitwärts abgewendetem Kopfe loszudrücken. In jüngster Zeit aber sind durch zahlreiche Ueberläufer aus der holländischen Armee den Atschinesen auch Hinterlader überbracht worden; ja sie haben auf diesem Wege sogar die Technik der Patronenfabrikation erlernt und werden von Jahr zu Jahr trotziger und erfolgreicher den Holländern die Stirne bieten können. Als Akt größter und raffinirtester Grausamkeit, welchen nur der verzweifeltste Haß und die durch Jahre lange Unterdrückungsversuche gestachelte Rachsucht erfinden konnten, notire ich den Brauch der Atschinesen, gefangene Holländer mit gewaltsam offen gehaltenem Munde unter den aufgehängten Leichnam eines Kameraden zu lagern, so zwar, daß die Verwesungsprodukte des Kadavers dem darunter liegenden Lebenden in die Mundhöhle träufeln müssen und er nach tage= langer, gräßlicher Qual zu Grunde geht. — Die Erzählungen des holländischen Maschinisten wirkten nicht sonderlich fördernd auf meinen Appetit; ich zog mich gerne zur Siesta auf einen Schaukelstuhl der luftigen Veranda zurück; als Gespielin nahm ich eine kurz zuvor eingefangene, ganz junge und prachtvoll ge= zeichnete wilde Katze auf meinen Schoß; sie benahm sich aber anfangs höchst ungeberdig, fauchte und biß und spie und kratzte, bis sie endlich zu der Ueberzeugung kam, daß mir dies alles nicht imponire und sich resignirt dazu entschloß, die von meiner Manilla aufsteigenden Rauchwölkchen mit ihren zierlichen Tätzchen zu fangen und schließlich nach vielen vergeblichen Versuchen er= staunt darüber zu philosophiren, wie vieles doch in dieser Welt und bei diesen Menschen Lug und Trug sei und wie so manches reell Erscheinende bei näherer „Betaßung" sich als eitel Ranch entpuppe. — Die noch übrigen Nachmittagsstunden benüßte ich, um Straßenstudien zu machen. Und was für reizende Bilder fielen mir da in die Augen:

Dort erblicke ich an den Zweigen einer blühenden Kaffee= hecke, deren herrlichen Jasminduft ich schon von weitem wahr= genommen, ein Paar kleiner brauner Händchen; sie gehören einem kleinen braunen Mädchen, welches auf die Zehenspitzen erhoben und das neugierige Näschen in die Höhe streckend, sich Mühe gibt, nach dem frembartigen Wauberer herüberzuguden. Im Garten drin spielt ein breijähriger Junge, nur mit zwei Arm= spangen und einer Halskette bekleidet, mit einem blutjungen weißen Schäfchen, dem er ein blaues Band um den Hals ge= bunden hat; jeßt umfassen die runden Aermchen das zahme Tier und die braune Wange des Kindes legt sich liebkosend an deffen Kopf. — Dort trägt ein gewiß nicht mehr als sechs Jahre altes Mädchen sein jüngeres nacktes Brüderchen mit der Würde einer Mama auf der Hüfte; der Kleine strappelt seelenvergnügt und betrachtet mit großen, kirschschwarzen Augen die Welt von seinem erhabenen Staub= oder Sißpunkte aus. Eine Liebkosung meiner= seits nimmt er aber nicht für bekannt an, sondern verzieht seinen Mnub zu einer tiefgekränkten Miene, die ans Weinen grenzt.

Auch ins Innere der Häuser der Eingebornen warf ich manchen Blick und bewunderte stille stehend die beschauliche Art und Weise, mit der die Leute ihre Tage verleben. Gearbeitet wird wenig. Oftmals liegt die ganze Familie am hellen heitern Tage schlafend und trumm durch= und aufeinander gelagert auf dem Boden, und nur der Wächter des Hauses, der Hund, er= wacht und knurrt, wenn ein Zuschauer sich davor postirt.

In der Dämmerung hörte ich aus manchem Hause die melancholisch=einförmigen javanischen Weisen, originelle Melodien, die ich so viel und so genau als möglich aufnotirt habe. Beim

Zwischen erblickte ich hie und da eine schlanke Javanin, welche ihren Gesang mit den Klängen des Gambangs, einer Art Schlag= harmonika, begleitete.

In meinem Eifer hatte ich nicht bemerkt, daß am Himmel dichte Wolken sich zusammenzogen; in wenig Minuten fing ein orkanartiger Wind zu blasen an und bald darauf begann es zu regnen mit einer Mächtigkeit, die nur den Tropen eigen ist. Ich flüchtete mich durch und durch naß in ein Lagerhaus des be= nachbarten Bahnhofes und lauschte dem Summen eines ebenfalls dorthin geflohenen Eingebornen, der sich's auf Kaffeesäcken bequem gemacht hatte.

Die durch den Regen erfolgte Abkühlung war eine so be= deutende, daß ich zitternd vor Frost und Nässe im Hotel anlangte und mir zur Verhütung einer Erkältungskrankheit eine halbe Flasche Schaumwein verschrieb. Das Ding schmeckte aber nicht recht so ohne allen Sang und Klang. Als ich eine Viertelstunde später, durch ein Bad neu restaurirt, in mein dämmeriges Schlaf= zimmer zurückkehrte, sah ich eben noch, wie ein kleines, schwarz und gelb geringeltes Schlänglein auf dem Schwanze hoch auf= gerichtet in S-förmiger Krümmung seinen Kopf in das noch halb gefüllte und auf dem Tische stehende Schalenglas steckte und von der süßen Flüssigkeit naschte. Mein Erscheinen störte das Tier in seinem Genusse; es huschte über die Länge des Tisches weg und schlängelte sich lautlos an einem Tischbeine zu Boden. Dieser Schlafkamerad war mir denn doch etwas unheimlich; ich durch= suchte das ganze Zimmer, das Bett von oben bis unten mit einer Genauigkeit, die auch für die Jagd auf ein noch kleineres Tierchen hinreichend gewesen wäre, hob alle die losen Platten vom Boden, alles ohne Erfolg; schließlich legte ich mich doch aufs Ohr und schlief merkwürdiger Weise nicht weniger gut, als wenn ich daheim im eigenen Bette gelegen hätte.

Später suchte ich unter der Schlangensammlung des Museums

zu Batavia meinen Mitzecher auf, fand ihn, den Unverbefferlichen, in mehreren Exemplaren wie erwartet in Spiritus und erfuhr durch den Kurator, daß ich es mit einer höchſt giftigen kleinen Schlange zu tun gehabt habe.

Andern Tags verreiste ich mit dem Frühzug nach Djandjoër. Die 4¼ Stunden dauernde Eiſenbahnfahrt iſt ganz einzig in ihrer Art; ein überraſchender Ausblick folgt auf den andern. Majeſtätiſch präſentirt ſich bald nach der Abfahrt von Buitenzorg der urwaldbedeckte Vulkan Salak; die Niederungen aber, denen die Bahnlinie folgt, bilden einen großen Garten, in welchem die tropiſche Natur ſo recht ihren Reichtum und ihre grandioſe Ueppigkeit entfaltet. — Die Reisfelder waren ſtark bevölkert, nicht nur mit den früher geſchilderten weißen Reihern und mit Reisfinken und Papageien, ſondern auch mit fleißigen Bauers-leuten, welche, bis an die Kniee im Waffer und Schlamme watend, die Reisſetzlinge ſteckten. Die zugehörigen Kinder tummelten ſich unterdeſſen auf den trockenen Wällen herum, welche die einzelnen bewäſſerten Felder von einander ſcheiden, und winkten und lärmten dem vorbeieilenden Zuge gerade ſo nach, wie es bei uns die liebe Jugend wohl auch zu tun pflegt.

Ein Bild zum Malen iſt mir von der Station Soekaboemi her in Erinnerung; dort ſtund ein halberwachſenes, bildſchönes Mädchen in der Nähe der Eiſenbahnlinie im Grünen; mit der linken Hand ſtützte es das auf ſeiner Hüfte reitende kleine Brüder-lein, mit der rechten hielt es in graziöſer Anmut ein gewaltiges Piſangblatt als Schutz gegen die Sonnenſtrahlen über ſeinen ſchwarzgelockten Kopf.

Am Endpunkte der Bahn — in Djandjoër — das wir mittags halb 1 Uhr erreichten, hält ein Böhme aus Bodenbach die Bahnhof-Reſtauration. Ich war der einzige Gaſt, der ankam, und wurde von dem etwas enttäuſchten Herrn Reſtaurateur in Empfang genommen und ſofort an die Tafel „verſammelt"; zwei reinliche, javanische Jungen servirten mir die vielen zum Reistisch gehörigen Platten und der Herr Wirt unterhielt mich unterdessen von seinen Erlebnissen in Zentral-Afrika, wohin er im Gefolge des Reisenden Schweinfurth von Zanzibar aus eine Expedition mitgemacht hatte. Ich habe meiner Lebtag keinen Menschen fürchterlicher aufschneiden hören, und die Gemütlichkeit und Zuversicht, mit der er log, war geradezu klassisch.

IX.

Nach Bandong. — Marterkarren. — Fähre über den Tschiparemfluß. — Affen. — Javanische Gastfreundlichkeit. — Auf dem Tangkuban Prau. — Ein Morgen in den Tropen. — Chinaplantagen in Lembang. — Der reisende Doktor in Verlegenheit. — Störrischer Gaul. — Urwald. — Unerwartetes Hinderniß. — Am Krater. — Zur Hölle. — In Todesgefahr. — Zurück nach Bandong und Djandjoër. — Riesenschlange. — Sindanglaya. — Verloren und Verdorben. — Puntjakpaß. — Kratersee. — Springblutegel. — Kaffee- und Theeplantagen.

Von Bandong, dem Endziele meiner Tagesreise und Haupt-orte der Preanger-Regentschaften, war ich immer noch über 60 Kilometer entfernt, die ich per Fuhrwerk zurücklegen mußte. Ein schmerzliches Gefühl steigt mir jetzt noch von den Sitzknorren aus gegen die Seele, wenn ich an jene Fahrt denke. Das Vehikel war ein ungefederter, zweiräderiger Armensünderkarren, dessen größten und einzigen Luxus ein zum Schutze gegen die Sonne ausgespanntes, aber durchlöchertes Zelt aus Büffelhaut bildete. Drei kleine javanische Pferde, neben einander gespannt, besorgten das Ziehen, ein zwölfjähriger Junge das Dreinhauen, ich das passive Geschäft des Geschüttelt- und Geschundenwerdens, und fort ging's stundenlang in ununterbrochenem scharfem Trabe und Galopp über Stock und Stein, bergauf und bergab, auf der oft

elenden Straße, vorbei an Palmenwäldern, durch eine unausgesetzte
Kette von Kaffee-, Thee-, Reis-, Zuckerkulturen und Gegenden,
wo der Arm der Menschen noch nicht in das Walten und Schaffen
der Natur eingegriffen hat, wo seit undenklichen Zeiten Urwald
die Erde deckt, oder zwischen gewaltigen Flächen von Alang-Alang,
jenem 6 bis 8 Fuß hohen Rietgrase, dem Lieblingsverstecke des
Tigers, aus dem er wohl in der Dämmerung hervorbricht und sich
einen Raub von der Straße holt. - - In solchem Grase sah ich
auch die großen tellerförmigen Fußspuren des Rhinozeros.

Von zirka 15 zu 15 Kilometer, jeweils in einer größern
Ortschaft, wurde den dampfenden Pferdchen 5 Minuten Rnhe
gegönnt und ihnen eine Hand voll Reisstroh und Wasser ver-
abreicht. Ich benützte die kurze Gelegenheit stets, um aus meinem
Marterkasten herauszukriechen und meinen geräderten Gliedern
etwas freie Bewegung zu gestatten; das Ein- wie das Aussteigen
war ein wahrhaftiges Martyrium, und die zahlreich versammelten
Dorfbewohner, große und kleine, hatten ihren geheimen Spaß
daran, daß ich wie ein halb zusammengeklapptes Taschenmesser
in der engen Karre sitzen mußte. — Alle aber ohne Ausnahme
waren recht anständig und freundlich, fast unterwürfig; ich machte
überhaupt die Erfahrung, daß in den Gegenden Javas, welche
dem großen Verkehre mehr oder weniger fern liegen, der Europäer
noch mit einer gewissen respektvollen Scheu und nicht geringer
Ehrfurcht behandelt wird. So z. B. erwiesen mir viele ältere
Leute, an denen ich vorbeifuhr, die gegenüber ihren Fürsten
vorgeschriebene Begrüßungsform, indem sie sich am Straßenraub,
das Gesicht gegen die Straße gewendet, niedersetzten, den wannen-
förmigen Hut vom Kopfe nahmen und gesenkten Blickes meinen
Wagen vorbei passiren ließen.

Zirka drei Stunden von Djandjoër weg fällt die Straße
plötzlich und jäh zu einer imposanten Schlucht ab, in deren Tiefe
das klare und breite Gewässer des Tschiparemflusses dahinströmt.

Diese Szenerie ist wohl das schönste Naturschauspiel, welches mir aus den Preanger-Regentschaften in Erinnerung blieb. Beide seitlichen Abhänge der Schlucht sind mit jener Dichtigkeit und Mannigfaltigkeit bewachsen, wie sie eben nur dem tropischen Urwalde eigen sind. Die üppige Vegetation scheint zu wenig Raum zu haben und strebt in freier Luft als überhängendes mächtiges Dach weit gegen die Mitte des Flusses; Schlingpflanzen und Luftwurzeln seulen sich träumerisch zu den Wassern. In ·bem ruhig dahinfließenden Strome ist in unglaublicher Klarheit das Spiegelbild der grünen Ufer-Vegetation zu sehen; nur in der Mitte der Wasserfläche bleibt ein heller Streif, der Reflex des Himmels, der zwischen den gigantischen Baumkronen und dem dichten Urwaldgestrüpp herniederschaut.

Die zum Flusse hinabführende Straße fällt so steil ab und ist so holperig, daß wir, Kutscher, Pferde und ich, mit vereinten Kräften arbeiten mußten, um mit heiler Haut herunterzukommen; er hielt die Pferde, ich hatte den bald nach rechts, bald nach links sich neigenden Karren zu stützen.

Ueber den Fluß führt eine Fähre in Gestalt von zwei zusammengerammten Böten, über welche ein Bretterboden gelegt ist, groß genug, um auch Fuhrwerke aufzunehmen, aber ohne alle Barrieren oder andere Sicherheitsvorrichtungen. Zwei mächtige, aus Rotan geflochtene Seile überspannen als weit herabhängende Schlingen das Flußbett, laufen an beiden Ufern über Bambus-stützen und sind in höchst primitiver Weise an Baumstämmen befestigt. An dieser lotterigen Führung gleitet die bewegliche Brücke langsam hinüber.

Die Pferde wurden ausgespannt und über knarrendes Bambus-geflecht auf die Fähre getrieben; dann kam ich und schließlich noch mein Luxuswagen, den ein halbes Dutzend Javaner scheinbar mit Aufwand aller Kräfte herüberschob, obschon diese Leistung für einen einzelnen nicht zu groß gewesen wäre. — Auf dem

andern Ufer badeten zahme Büffel in der kristallhellen Flut;
sie werden für die meisten Fuhrwerke als Vorspann gebraucht,
da es sonst kaum möglich ist, aus der Schlucht herauszukommen;
die wegführende Straße hat eine fast verwegene Steigung.

Mein Kutscher hieß mich einsteigen, wies die Hülse der
elefantenähnlichen Wiederkäuer, die von ihren Besitzern bereits
zuggerecht gestellt waren, mit nachdrücklichem Gebrüll zurück und
hieb nun wahrhaft wahnsinnig auf seine Gäule los; ehe ich
protestiren konnte, ging's in gestrecktem Galopp bergan; Peitsche
und Stimme des Kutschers ruhten keinen Augenblick; ich hatte
Mühe, mich festzuhalten und wurde ganz unbarmherzig hin- und
hergerüttelt. Endlich waren wir oben; der Kutscher hielt an und
lachte verschmitzt beim Betrachten meiner sauersüßen, ungnädigen
Miene und meiner Anstrengungen, dem am meisten gepeinigten
Körperteile etwas Erholung zu verschaffen; die Pferdchen dampften
und schnaubten. — Die Straße ist rechts und links ein ziemliches
Stück weit durch den Urwald eingerahmt; hier war es auch, wo
ich die erste Affenfamilie in Freiheit sah; Mutter und Kinder
empfahlen sich schleunigst; der Herr Papa aber sah sich das Ding
noch ein bißchen genauer an, schnitt dann einige verächtliche
Grimassen und verduftete auch; seine rote Kehrseite war das
letzte, was ich zwischen den dichtbelaubten Aesten einer baumartigen Mimose noch erkennen konnte.

Eine halbe Stunde später passirten wir die langgestreckte
Ortschaft Radjamandala, eine zwei Kilometer lange Doppelreihe
von Bambushäusern in Gärten, in welchen die Mutter Natur
alleinige Gärtnerin ist. Ich gab meinem Pferdejungen etwas
Geld und erwartete, daß er von den feilgebotenen Früchten sich
einige zur Erfrischung laufen werde. Statt dessen kehrte er mit
einer Portion Siri zurück, die in ein Betelblatt gewickelt war,
und fing sofort das ekelhafte Kau- und Spuckgeschäft an, wobei
im Fahren ein gutes Teil auch für mich abfiel.

Einige Kilometer weiter vorwärts saß in der Veranda eines beßern javanischen Hauses eine Gesellschaft gutgekleideter Javaner beisammen und sah den Aufführungen einer wandernden Theater= bande zu. Ich ließ anhalten; sofort erschien der Herr des Hauses, grüßte ehrerbietig und lud mich zum Sitzen ein; eine Taße Kaffee wurde gebracht; ein Mädchen, nach der Sitte der Gegend gekleidet, d. h. als einziges Kleidungsstück den Sarong umge= buunben, den Oberkörper entblößt, bediente mich mit Bananen und Backwerk. Die Schauspieler strengten sich an, dem Fremb= ling das Schönste in dramatischer Kunst zu zeigen. Ich wollte sie, wie die Dienerin, beim Abschiede belohnen; aber dagegen erhob sich ein allgemeiner Protest. Die ganze Gesellschaft be= gleitete mich schließlich zum Wagen und verabschiedete sich nach dortiger Weise mit tiefen Verbeugungen und Kreuzen der Arme vor der Brust.

Etwas vor sieben Uhr, also fast eine Stunde nach Sonnen= untergang, langten wir in Bandong an, woselbst ich als einziger Gast das von einem Deutschen gehaltene, neu erstellte Hotel Homann bezog. Die Nacht war prachtvoll; ich lag noch lange Zeit im Bettkostüm auf der Veranda meines Zimmers; Tausende von Glühkäferchen schwärmten in der Luft und produzirten ein Feuerwerk, wie ich es bisher noch nie gesehen hatte.

Für den folgenden Tag hatte ich die Besteigung des vul= kanischen Tangkuban Prau aufs Programm gesetzt. Schon um ¹/₂6 Uhr war der „Johann“ des Hotels mit zwei frischen Pferdchen, aber der nämlichen jammervollen Karre des vorhergehenden Tages, zur Abfahrt bereit. Es war so kühl, daß ich mich gerne in meinen Plaid einwickelte.

Prachtvoll erwachte die Welt; die Sonne vergoldete eben erst die Gebirge, denen wir zustrebten; sie hoben sich gegen den Horizont ab wie glänzende Firnen und Gletscher. Auf der Straße begegneten wir zahlreichen Eingebornen, welche mit

Früchten und Produkten ihrer Händearbeit beladen nach Bandong zu Markte gingen, den fröstelnden Körper bis über die Ohren in Fetzen eingehüllt. Die unterdessen am Himmel erscheinende Sonne wärmte bald und belebte auch das Innere der am Wege liegenden Hütten; die bambusgeflochtenen Türen öffneten sich; gähnende und sich streckende Erwachsene kamen zum Vorschein und sahen sich den jungen Tag an; Kinder erschienen und begannen ihre Spiele; ein Mädchen setzte sein Brüderlein auf ein gewaltiges Pisangblatt, benützte den dicken Blattstiel als Deichsel, fuhr den kleinen Passagier Kutsche und fing immer wieder von vorne an, wenn der Knirps beim Anziehen nach hinten überschlug.

Auffallend ist der Hühnerreichtum der javanischen Dörfer; oft sind die Wege förmlich mit Geflügel bevölkert und die Räder unseres Karrens töteten leider mehrere Küchlein; das Ereignis scheint aber öfters zu passiren, machte wenigstens auf die Eigentümer keinen großen Eindruck. Vielleicht daß auch die Scheu vor dem Europäer sie von Auslassungen zurückhielt.

Die Kinder benahmen sich überall sehr zurückhaltend, furchtsam schüchtern, was mir oft leid tat; es erschien mir aber begreiflich, wenn ich mich daran erinnerte, wie die dort wohnenden Europäer die Eingebornen behandeln; hatte mir doch der böhmische Bahnhof-Restaurateur in Djandjoër gesagt, die Javaner müssen traktirt werden wie die Hunde, nicht wie Menschen.

Um 8 Uhr langten wir in der letzten per Fuhrwerk zu erreichenden Ortschaft, in Lembang, an. Der Ort liegt 600 Meter über dem Meeresspiegel am Fuße des Tangkuban Prau und enthält die Ruhestätte des famosen Java-Kenners Junghuhn, welcher 1864 dort starb, nachdem er 30 Jahre seines Lebens der Erforschung des herrlichen tropischen Eilandes, seiner zweiten Heimat, gewidmet hatte. — Im weitern gewinnt Lembang Bedeutung durch die Chinaplantagen, die seit Ende der fünfziger Jahre dort angelegt sind. Der Chinarindenbaum, der das wichtigste aller Fieberheilmittel, das Chinin, liefert, war bekanntlich bis zum Jahre 1854 nur in Peru zu Hause. Um diese Zeit aber gelang es dem holländischen Botaniker Haßkarl — trotz nachdrücklichen Verbotes und strengster Aufsicht seitens der peruanischen Regierung — Pflänzlinge und Samen nach Holland und von dort nach Java zu bringen und seither sind in den javanischen Gebirgen über zwei Millionen Chinarindenbäume angepflanzt worden. Ihre Kultur erfordert äußerste Sorgfalt; die jungen Bäumchen müssen gehegt und gepflegt werden, wie kränkliche Kinder. Die Wurzelrinde ist geschätzter als diejenige des Stammes; doch geht natürlich mit ihrer Ausbeutung der Baum zu Grunde; dagegen wird der Stamm in der Weise ausgenützt, daß man die Rinde in langen Bändern ablöst, aber mit sorgfältigster Schonung des Cambiums, und jeweils zwischen zwei abgelösten Bändern eine Rindenpartie stehen läßt, so daß der Baum gesund bleibt und die Lücken im Laufe der Zeit sich wieder ausfüllen. Das Geschäft des Ablösens und Trocknens besorgen Weiber und Kinder. Der Export von Chinarinde aus Java betrug im Jahre 1880 124,000 Kilos, immerhin nur ein geringer Bruchteil des jährlichen Gesamtverbrauches auf der ganzen Erde, welcher sich auf neun Millionen Kilo beläuft.

Ich hatte Empfehlungen in der Tasche an die zwei einzigen in Lembang residirenden Europäer, den Direktor der Chinaplantage, Herrn Twiß, und einen holländischen Polizeiaufseher, unter dessen Schutz ich die Bergtour ausführen sollte. Zu meinem Aerger und meiner nicht geringen Verlegenheit bedeutete man mir, beide Herren seien nach Bandong verreist. Was tun? In ganz Lembang war niemand, der eine mir geläufige Sprache kannte, und so stund ich denn anfänglich ratlos, umgeben von einer gaffenden Menge von Javanern mit Weibern und Kindern, die aus meinen malayischen Brocken erst nicht recht klug wurden, so ernstlich sie auch über jedes von mir gesprochene Wort Rat

hielten. Für einen unbefangenen Zuschauer hätte unsere von lebhaften Geberden unterstützte Konversation ein höchst komisches
Schauspiel sein müssen. Endlich begriff eine gelbe Tochter Javas,
daß ich ein Pferd und einen Führer auf den Berg wünsche.
Beides erschien nach geraumer Zeit, der letztere ein 12jähriger
Junge mit häßlichem, blatternnarbigem, aber intelligentem Gesichte, doch zu klein für einen Kampf mit Tigern und Riesen-
schlangen, wie ich ihn vorhatte; das erstere ein Mitleid erweckendes
Tier, das einem kleinen Maulesel ähnlicher sah als einem Pferd.

Ich war froh, wenigstens das zu haben und setzte mich
wohlgemut auf den Rücken des Tieres; es sah dabei erstaunt
nach rückwärts und wunderte sich, daß an seinen Flanken zwei
so ungewohnt lange Beine bis fast zum Boden herunterhingen.
Nun wollte ich vorwärts, der Führer wollte auch, aber meine
Rosinante wollte nicht; alles Zerren, Prügeln, Wadendrücken half
nichts; sie stand bockstille; einige der Umstehenden fingen an zu
schieben, was den Erfolg hatte, daß das intelligente Tierchen
mehrere Schritte rückwärts und mit. dem Hintern in eine Dorn-
hecke drängte, wobei auch einige Partien meines Körpers in
Gefahr kamen. Schließlich stieg ich gerne ab und „ritt“ zu Fuß,
während mein Cicerone, den nun lenksamen Gaul am Zügel
haltend, vorausging. — Der Pfad führt in ziemlicher Steigung
erst durch die Chinapflanzungen; die Chinarindenbäume sind von
äußerst edler, dem europäischen Auge ungewohnter Form und
eine derartige Plantage gewährt einen wirklich schönen Anblick.

Nach halbstündigem Steigen erreichten wir eine Hochebene,
die — vor kurzem noch mit Urwald bedeckt — nun für die
Aufnahme von jungen Chinabäumen hergerichtet wurde. Zu
diesem Zwecke wurde der Wald einfach angezündet, gleichviel
welche Ausdehnung das Feuer nehmen konnte; die schließlich
übrig bleibenden gewaltigsten Baumstämme, welche der Wochen
lang dauernde Brand hatte verkohlen, nicht gänzlich zerstören

können, waren gefällt worden und lagen nun als schwarze Kolosse
da, wie ein Heer erschlagener Riesen auf dem Schlachtfelde. Es
dauert Jahrzehnde, bis dieselben vermodert sind; sie bilden aber
während dieser Zeit ein kontinuirliches Düngmittel. Doch braucht
es beständiger Arbeit von vielen Händen, um die überall neu
aufkeimende Waldung auszurotten und das Terrain für die beabsichtigten Kulturen offen zu erhalten. Das Schaffen der Natur
ist ein so riesiges, daß 14 Tage genügen würden, um alle die
toten Baumstämme mit frischem Grün zu überdecken.

Als wir die Hochebene durchquert hatten, begann dichter
Urwald und deckte uns mit seinem Schatten bis fast zur obersten
Spitze des Berges. Der Weg ist recht steil; er führt im Zickzack
hinauf und ist nichts anderes als ein künstlich erweiterter und
offen gehaltener Pfad, welchen sich Rhinozerosse durch das Dickicht
gebrochen haben. Seitlich vom Wege sich in den Urwald zu verlieren, wäre fast unmöglich (übrigens auch nicht ungefährlich),
denn das Gewirr von Bäumen, Sträuchern und Schlingpflanzen
bildet eine meist unburchbringliche, lebendige Mauer. — Oftmals lag ein frischgefallener Stamm quer über den Pfad oder
wurde von mächtigen Schling- und Klettergewächsen, die sich an
ihm zum Lichte emporgeschwungen hatten, in freier Luft schwebend
erhalten, so zwar, daß es aussah, als ob er jeden Augenblick
niederstürzen und uns zermalmen könnte. — Als schönste Gebilde des Urwalds, die auch den Palmen weitaus den Rang
ablaufen, erschienen mir stets die Baumfarne; von Palmenform
zeigen sie ein viel saftigeres Grün und weicher gegliederte Blätter
als diese; die anmutigen Blattkronen ruhen auf Stämmen von
30 bis 60 Fuß Höhe. Namentlich prächtig heben sich die Baumfarne von ihrer Umgebung ab, wenn man Gelegenheit hat, ein
Stück Urwald aus der Vogelperspektive zu betrachten.

Es ist ein eigentümliches Gefühl bangen Grauens, das den
Menschen beschleicht, wenn er zum ersten Male den Urwald betritt.

Die Stille, das ernste Halbdunkel, die imposante Größe über-
wältigen ihn; das dadurch geweckte Bewußtsein der eigenen
verschwindenden Kleinheit und Nichtigkeit macht ihn erzittern,
ähnlich wie auf dem uferlosen Weltmeere oder angesichts der
unermeßlichen Wüste. Schaudernd ahnt der an Schranken gewöhnte
Geist Ewigkeit und Unendlichkeit. Bald aber treten diese Gefühle zurück gegenüber dem Interesse für die schönen E i n z e l -
h e i t e n des gewaltigen Ganzen.

Was den Urwald am meisten von u n s e r n Wäldern unter-
scheidet, ist die große Mannigfaltigkeit seiner Gewächse; bei u n s,
wo lebensfeindliche klimatische Bedingungen dem Wachstum der
Pflanzen sich entgegenstellen, sind es nur e i n z e l n e, welche
denselben Trotz bieten und welche danu in gesellschaftlicher und
einheitlicher Weise unsere Wälder formiren. Im Urwald aber
sieht man selten zwei gleiche Bäume oder Pflanzen neben einander;
die warme und feuchte Tropenluft fördert eben a l l e und j e b e
Vegetation, und es kämpfen die Gewächse in u n e n d l i c h e r
Mannigfaltigkeit um den Raum zum Wurzeln und Wachsen,
den Kampf ums Dasein.

Von der Tierwelt gewahrt man im ganzen sehr wenig;
es herrscht eine geheimnisvolle Stille; nur hie und da schreit
ein Vogel oder ein unschuldiger Vierfüßer auf, der vielleicht von
einer Tigerkatze oder einer Schlange gepackt wurde. Oder das
Ohr vernimmt aus der Ferne das Krachen eines zusammen-
brechenden, lebensmüden Baumriesen. Ein paarmal guckten auch
neckische Affen aus dem Dickicht heraus, indem sie mit den Vorder-
händen die laubigen Schlinggewächse auseinander hielten und
neugierig die Köpfe hervorstreckten.

Als ich aber einen Revolverschuß in die Luft abgab, erfuhr
ich, daß die Tierwelt in meiner unmittelbaren Nähe doch reichlich
vertreten war: wilde Hühner (von dem wilden javanischen Huhu
stammt unser Haushuhn ab) flatterten auf; Affen kreischten

mörderlich, und das Knacken von Zweigen und Raſſeln im Dickicht zeigte mir, daß auch größere Tiere in der Nähe weilten.

Zirka zwei Stunden lang ritt ich — die Roſinante hatte
unterdeſſen Vernunft angenommen — im Schatten des Waldes
bergauf. Oftmals war der Weg quer verlegt und dann mußte
ich abſteigen und den Gaul über das Hindernis wegbugſiren
helfen. Ich ſetzte mich aber immer gerne wieder auf den Pferde-
rücken, denn unter dem Laub und Geäſt, das den Boden bedeckte,
konnte kriechendes Gewürm verborgen ſein, und trotz eines in der
Taſche mitgeführten Heilmittels gegen Biſſe giftiger Schlangen
verlangte mich doch nicht nach näherer Bekanntſchaft mit denſelben.

Unterdeſſen waren wir, wie mein Aneroïdbarometer zeigte,
2000 Meter hoch geſtiegen. Der Wald lichtete ſich; der Boden
wurde kahl und trug nur noch holziges Geſtrüpp und vereinzelte
Bäume, die aber alle ohne Laubwerk daſtunden. Erſtickende
Schwefeldämpfe erfüllten die Luft und erklärten mir die Oede
der Vegetation.

Nach einer weitern Steigung von zirka 100 Metern waren
wir auf dem Gipfel, einem kleinen Hochplateau, das einen un-
vergleichlich ſchönen Ausblick auf den zu Füßen liegenden Urwald
und die herrlichen Gebirgsketten und üppigen Täler der Preanger
Regentſchaften gewährt.

Als wir uns zum Krater verfügen wollten, hemmte plötzlich
ein unerwartetes und abſolutes Hindernis unſere Schritte. Eine
12 Fuß hohe Paliſſade aus zuſammengeflochtenen und in die
Erde getriebenen Bambusſtämmen ſchnitt jede Möglichkeit ab,
weiter vorwärts zu kommen. Es war dies ein Teil jener rieſigen
Schutzsperre, welche die Regierung zur Abhaltung der Rinder-
peſt gegen die davon betroffenen Diſtrikte hatte erſtellen laſſen
und welche direkt über den Gipfel des Tangkuban Prau verlief.
Alles Suchen nach einem Durchgang oder nach einer Lücke war
vergeblich; überall ſtarrten uns die feſt zuſammengerammten Pfähle

entgegen, die auch nicht einen einzigen Blick zwischen sich durchschlüpfen ließen. Was tun? Sollte ich den mühsamen Weg zurückgelegt haben, ohne zum Ziele, zum Krater des Berges, gekommen
zu fein? Ich schrie aus Leibeskräften, schoß auch mehrere Male
mit meinem Revolver, um einen möglicherweise nicht allzuweit
davon postirten inländischen Polizisten herbei zu locken, der uns
vielleicht eine Paffage hätte zeigen können. Doch fiel mir nachträglich ein, daß ohne Begleitung des Polizeikommiffärs, den
ich ja fatalerweise in Lembang verfehlt hatte, die Erlaubnis zum
Betreten des abgesperrten Gebietes jedenfalls nicht erhältlich wäre.
Ich wartete eine Viertelftunde; alles blieb ruhig; natürlich, denn
wie sollte eine Polizeiwache da hinaufkommen? Nur das Tosen
des Vulkans war aus ferner Tiefe zu hören. Dies erregte mein
Verlangen, den Wütenden zu fehen, in nur um fo höherem Grade.
— Ich fah meinen Jungen fragend an und machte dabei die
Bewegung des Arthauens; er durchschaute meine Gedanken sofort
und holte seinen Kriß aus dem Gurte, ich mein Taschenmesser
und so fingen wir die Rotangeflechte, welche die Paliffaden zufammenhielten, emfig zu zerschneiden an. Mit großer Mühe und
unter zahllosen Schweißtropfen gelang es, eine Bresche in die
Umzäumung zu machen, durch die wir durchschlüpfen konnten;
der Gaul war kaum hindurch zu bringen und mußte gezogen
und geschoben werben.

Noch zirka 200 Schritte vorwärts und wir stunden am Rande
eines grauenhaften, trichterförmigen Abgrundes, aus deffen Tiefen
herauf es toste und dampfte, wie aus einem Höllenpfuhle. Der
Umfang des Trichters mochte vier bis fünf Kilometer betragen.
Faft fenkrecht fielen die kahlen, mit Geröll bedeckten Wände zirka
1000 Fuß zu der graufigen Tiefe ab. Dort erkannte das Auge,
wenn sich vorübergehend die Dampfwolken etwas verzogen, einen
gewaltigen Doppelkrater, durch einen hohen Wall in zwei Teile
geschieden. Der nach Osten gelegene war ruhig und enthielt

einen kleinen See mit schwefelgelber, glatter Oberfläche. Der westliche Krater aber gewährte das Bild eines ungeheuren Kessels, in dem es brodelte und zischte; alle Augenblicke erfolgte eine Explosion, bei welcher mit furchtbarer Gewalt Wasser- und Schwefeldämpfe hoch in die Luft geschleubert wurden. Mich verlangte, das seltene und interessante Schauspiel aus der Nähe zu sehen; deshalb war ich ja überhaupt hergekommen, und Herr Z. in Batavia hatte mir erzählt, daß es möglich sei, sich herunterführen zu lassen. Aber mein kleiner Cicerone wollte nichts von einer Expedition wissen; als ich in die Tiefe deutete und ihn aufforderte, voranzugehen, machte er die unzweideutigsten Bewegungen der Abwehr und der Furcht. So ging ich eben allein. — Die Sonne brannte glühend heiß auf den schattenlosen Abgrund und mir war's, als sei ich beständig im Knotenpunkte der von den steinigen Abhängen reflektirten Strahlen. Im Zickzack schlängelte ich mich, mehr auf allen Vieren als aufrecht, oft auch durch ungewollte Rutschpartien befördert, in die Tiefe, und nach ³/₄stündiger mühevoller Arbeit befand ich mich am Ufer des ruhigen Kratersees, dessen Wasserfläche mit niedergeschlagenem Schwefel ganz überdeckt war. Wo das Auge hinschaute, erblickte es trostlose, lebensfeindliche Oede. Den tätigen Krater verdeckte mir ein zirka 100 Fuß hoher, aus Schutt und Lava bestehender Wall; ihn zu besteigen war keine kleine Arbeit, denn der Fuß glitt in dem beweglichen Gerölle bei jedem Schritte wieder rückwärts und meine Hände waren wund von den unfreiwilligen Berührungen mit den scharfkantigen Lavabrocken. Aber auch er wurde überwunden und mit Schweiß getränkt. Der Ausblick von der Höhe des Walles auf den Zwillingskrater ·und die ihn einschließende tausend Fuß hohe Kratermauer ist ganz besonders merkwürdig. Ich glaube, daß man dort eine ganz richtige Vorstellung einer Mondlandschaft erhält.

Auf vielen Umwegen nahte ich endlich dem tosenden

Ungetüm im westlichen Kraterkessel; fast war das Atmen unmöglich in der von Schwefeldämpfen erfüllten Luft, und der
Lärm tat den Ohren eigentlich weh und war so gewaltig, daß
ich Steinmassen, die von oben herab zur Tiefe stürzten, wohl
rollen sah, ohne aber ihr Poltern zu hören. Im Vorwärtsschreiten
merkte ich plötzlich, daß der Boden anfing, glatt und elastisch
zu werden; ich hatte das Gefühl, als ob ich auf Kautschuk gehe
und spürte durch die Schuhsohlen eine beträchtliche Wärme; als
ich von einem sichern Standpunkte aus einen schweren Stein
fallen ließ, sank er durch die kaum erstarrte Schicht in die Tiefe
und aus der dabei entstandenen Oeffnung brodelte eine siedende,
dickgelbe Brühe heraus. Bis hieher — hatte mir Herr Z. gesagt —
war das Gehen ohne Gefahr; ich machte also Halt und betrachtete
das grausige Naturschauspiel geraume Zeit, wobei ich — dank
den heißen Wasserdämpfen — faktisch schwitzte wie in einem
russischen Bade. Zum Andenken belastete ich meine Rocktaschen
mit mancherlei interessanten und nur dort zu findenden Mineralien,
namentlich auch mit löcherigen, rissigen Schwefelkrusten, die an
der Unterseite hübsche Schwefelkristalle zeigen, und begann danu,
einige Kilo schwerer, den Rückzug. Ein Blick nach oben machte
aber mein Blut erstarren und hätte beinahe meinen ganzen Mut
gelähmt; es schien kaum möglich, diese steilen Wände mit so be-
weglichem Boden wieder hinaufzuklimmen. Allerdings mußte
irgendwo eine Art von natürlichem Weg sein, der den Aufstieg
erleichterte, aber davon sah ich keine Spur. Mit Neid gewahrte
ich am Rande des Trichters, hoch oben, als schwarzen beweglichen
Punkt den Kopf meines Jungen, welcher — auf dem Bauche
liegend — meine Reise in den Hades verfolgt hatte. Ein gräßliches Gefühl gänzlicher Verlassenheit und Verlorenheit, das
Bewußtsein des lebendig Begrabenseins, wollte mich beschleichen
und an meinen Beinen hing es wie Blei, so oft ich bergan zu
steigen versuchte. Von fünfzig zu fünfzig Schritten mußte ich

mich immer wieder hinlegen und dem jagenden Pulse und den schachmatten Gliedern etwas Ruhe gönnen. Die Sonne brannte mit sengender Glut, gleich als wolle sie dem Sohne der gemäßigten Zone zeigen, daß sie ein Faktor ist, mit dem bei dergleichen Touren in den Tropen gerechnet werden muß. Endlich — Gott Lob und Dank — berührten meine Hände den Boden des Hoch-plateau; es galt, noch Rumpf und Beine heraufzubringen. Krampfhaft umfaßte ich einen holzigen Strauch und schwang mich in die Höhe; in diesem Momente aber verließen mich meine Kräfte und mein Bewußtsein, ich brach auf der Stelle zusammen und glaubte zu sterben.

Als ich zur Besinnung kam, lag ich einige Schritte vom Abgrunde entfernt auf dem heißen Boden. Ob der Junge mich dorthin geschleppt oder ob meine eigenen Kräfte vor der Ohn-macht noch so weit gereicht hatten, weiß ich nicht; jener stund mit seinem Pferde scheinbar gleichgültig nebenan und schien ruhig abwarten zu wollen, was aus dem Manne werde, der ihm noch den Führerlohn schuldete.

Nach kurzer Zeit glaubte ich wieder satteltüchtig zu sein und setzte mich aufs Pferd; aber schon nach zehn Minuten knickte ich zusammen, wie ein erwärmtes Wachskerzchen, und mußte mich auf den Waldboden gleiten lassen, wo ich eine Viertelstunde liegen blieb, unbekümmert darum, ob unter den knackenden Zweigen kleines und großes Ungeziefer verborgen sei oder nicht. Die er-frischende Kühle des Urwaldes restaurirte mich aber bald wieder; schließlich lief mir sogar mein Gaul viel zu langsam. Ich ließ Roß und Führer im Stich und trabte auf eigene Faust den mir nun bekannten Weg waldabwärts. Komisch war dabei das Bestreben des Jungen, mir auf der Ferse zu bleiben (wohl aus Angst, ich möchte ihm durchbrennen), und die Widerspenstigkeit des Gaules, der von einem so raschen Abstieg nichts wissen wollte.

In Lembang angelangt, verzehrte ich unter freiem Himmel

meinen von Bandong mitgenommenen Proviant, begafft von einer Schar Eingeborner, welchen der Junge offenbar erzählte, was dem fremden Manne oben auf dem Berge passirt sei. Ich selber konnte mich von der grausigen Erinnerung gar nicht los machen, und als ich wieder in meinem Rumpelkarren saß und bergabwärts fuhr, schmerzten mich meine Glieder erbärmlich infolge der ungeheuern Anstrengung.

Im Hotel zu Bandong fand ich einen unterdessen angekommenen zweiten Gast in der Person eines holländischen Beamten, welcher auf einer Inspektionsreise begriffen war. Das Interesse, das ich an dem landes- und verhältniskundigen Manne nahm, ließ mich meine Müdigkeit vergessen; wir saßen in Gesellschaft des Wirtes bis in alle Nacht hinein auf der Veranda des Hotels, tranken kühles Export-Bier und plauderten, als ob wir seit Monaten keine Gelegenheit mehr dazu gehabt hätten. Da erfuhr ich auch, welch horrende Summen Java für seine Verwaltung zu bezahlen hat. Der Gouverneur allein kostet jährlich 150,000 Gulden, jeder Resident (d. h. oberster Verwaltungsbeamter einer Residentschaft) bezieht 1800 Gulden per Monat mit freier Wohnung; ihre zugeteilten Assistent-Residenten zusammen auch so viel; vom Heer der Unterbeamten gar nicht zu sprechen. Daneben verzehren aber auch die inländischen Fürsten, welche die Holländer aus Politik als gut bezahlte Scheinfiguren auf ihren prunkenden Plätzen beließen, ungeheure Summen. Der Kaiser von Solo, der absolut nichts mehr zu bedeuten hat, braucht jährlich mehrere Millionen Gulden; jeder Regent (es existiren in Bandong allein deren 20) bezieht 1000 bis 2000 Gulden per Monat und dazu noch einen Gulden Abgabe von jedem Pikul Kaffee, der in seiner Regentschaft gepflanzt wird. (Die letzte Kaffeebohne auch von dem Bauern, der nur einige Kaffeebäumchen in seiner Gartenhecke zieht, muß bekanntlich an die holländische Regierung abgeliefert werden, welche den Kaffee monopolisirt hat.) — Die Lage des

javanischen Bauern ist im ganzen eine miserable; die Chinesen
machen sich dieselbe zu Nutzen; sie borgen dem Javaner, der
allezeit auf dem Hund ist, Geld, lassen sich dafür seine Büffel
oder den zu erwartenden Ertrag der Reisernte verpfänden und
wissen es immer so einzurichten, daß ihnen das Pfand zufällt. —
Wer möchte behaupten, daß wir im Thurgau nicht auch Chinesen
hätten?

Mein Gesellschafter lud mich ein, mit ihm nach Soemebang
und Cheribon zu fahren und von dort aus über Samarang nach
Solo zu gehen, woselbst er mir Zutritt zum kaiserlichen Hofe
und zu den Tigergefechten verschaffen wolle, die dort bei Anlaß
des nächster Zeit stattfindenden mohammedanischen Neujahrsfestes
abgehalten würden. Aber einerseits verlangte mich nicht sehr
darnach, diesen glänzenden Prunk mitten im javanischen Elend zu
sehen, anderseits zog es mich unwiderstehlich nach Batavia zurück,
wo unterdessen Nachrichten aus der lieben Heimat eingelaufen sein
mußten. So fuhr ich andern Tags mit meinem Jungen und
den unterdessen ausgeruhten Pferden wieder nach Djandjoër zurück. Dort war ich gerade Zeuge, wie eine Riesenschlange ein-
gebracht wurde. Das gewaltige Tier hatte sich vollgefressen und
lag, um zwei Baumstämme geschlungen, ruhig da. Herr Sch.,
der Bahnhof-Restaurateur, der nebenbei sich noch mit Tierfängerei
befaßt, packte mit Hülfe von sechs Kulis den Riesenleib, wickelte
ihn ab und legte ihn in eine Holzkiste, bei welcher Gelegenheit
ihm aber das sonst bewegungslose Tier das Nagelglied seines
rechten Daumens radikal durchbiß. Da die Riesenschlange bekanntlich nicht giftig ist, blieb die Verletzung ohne schlimme
Folgen. — Für den Rückweg nach Buitenzorg verschmähte ich
die bequeme Eisenbahnfahrt und zog es vor, per Karren die in
anderer Richtung verlaufende, ganz Java durchziehende Poststraße
zu benützen. Auf ihr gelangte ich zu Anbruch der Nacht nach
Sindanglaya, einer 1120 Meter hoch gelegenen Gesundheitsstation

mit ziemlich gut geführtem Hotel und ausgedehnten Militärspital-
baracken, in welchen beständig einige hundert rekonvaleszente
Soldaten der holländisch-indischen Armee zur Luftkur einlogirt
sind. — Mein erster Besuch des andern Morgens galt diesem
Militär-Institute; auf meine Nachfrage nach Schweizern erschienen
zwei bleiche Jünglinge in sehr nachlässigem Spitalkostüm; der
eine davon laute Siri wie ein Javaner und spuckte in derselben
unappetitlichen Weise; er stellte sich als Berner-Bürger vor und
sprach ein komisches Gemisch von schlechtem Holländisch und echtem
Bernerdialekt; der andere sah etwas anständiger aus; aus dem
Kanton Zürich gebürtig hatte er sich mit 22 Jahren als studiosus
juris, wie er erzählte, anwerben lassen; vom ersten Tage an war
er aber krank geworden und verbrachte nun seit Monaten ein
elendes, taten- und farbloses Faullenzerleben in den holländisch-
indischen Militärspitälern und Gesundheitsstationen. — Mehr
noch als die nach meinem Gefühl miserable Lage dieser Landsleute
betrübte mich die an Stumpfsinn grenzende Gleichgültigkeit, mit
der sie sich hineinfanden. — Mein Sondiren nach edlern Regungen
war vergeblich. — Verloren und Verdorben! —

Der Weg nach Buitenzorg führte mich über den 5200 Fuß
hoch gelegenen Puntjatpaß; auf der Paßhöhe, in welcher die
Straße sich zu einem geschützten Hohlweg verengt, steht ein einsamer Polizeiposten. Ich ließ anhalten und wanderte unter seiner
Führung zirka ½ Stunde weit durch den angrenzenden Urwald
nach einem seit Jahrhunderten erloschenen Krater, der nun einen
herrlich tief-grünen, ganz in die erdrückende Waldvegetation ein-
gerahmten See bildet. Als wir uns dem Rande desselben näherten,
hörten wir in unmittelbarer Nähe einen krachenden Lärm, als ob
ein Baum langsam zu Boden fiele; es waren — wie mein Begleiter mit großem Geschrei verkündete — Rhinozerosse, die wir
aus ihrer Siesta aufgeschreckt hatten und die sich nun im Dickicht
des Waldes verloren. Die Bekanntschaft kleinerer, aber mir

unangenehmerer Tiere machte ich auf dem Rückwege; als ich mich
eben durch ein hundert Schritte weit den Weg verlegendes Gebüsch
durchgearbeitet hatte, spürte ich ein juckendes Gefühl an meinen
Beinen; ich sah nach und entdeckte eine Anzahl jener kleinen Springblutegel, welche zu Millionen den Urwald bewohnen, sich vom
Boden her in die Höhe schnellen und so die Opfer ihrer Blut-
gier erreichen. Sie hatten schon brav gearbeitet; das über ihren
Durst an meinen Beinen herablaufende Blut war es, welches mir
die eigenartige Empfindung bereitete. Auch an der rechten Wange
saß ein solches Vieh; eingedenk eines guten Rates des Herrn Z.
riß ich die Blutsauger nicht los (weil auf diese Weise die Beiß-
werkzeuge in der Wunde zurückbleiben und nachher Entzündung
veranlassen), sondern berührte ihren Hinterteil mit einer brennenden
Cigarre, woraufhin sie schleunigst losließen. — Nirgends wie hier
fiel mir der Reichtum des Urwaldes an Schmetterlingen auf;
alle Farben sind vertreten; gewisse Arten messen zehn und zwölf
Zoll quer über die Flügel und fliegen äußerst langsam; sie wiegen
sich dabei — scheinbar mit großem Behagen — hin und her.

Die Talfahrt vom Puntjakpaß nach Buitenzorg ist ent-
zückend; zu Füßen liegt das herrlichste Panorama; das Auge
schwelgt die ganze Zeit in großartiger Gebirgsscenerie, Urwald
und tropischer Farbenfülle.

Die Straße durchschneidet großartige Kaffee- und Theeplantagen; die dazu gehörigen Wohnsitze der Pflanzerfamilien sind
oft wahrhaftige Paradiese; im schönsten Garten, im Schatten
riesiger Baumkronen ein behaglicher Verandenbau, innerlich und
äußerlich mit allem Luxus ausgestattet. So schwelgen die „Herren
des Landes", und die Eingebornen durch ihrer Hände Arbeit und
der unerschöpfliche tropische Boden liefern das Material dazu.

X.

Noch benſelben Abend traf ich in Batavia ein; mir war's
ganz heimatlich zu Mute, als ich das gaſtliche Haus in Kebon-
Siri betrat und von meinen Gaſtfreunden in ſo herzlicher Weiſe
begrüßt wurde. Briefe aus der Heimat, langerſehnte, hatten gute
Nachrichten gebracht; ich war überglücklich und lief im Garten
herum, und ſuchle, wem ich Gutes tun könnte. Weltſchmerzlich
ſaß ber eine Affe, ber frühere Ausreißer, an ſeiner Kette; die
Phyſiognomie verbarg er miſanthropiſch in einer Ecke; nur den
Rücken zeigte er der Welt; da erinnerte ich mich an eine halbe
Flaſche Borbeaux, welche ich als Ueberreſt meines Reiſeproviants
zurückgebracht hatte. Kaum erſchien ich mit dem Zaubertranke, ſo
wechſelte die Stimmung bei dem Vetter Vierhänder; aus Angſt, ſein
Kollege und Nachbar könnte auch etwas davon erwiſchen, beeilte
er ſich, mir die Flaſche aus den Händen zu nehmen und leerte
ſie — die Augen verbrehend — auf einen Zug; ſchließlich roch
er noch baran und als auch die Naſe ein Vacuum vermeldete,
ſchmiß er das gläſerne Gefäß mit Indignation auf die Seite.
Der Wein hatte den Melancholiker umgewandelt; er verließ ſeine
weltſchmerzliche Ecke und unternahm einen Spaziergang auf die
Pferbekrippe, an welcher ſeine Kette wurzelte. Aber, wo ſonſt
der haarige Körper mit ſicherer Balance herumſpaziert war, zeigten
ſich jetzt bedeutende Gleichgewichtsſtörungen; bald purzelte das
Vieh vornüber auf den Boben, bald nach hinten gegen die Wand

zu und konnte nur durch kräftiges Anstemmen mit den Vorder-
armen sich oben halten; alle diese Anstrengungen sahen urkomisch
aus und die weinselige Fratze des Tieres reizte unwiderstehlich
zum Lachen. Aber schon nach einer Stunde kam das pitoyable
Stadium des Katzenjammers, das mich alten Studenten mit
innigem Mitleid erfüllte; gebrochenen Körpers saß der Affe am
Boden und runzelte die Stirne vor infamem Kopfweh. Vom
Augenblicke an machte er die deutlichsten Zeichen des Abscheus,
so oft ich ihm eine Weinflasche zeigte, und war nie mehr zum
Alkoholgenusse zu bewegen.

Vorläufig blieb ich nun wieder einige Tage in Batavia
und widmete einen Teil meiner Zeit den dortigen Spitälern;
ich sah darin viel Elend und Gewissenlosigkeit, zu dem ich auch
in Gedanken nicht mehr gerne zurückkehre. — An der Seite eines
Arztes wurde es mir auch möglich, das neue Gefängnis zu
Batavia für schwere eingeborne Verbrecher zu besuchen. Ich erinnere
mich namentlich deutlich an einen in Einzelhaft befindlichen javanischen Fürsten, der wegen Meuterei eingesteckt war. Er saß — den
Kopf in beide Hände gestützt, die Beine übereinander geschlagen —
auf dem Boden und las laut, und ohne sich durch unser Eintreten stören
zu lassen, im Koran. Das ganze Gebäude ist zwar neu, aber wo
die Gefangenen in größern Haufen zusammengesteckt sind, hört
ihr Dasein auf, ein menschenwürdiges zu sein. In Soekaboemi,
im Innern Javas, sah ich einige Tage später einen Kerker eigener
Art. Ein großer, rechteckiger Platz war mit Pfählen eingeschlossen;
das Ganze deckte ein primitives Dach, das kaum gegen den Regen
Schutz gewährte. In diesem Raume, dessen Boden die Erde bildete,
waren an die 150 Gefangene beiderlei Geschlechtes; sie hockten
gruppenweise beisammen und lehnten an den palissadenähnlichen
Kerkerwänden, zwischen deren Pfählen sie in die verlorene Freiheit
hinausguckten. Ich erhielt den Eindruck eines großen Gitterkäfigs
mit wilden Tieren; denn die vernachläßigten schmutzigen Gesichter,

über welches verfilztes, seit Monaten ungeordnetes Haar wild
herunterhing, sahen kaum mehr menschenähnlich aus.

Vorläufig blieb ich wieder vier Tage in Batavia; während
der Zeit fand ich Gelegenheit, auf die Krokodiljagd zu gehen.
Mein Begleiter war ein 17jähriger Anverwandter der Frau Z.
Mit guten Beaumont-Gewehren bewaffnet, stiegen wir in der
Altstadt in einen Kahn und fuhren in dem sanft dahinströmenden
Wasser, das von Batavia weg dem Meere zustrebt, flußabwärts.
Bald hatten wir den belebten und befahrenen Teil des Flusses
hinter uns; die Ufer wurden öder; Gestrüpp und Schlingpflanzen,
zwerghafte Palmen bekleideten sie; auf den schmalen Sandbänken,
die der leichte Wellenschlag nach und nach geschaffen, lagen halb-
verweste Kadaver, Skelette von Riesenschildkröten, Schlangen und
wilden Hunden, die schauerlichen Ueberreste der Krokodilsmahlzeiten.
Kein Ton störte die unheimliche Stille. Die Ruder wurden ein-
geschlagen; wir knieten schußbereit nieder, und der Bootsmann,
ein halbnackter Javane, lauerte am Boden des flachen Nachens,
der kaum vier Zoll den Wasserspiegel überragte. Jetzt zupft
mich der Schiffer am Rockzipfel und zeigt mit der Hand ans
rechte Ufer, das kaum 30 Fuß entfernt liegt; ich strenge meine
Augen an, aber ich sehe nichts als dunkelgrauen Sand; trotzdem
lege ich in der angedeuteten Richtung an und drücke los; ein
riesenmäßiger Krokodilkörper entwickelt sich aus dem Sande und
schleicht ins nahe Gestrüpp; die Farbe des Tieres ähnelt so dem
Sandboden, daß es mir, so lange das Tier sich bewegungslos
verhielt, nicht möglich gewesen war, es zu unterscheiden.

Unterdessen tauchten rechts und links von unserem Boote
jene gräßlichen, gepanzerten Köpfe aus dem Wasser, die sich in
einer sichern Menagerie grausig genug ansehen, in Freiheit aber
noch viel fürchterlicher. Mit weitgeöffneten, scharfgezähnten Kiefern
holten sie Luft oder harrten auf Beute. So ein gut genährter
Schweizerdoktor mit straffer, durch die Tropen noch nicht entnervter

Faser wäre ihnen wahrscheinlich ein willkommenes Fressen ge=
wesen. Wir schossen wiederholt; ein Fehlschuß hatte das spur=
lose Verschwinden des Tieres zur Folge; ein Schuß, der traf,
brachte eine ungemütliche Situation; das getroffene Tier über=
schlug sich halb im Wasser, halb in der Luft und peitschte die
Flut so fürchterlich mit seinem langen Ruderschwanze, daß das
Wasser uns bespritzte, und die dadurch veranlaßten Wellen bis
an den Schiffsrand stiegen. Es war also bloße Vorsicht von
mir, wenn meine Schüsse m e i s t e n s fehlgingen.

Erbeuten konnten wir keines der Tiere, wohl aber einen
prachtvollen Aasgeier, den wir lebendig mit angeschossenen Flügeln
nach Hause brachten, und einige herrliche, in den prachtvollsten
Farben schimmernde Eisvögel. Schließlich stiegen wir ans Land
und suchten, immer schußbereit, das Gestrüpp ab, um auch g r ö ß e r e
Beute zu machen; aber alle die Ungetüme waren längst entwichen,
ehe wir ihnen nahe kommen konnten.

Die Atmosphäre der krokobilenen Jagdgründe ist eine schauder=
hafte; das herumliegende Aas und das zum Teil stagnirende
Wasser verbreitet einen schrecklichen Gestank, und wer häufig dort
hingeht, holt sich ein schweres Fieber, wie das dem Haupt=
krokodiljäger in Batavia, dem Apotheker G., zu˙ wiederholten
Malen passirt ist.

Weniger abenteuerlich verlebte ich den darauf folgenden
Sonntag. Unser liebenswürdige Konsul, Herr D., brachte mich
schon vormittags in seiner famosen Junggesellenwirtschaft unter
gefälliger Mithülfe der durch Eis gekühlten „Witwe Clicquot" in
die angenehmste Stimmung. Nach der Reistafel fuhren wir in
seinem eleganten Zweispänner kreuz und quer durch die Stadt,
auf den Waterlooplein zur Parademusik, wo die feine Welt
Batavias in Hunderten von Equipagen herumflanirte, in pracht=
volle chinesische Magazine und schließlich auch noch ins Hauptpost=
gebäude, dessen Direktorenstelle schon seit 25 Jahren ein echter

biederer Glarner, Herr St., bekleidet. Abends saßen wir heimatlich
gemütlich bei Tische und wärmten uns an der gegenseitig ge-
fundenen Liebe zum Vaterlande und dem regsten Interesse für
seine politischen Geschicke so sehr, daß mir die Uhr viel zu früh
11 Uhr schlug. Welche Freude für mich, in der Fremde einen
Mann zu finden, der, wie Herr D., Woche für Woche die Vor-
gänge in unserer lieben Heimat verfolgt hatte und trotz jahre-
langer Abwesenheit mit dem politischen und kulturhistorischen Status
derselben gerade so bekannt war, als ob er daheim gelebt hätte!
Der Name eines Tischgenossen, des Herrn H., der demjenigen
eines der schärfsten deutschen Philosophen entspricht, führte unsere
Konversation auch auf den Boden der Religionsphilosophie und
ich gewahrte mit Genugtuung, daß die Tafelrunde des Herrn D.
über Kaffee, Zucker und anderen Handelsartikeln die höchsten
und wichtigsten Fragen, die den menschlichen Geist beschäftigen
können, nicht zu kurz kommen läßt.

Unter den Aerzten Batavias traf ich auch einen Schweizer,
Dr. G. aus dem Kanton Basel. Er kam s. Z. als holländischer
Militärarzt nach Indien und hat sich in den Feldzügen gegen
Atschin rühmlichst ausgezeichnet, fand aber schließlich seine Stellung
so unerträglich, daß er sich loskaufte und sich in Batavia als
Privatarzt niederließ. Er empfahl mir aufs bringlichste, alle
Kollegen, die durch das große Handgeld (10,000 Fr.) und die
glänzend gemalten Aussichten sich für Niederländisch-Indien etwa
anwerben lassen wollten, vor diesem unglückseligen Schritte zu
warnen.

Nochmals lenkte ich meine Schritte ins paradiesische Innere
der Insel; mit unwiderstehlicher Gewalt zogen mich die Landschafts-
bilder an, die ich zwischen Buitenzorg und Djandjoër gesehen hatte.
So reiste ich denn in zirka vierstündiger Eisenbahnfahrt nach
Soekaboemi und traf dort in dem einfachen, aber gut geführten
Hotel famose Gesellschaft, u. a. einen deutschen Kaufmann aus

Batavia, der gesundheitshalber ins Innere gezogen war. Der Wirt und Hotelbesitzer, ein ehemaliger Apotheker, zeichnete sich nicht gerade durch große Zuvorkommenheit aus; auf alle an ihn gestellten Fragen über Land und Leute und dergleichen hatte er nur die eine stereotype Antwort: „Ja myn God, hoe zal il dat weten!"

Es wurde mir ein ziemlich primitives Zimmer in einem der beiden sehr flüchtig erbauten einstöckigen Flügel des Hotels angewiesen; das ganze, größtenteils aus Bambus erstellte Haus zitterte, wenn ich herumging, und die Wände waren so dünn, daß ich sie mit dem Daumen durchstoßen konnte. — Als ich auf der vor meinem Zimmer liegenden Veranda saß, bemerkte ich vis-à-vis einen schwarzen Kling mit mächtigem, weißem Turbane, welcher vor der Zimmertüre seines noch schlafenden Herrn auf dessen Befehle harrte. Bald kam der letztere dann zum Vorschein und entpuppte sich weder als Asiate noch als Holländer oder Engländer, sondern als „Züribieter", Herr W., der in Deli (Sumatra) Tabak pflanzte und aus Gesundheitsrücksichten zur Kur nach Java herübergekommen war, begleitet von seinem schwarzen Diener. — Wir verlebten einige vergnügte Tage beijammen. An der Tafel saß außer einigen holländischen Beamtenfamilien namentlich noch der Oberbefehlshaber der gegen Atschin im Felde stehenden Armee; nachdem alle seine Bemühungen, von der holländischen Regierung mehr Truppen zu erhalten, um rasch und erfolgreicher handeln zu können, vergeblich gewesen waren, hatte er erbittert abgedankt. Dasselbe würde das ganze in Atschin beschäftigte Offizierskorps am liebsten auch tun. Aus politischen Gründen, hauptsächlich um eine unzufriedene Partei in Holland zum Schweigen zu bringen, hat nämlich die holländische Regierung über Atschin den Friedenszustand verhängt und ein Civilgouvernement dort eingeführt; faktisch herrscht aber beständig blutiger Krieg und doch bezieht die Miliz — entsprechend der eben angegebenen Verfügung — nur den halben (Friedens-) Sold, anstatt des Kriegssoldes, der ihr voll und ganz gebührte.

Die Tage in Soekaboemi gehören zu den genußreichsten, die ich auf Java verlebte. Es war gerade die Zeit herrlicher Mondnächte. Unvergeßlich bleibt mir ein Abendspaziergang zu einem mohammedanischen Gotteshause; zwischen den schwarzen Umrissen der Palmen lag, freundlich eingebettet, die herrlich erleuchtete Moschee; der Duft blühender Mimosen erfüllte die Luft und durch die Stille der Nacht war deutlich das Beten der andächtigen Menge zu hören.

In Soekaboemi vermehrte sich meine Tiersammlung um ein Beträchtliches; namentlich fand ich Gelegenheit, schöne geflügelte Eidechsen zu fangen. Das erste Exemplar brachten mir meine Bekannten, mit einem langen Stricke an ein Bambusrohr festgebunden; die Erbeuter hatten hinter dem unschuldigen Echschen ein giftiges, Tod und Verderben bringendes Tier vermutet.

Die unmittelbare Nähe des Urwaldes veranlaßte gelegentlich zu Gesprächen über wilde Tiere. Herr W. erzählte u. a., wie vor kurzem ein Tiger sich unter sein Haus geschlichen und mit den Tatzen zwischen den Bambusrohren, aus welchen der Boden besteht, einen jungen Hund, der neben seinem Bette lag, heruntergekrallt habe. Am mörderischen Geschrei des armen Tieres sei er aufgewacht, aber mit seinen unterdessen geweckten Kulis zu spät gekommen, um den Räuber zu erschießen.

Nachts, in schlaflosen Stunden, hörte ich auch mancherlei Getier auf dem flachen Dache meines Zimmers herumkrabbeln, war aber nie so neugierig, darnach zu sehen.

Besonderes Interesse gewährte mir eine Karrenfahrt landeinwärts in Gesellschaft des deutschen Kaufmannes; Ziel des Ausfluges war eine seinem Geschäfte zugehörige Kaffeeplantage.

Unterwegs glitt unmittelbar vor unserm Fuhrwerk eine Schlange sehr bedeutender Größe über die Straße und verschwand

18

in dem anstoßenden Reisfelde, in welchem fleißige Bauern, bis an die Kniee im Wasser stehend, arbeiteten. Wir riefen den Leuten, sie möchten fliehen, aber unsere Meldung brachte keinerlei Aufregung in die Gesellschaft. — Den Administrator der Kaffee= pflanzung trafen wir nicht daheim, ließen uns aber in seinem idyllischen, vollständig offen stehenden Bambushause, bedient von einer kleinen, freundlichen Javanin, doch wohl sein. — Die Pflanzung selber zeigte sich in betrübtem Zustande, halb zerstört durch die Kaffeelaus. — Um so schöner waren die Gartenhecken aus Kaffeesträuchern. Die weißen, herrlich duftenden Jasmin= blüten lagerten wie Schnee auf dem dunkeln Grün.

Auf der Rückfahrt nach Soekaboemi sahen wir eine große Menge Voltes auf den Feldern versammelt; auf einem erhöhten Platze in der Mitte stund ein Priester und segnete unter den wunderlichsten Gederben die Reissaaten, eine Zeremonie, die sich jährlich mehrmals wiederholt.

Am Hoteltische hörte man allerlei Interessantes; die an= wesenden Beamten und Offiziere unterhielten sich z. B. ganz unverblümt über praktizirte Defraudationen u. dgl. So meinte einer, der Kaffee, den wir eben tranken, sei sicher gestohlen; die Erklärung gab er in folgendem: Alljährlich reisen Abgeordnete des Gouvernements im Innern des Landes umher und schätzen den zu erwartenden Ertrag jeder privaten Kaffeepflanzung, jeder Gartenhecke. Der Besitzer erhält danu einen Schein mit Be= zeichnung des vom Schätzer angegebenen Quantums. Ohne einen solchen Versandtschein kann keine Kaffeebohne verkauft oder ver= führt werden. Denn wer Kaffee verschleißt und sich nicht ganz genau über die Berechtigung dazu ausweisen kann, ist ein Be= trüger am Staate, der ja das Monopol hat, und wird strenge bestraft. Während man aber auf diese Weise den kleinen ja= vanischen Bäuerlein auf die Finger sieht, haben die großen Diebe gutes Wetter. Wenn ein Kaffeekontroleur gut geschmiert wird, so schreibt er einen höhern Ertrag hin, als voraussichtlich zu erwarten ist, z. B. statt 6 Pikul 30 Pikul. Die Differenz von 24 Pikul wird dann von den Betreffenden aus den Regierungsplantagen gestohlen, ein Diebstahl, der nicht möglich wäre, resp. dem Diebe keinen Nutzen brächte, wenn der Versandtschein nicht auf ein entsprechend großes Quantum lautete.

Als Illustration zu der rücksichtslosen und oft grausamen Verwaltung unter dem früher erwähnten Generalgouverneur Daëndels hörte ich folgende kaum glaubwürdige Begebenheit erzählen:

Es sollte in Surabaja ein Hospital und ein Regierungsgebäude geschaffen werden. Zwei große, im Besitze eines chinesischen Brüderpaares befindliche Häuser zeigten die hiezu erforderlichen Eigenschaften. Daëndels ließ den einen der Brüder kommen und fragte ihn: „Wie viel willst Du für die Gebäude?" „Und wenn Du den Weg vom Hafen bis zu meinem Hause mit Silberstücken belegtest, so würde ich sie doch nicht verkaufen", antwortete der reiche Chinese. Da ließ ihn Daëndels aufhängen, beorderte dann den zweiten Bruder neben den Galgen und stellte an ihn die gleiche Frage. Die Antwort war: „Herr, bestimme Du den Preis." Da ließ Daëndels einen Kaufvertrag aufsetzen und unterzeichnen und bezahlte dem Chinesen ein 2½-Centsstück (zirka 6 Rappen) für seine beiden Paläste.

Auf der Rückreise nach Batavia besuchte ich die in der Nähe von Buitenzorg ganz neu erbaute Irrenanstalt. Ich hatte lange Zeit auf den Direktor zu warten und spazierte unterdessen unter einer Veranda auf und ab; dabei leistete mir der Portier des Irrenhauses Gesellschaft und wir kauderwelschten einander auf holländisch an. Schließlich fragte er mich nach meiner Nationalität. „Ich bin Schweizer", antwortete ich. „Ik ooch; en St. Galler", tönte es erfreut aus dem Munde des Fragestellers, der, wie sich ergab, seit 14 Jahren, ursprünglich als Soldat, in Java lebte, und weder holländisch noch seine Muttersprache mehr rein sprechen konnte. Sein Name war: Wäger. „W—a—g—e—r onb twe kleene Tüppelte up den a" buchstabirte er mir vor. — Also wieder ein Landsmann! Einen zweiten fand ich im Innern der Anstalt. Auf der Privatabteilung saß inmitten eines eleganten Saales bei weit geöffneten Flügeltüren, durch welche Mimosendüfte hereindrangen, ein Melancholiker einsam an einem Tische, den Kopf in beide Hände gestützt; es war ein Herr S. aus dem Kanton Aargau; er jammerte mir laut vor, als ich ihn schweizerdeutsch anredete. Ich war in diesem Falle kein objektiver Beurteiler und konnte mich — die Macht des Heimwehs kennend — des Gedankens nicht erwehren, dem armen Kranken wäre daheim vielleicht doch etwas leichter ums Herz.

Die ganze für 450 Betten berechnete, aber vorläufig nur zur Hälfte vollendete Anstalt ist nach den neuesten und besten Grundsätzen erbaut und zeigt namentlich eine Raumverschwendung, wie man sie wohl nirgends findet; prächtige Gärten und große Höfe trennen die einzelnen Gebäulichkeiten. Auf der Abteilung für geisteskranke Eingeborne ist den Sitten und der Lebensweise derselben vollständig Rechnung getragen; da sie das Sitzen auf Stühlen nicht kennen, sind überall mächtige, nur 1 Fuß über dem Boden erhabene Hocktische errichtet, auf welchen sie — hockend — zu Dutzenden Platz finden. Der Baderaum enthält ein großes Bassin mit fließendem Wasser, in welches sie nach ihrer Gewohnheit untertauchen und sich waschen können, wie in einem Flusse. Eine andere Art von Toilette, ein separates Waschen des Gesichts oder dgl., kennen die Javaner eben nicht.

Anwendung von Zwangsmitteln sah ich nur in einem einzigen Falle. Eine wahnsinnige Javanin, die sich die Augen mit konzentrirter Karbolsäure ausgerieben und natürlich ruinirt hatte, steckte in der Zwangsjacke, da dies der einzige Weg war, um sie vor weitern Verstümmelungen zu bewahren. Wohltuend fiel auf die überall herrschende Reinlichkeit und die Disziplin des Wartperſonales; die Direktion der Anſtalt ſcheint in vorzüglichen Händen zu ſein.

Auf der Rückfahrt nach Batavia hatte ich einen intereſſanten Geſellſchafter im Eiſenbahnwagen, einen javaniſchen Fürſten. Er trug einen mächtig großen, roten Turban ſchräg um den Kopf gewunden; darüber eine rot= und ſchwarzſammtene Mütze mit goldener Trobbel, einen ſchwerſeidenen Sarong, ſchwarze Jacke, goldgeſtickte Pantoffeln und — einen blauen Zwicker; in der Hand balancirte ein ſtutzermäßiges Spazierhölzchen.

In Batavia wärmte ich mich noch einige Tage lang an der unermüdlichen Gaſtfreundlichkeit des Herrn Z.; jeden Abend lud er eine große, fidele Tafelrunde ein. Am letzten Tage gewahrte ich im Garten ein Häufchen Javaner, die, am Boden ſitzend, eine Mahlzeit einnahmen. Die gute Frau Z. hatte, ohne mir etwas verlauten zu laſſen, der Sitte ihres Landes gemäß ein ſogenanntes Slamatan für mich abhalten laſſen, d. h. ein Opfer, das mir Glück auf die Reiſe bringen ſollte. Die eingeladenen Javaner mußten für mein Wohlergehen beten und erhielten dafür Speis und Trank.

Auch deiner muß ich noch gedenken, Papa Knus, der du am letzten Abend noch nachts halb 11 Uhr nach Kebon=Siri ge= fahren kamſt, um immer und immer wieder von der Stätte deiner Jugend, vom Thurgau, erzählen zu hören! Mit welchem Intereſſe erkundigte er ſich nach all ſeinen Schulkameraden in Schönholzers= weilen und Bürglen; und wie eigentümlich berührte es mich, auf fremder Erde ſo viele Namen aus der engſten Heimat nennen zu hören! Er wollte immer und immer noch nicht fort, der gute Mann, obſchon Frau Z. längſt die Augen zufielen und der letzte Reſt aus der Bordeauxflaſche bereits ausgetrunken war. Vom letzten derben Händedruck tat mir die Hand noch lange Zeit weh, und die Grüße, die mir dabei aufgetragen wurden, habe ich nicht alle ausrichten können.

Am Morgen des 1. Auguſt in aller Frühe nahm ich Abſchied

von dem gaſtlichen Hauſe zu Kebon-Siri; Herr Z. und Konſul D. gaben mir das Geleite bis hinaus auf die Rhede, und der alte, treue Hausdiener ſchleppte meine Kiſten und Spiritusflaſchen mit den erbeuteten Naturalien an Bord.

Ohne Sekt kein Abſchied in den Tropen! So knallte es denn luſtig; das letzte Glas galt einem frohen Wiederſehen im Heimatlande. Dann ging's vorwärts und nach einigen Stunden war Java aus meinem Geſichtskreiſe entrückt. Aber wie oft dachte und denke ich an das paradieſiſche Eiland zurück und an meine Gaſtfreunde, die mir den Aufenthalt daſelbſt erſt recht ſchön geſtaltet haben.

Nach 2½tägiger Fahrt, die mir dank einer prächtigen Reiſegeſellſchaft kurz genug vorkam, legten wir in Singapore an. Schnell ans Land, in einen Palankin und zum — Geſchäftslokal, wo ich meinen Neffen vermutete. Dort ſtund er ja unter dem Portale und lachte von weitem dem Onkel entgegen. Ich ſchnellte mich aus dem Wagen, eilte auf ihn zu, nahm ſeinen lieben Kopf in beide Hände und ſchüttelte ihn, als ob ich ihn nie mehr loslaſſen wollte. Das war ein Stück richtigen Heimatgefühles.

XI.

Auf dem ſtillen Ozean. — Reiſegeſellſchaft. — Ueberall Meyer. — Amerikaniſcher Lokalpatriotismus. — Jung-Japan in Verlegenheit. — Schiffsküche. — Immer wieder ins Rauchzimmer. — Muſikaliſche Unterhaltungen. — Zeitrechnung am 180. Meridian. — Verkehr mit den japaniſchen Reiſegefährten. — Leichenverbrennung. — „Segler in Sicht!" — Feuerwehrprobe. — Zum letzten Mal an der Schiffstafel. — Land, Land! — Das beſtechliche Argusauge der amerikaniſchen Zollbehörde. — Im Golf von San Francisco. — Chineſenfuß. — Eine Unglückliche.

Ueber meine Erlebniſſe in Singapore, China und Japan habe ich früher berichtet. Den Rückweg nach der Heimat nahm ich über Nordamerika. — Nach dem elegiſchen, mitternächtlichen

Abschiede von meinen Yokohamafreunden an Bord der City of
Rio Janeiro verfiel ich bald in bleiernen Schlaf; erst um 9 Uhr
morgens erwachte ich, aufgeschreckt durch den schmetternden Klang
eines chinesischen Gong*, mit dem zur Tafel gerufen wurde.
Welches Erwachen!

> Rollende See,
> Schädelweh,
> Kater schwer,
> + mal de mer.

Ich bleibe liegen und ziehe das Leintuch der Vergessenheit
über meine Ohren. Die guten Freunde in Japan haben wirklich
etwas auf dem Gewissen. — Schou mittags turnte ich aber, eine
Cigarre im Munde, auf dem Verdeck herum und besah mir das
bischen Ozean, auf dem wir nun drei Wochen lang schwimmen
sollten. — Gegen Abend verschwanden die letzten Vorinseln der
japanischen Ostküste aus unserm Gesichtskreise und noch vor Sonnen-
untergang sah das Auge nichts als Himmel und Wasser. Anfänglich entzückt dieser Anblick; bald aber wird er trostlos langweilig und man sucht sehnsüchtig irgend eine Erhebung des
kreisrunden Horizontes, um darauf auszuruhen. — Die City
of Rio Janeiro ist nicht seetüchtig gebaut; schon 15 Fuß über
dem Meeresspiegel trägt sie durchbrochene Galerien zu beiden
Seiten des Speisesaales I. Klasse; bei ruhiger See lustwandelt
sich's dort allerdings angenehm; sobald sie aber hoch geht, finden
die Wogen ungenirten Eingang, und mehr wie einmal wurden
wir an der Tafel oder in unsern Kabinen mit Seewasser übergossen. Schließlich vernagelte man die Lichtungen gegen die Wetter-
seite mit starken Brettern; dieselben verwehrten aber dem Meere
nur teilweise und damit auch dem Lichte den Eintritt und

---

* Der Gong ist ein flaches Metallbecken, mehrere Fuß im Durchmesser haltend;
durch Draufschlagen mit einem hölzernen Hammer entsteht ein trommelfell-
erschütternder, gräßlich lärmender Ton.

verdüsterten den Speisesaal. — Unsere Gesellschaft 1. Kajüte war
sehr klein; erst am 4. Tage erschien alles vollständig bei der
Tafel; das schlechte Wetter hatte einige krank gemacht und während
wir Gesunde beim Essen saßen, hörten wir von den benachbarten
Kabinen her ihre Seufzer und ihre kläglichen Bemühungen. —
Als die letzten erschienen bei Tische zwei jüngere Japaner, welche
die Regierung auf ihre Kosten nach Deutschland schickte, den einen,
um Chemie zu studiren, den andern, um sich mit der Technik der
deutschen Porzellanbrennerei vertraut zu machen. Die armen Kerls
sahen aus wie ungebleichte Leintücher nach dem 4tägigen Opfer,
das der Weg zur Zivilisation von ihnen verlangt hatte. —
Während der Suppe erzählte mir der eine, daß er sich vormittags
noch fünfmal habe erbrechen müssen; ich drückte besorgt den innigen
Wunsch aus, es möchte für heute das letztemal gewesen sein und
rückte meinen Teller etwas ostwärts.

Die Tafel präsidirte der Schiffskapitän, ein schöner, korpu-
lenter Mann, der sich auch während des Essens durch amerikanische
Ungenirtheit auszeichnete. Er aß sehr rasch und sehr viel; die
Schluckorgane konnten die Arbeit nicht immer bewältigen und alle
Augenblicke erfolgte ein explosiver Husten und ein Würgen, als
ob eine Fischgräte im Halse stecke. Da der Mann trotz alledem
Messer und Gabeln nicht aus den Händen ließ, wurde die kleine
Katastrophe hie und da verhängnisvoll für die Teller der Zunächst-
sitzenden. Anfänglich schaute alles erschrocken nach dem Tafel-
präsidenten und seinem blaurot gehusteten Kopfe; nach und nach
aber gewöhnte man sich an diese Sorte Tafelmusik. — Dem
Kapitän zur Rechten saß ein englischer Oberst mit seiner Gattin;
die Leutchen hatten in Hongkong in Garnison gelegen und wurden
nun nach Schottland versetzt. Vorher waren sie 1½ Jahre auf
Cypern und 2 Jahre in Kanada gewesen, kleine Abwechslungen,
wie sie einem englischen Offizier passiren können. — Nachdem ich
lnge lang und etwas mühsam mich in englischer Zunge mit dem

Herrn Oberft unterhalten hatte, erfuhr ich enblich, daß er „Meyer"
heiße unb erhielt auf meine Anfrage, ob´ benn in England auch
Meyers geboren werben, die fächfifch-gemütliche Antwort: „Ent-
fchulbigen Sie, ich bin auß Dräsben!" Ich fah wirklich einen
echten Sachfen vor mir, ber englifche Militärcarriere gemacht unb
fich burch eine nette englifche Frau unb ein Paar tabellofer Cotelettes ber Nation angepaßt halle. Wir wurben gute Freunbe
zufammen. — Von ber übrigen Tifchgefellfchaft intereffirte mich
noch ber englifche Konful auß Yokohama; er ging feiner auß
Europa erwarteten Braut bis San Francisco entgegen; bort
follte bie Hochzeit fein. Die Hochzeitsreife führte über ben ftillen
Ozean zurück nach Japan. — Gefprächige Tifchgenoffen waren
ein von Hongkong in bie Ferien reifenber englifcher Bank-
angeftellter unb ein in Ruheftanb verfetzter Schiffskapitän, ein
kleiner, jovialer, ftets vergnügter Engländer, ben man nie ohne
bie Whisky-Flafche fah. Whisky* ift überhaupt bas National-
getränk ber Engländer unb Amerikaner unb wurde von ben Ver-
tretern biefer beiben Nationen an unferer Schiffstafel tifchgläfer-
weife konfumirt.

Mir gegenüber faß an ber Tafel ein verwetterter amerika-
nifcher Schiffsmann; er hatte als erfter Steuermann feit 30 Jahren
alle Meere ber Welt befahren und kehrte nun mit feinen Erfpar-
niffen in bie alte Heimat zurück. Er war es, ber gewöhnlich
bie Konverfation leitete unb mit feinen Reifeabenteuern unfere
Verbauung beförberte. Was immer er von feiner Vaterftabt Bofton
erzählte, fchloß mit bem Refrain „the best in the world", unb
wehe bem, ber zu vermuten wagte, baß anbere Stäble auch ihr
Gutes, vielleicht fogar noch Vorzüge vor ber Hauptftabt Maffa-
chufetts' haben könnten! Der enragirte Lokalpatriot fprach wäh-
renb brei Tagen kein Wort mehr mit bem Schiffsboktor, weil er

---

* Branntwein auß Gerfte ober Maiß.

fich unterſtanden hatte, zu behaupten, der Brand von Chicago
ſei größer geweſen als derjenige in Boſton. — Die zwei Japaner
fühlten ſich bei Tiſch recht ungemütlich; dem einen namentlich
war der Gebrauch von Meſſer und Gabel nicht geläufig und der
Seſſel war ihm ein Marterſtuhl. Wollte er ſich's auf Deck behaglich machen, ſo hockte er wohl in japaniſcher Weiſe auf den
Boden und rauchte ſein Pfeifchen. Da er nicht engliſch ſprach,
war ihm der Inhalt der jeden Tag friſch aufgelegten Speiſe-
karte ein verſchleiertes Geheimnis; zwar beſtellte er ſich, wie die
andern, mit dem deutenden Finger irgend etwas bei dem be-
dienenden Chineſen, machte aber oft ein erſtauntes und bitter
enttäuſchtes Geſicht, wenn er Schafsbraten erwartet hatte und
eingemachtes Obſt ſerviert bekam oder dgl. Schließlich führte der
Chineſe die Praxis ein, daß er ſeinem oſtaſiatiſchen Vetter während
der Dauer der ganzen Tafel ein Gericht nach dem andern hin-
ſtellte, welche derſelbe dann auch mit Todesverachtung und fabelhafter Schnelligkeit in ſeinen Mund ſchob. — Die amerikaniſche
Küche ſchmeckt unſer einem nicht beſonders; die Schiffsküche
namentlich leidet an ewigem Schafsbraten und fade gekochten
(meiſtens konſervirten) Gemüſen, unter welchen die Kartoffel in
drei- oder vierfacher Form der Präparation nie fehlt. Gegen das
Ende der Fahrt — die infolge des ſchlechten Wetters 6 Tage
länger dauerte als vorgeſehen war — ging denn unglücklicher-
weiſe noch das Trinkwaſſer aus und es wurde zum Kochen nur
noch kondenſirtes Maſchinenwaſſer benützt, das einen widerwärtig
ſeifig-öligen, alles durchbringenden Geruch und Geſchmack hat und
uns von vorneherein den Appetit benahm. — Mein liebſter Tiſch-
gefährte war mein Nachbar zur Linken, der früher erwähnte, von
der japaniſchen Regierung nach Europa geſandte Herr M. aus
Bremen; wir bildeten die deutſche Inſel in dem internationalen
Sprachendurcheinander und mancher deutſche Kalauer hat uns die
Mahlzeit gewürzt. Nach beendigter Tafel ſetzte man ſich für ein

Stündchen ins Rauchzimmer, eine um den Hauptmast gebaute kleine Verdeckkabine ohne alle und jede Bequemlichkeit, woselbst man bei unruhiger See mühsam an Wänden und harten Holz- bänken sich festhielt und seine Cigarre rauchte. Nicht selten spritzte aber eine über Bord sich wälzende Woge zu allen Fugen herein und applizirte uns eine unfreiwillige Douche. Trotzdem blieb eben der „Rauchsalon" während der ganzen langen Reise unser einziger Zufluchts- und Gesellschaftsort; mechanisch lenkten sich nach jeder Mahlzeit die meerschwankenden Schritte dorthin und es war schon mehr ingrimmiger Galgenhumor und trug mir von meinem Tischnachbar einen erst freudig überraschten, nachher aber ver- achtungsvollen Blick ein, als ich am 15. Tage beim Dessert zu ihm sagte: „Sie, Freund, ich habe eine Idee! — Wie wär's, wenn wir heute einmal ins Rauchzimmer giengen?" Dieser un- schuldige Witz wurde von da ab täglich drei Mal, nämlich bei jeder Mahlzeit, mit dem entsprechenden Aufwand von Pathos und Mimik gemacht und die Versicherung, daß jedesmal unbändig dabei gelacht wurde, mag eine ungefähre Vorstellung geben von dem Geisteszustand des homo sapiens während einer monotonen Seefahrt. — Tags über schrieb ich fleißig im Speisesaal und brachte es soweit, daß ich dies bei jeder Witterung tun konnte, wenn auch mein Schreibtisch ganz bedenkliche Exkursionen machte; meine treuen steten Gesellschafter waren dabei Tschifei, der kleine Schiffshund, und ein prächtiger getigerter Kater, welche beide in friedlicher Eintracht quer über meine Kniee ausgestreckt da lagen und schnarchten und schnurrten.

Abends wurde häufig konzertirt. Der Schiffsdoktor spielte Klavier, die Frau Oberst sang ganz nett, der englische Bank- angestellte blies die Mundharmonika, ich fiedelte auf meiner Geige und der englisch-sächsische Oberst trommelte dazu mit ein paar Castagnetten aus Ebenholz; was Kehle hatte, sang mit und so improvisirten wir eine Symphonie, die glücklicherweise oft von dem Braufen des Meeres zugebeckt wurde und deren Schallwellen beffer der Nachwelt nicht aufbewahrt bleiben. — Hie und da wurde aber auch ein ernftes Programm abgewickelt: Schubertfche Lieder, die ungarifchen Tänze von Brahms, die Violin-Romanzen von Beethoven rc. fauben lautlofe und bankbare Zuhörer. — Wer Sinn und Freude für Mufik hat und etwas — fei's auch noch fo wenig — darin zu leiften verfteht, trägt einen kleinen Schatz mit fich herum, deffen Wert für fich und andere er nie beffer würbigt, als während einer langen Seefahrt.

Am 2. Oktober paffirten wir ben 180. Meribian; bei diefer Gelegenheit zeigte bas Schiffsbulletin zwei Tage hintereinander die nämliche Datirung, nämlich zweimal: Dienftag ben 2. Oktober; baburch erhielten wir eine Woche von 8 Tagen. Umgekehrt zählt die Woche, während welcher ein von Often nach Weften, alfo von Amerika nach Afien fahrendes Schiff ben 180. Meribian paffirt, nur 6 Tage; die Bewohner jenes Schiffes fchlafen beifpielsweife am Abend bes 2. Oktobers ein und erwachen am Morgen bes 4. Oktobers, während wir auf der Fahrt von Weften nach Often am Abend bes 2. Oktobers uns zur Ruhe legten, um am Morgen bes 2. Oktobers aufzuftehen und ben nämlichen Tag nochmals durchzumachen. Scheinbar hatten wir alfo einen Tag mehr gelebt, als die andern Menfchenkinder. Diefe eigentümliche Erfcheinung wird verftänblich, wenn man bebenkt, baß während der Fahrt nach Often der Zeiger der Uhr Tag für Tag etwas vorwärts gerückt werden muß; denn der Mittag tritt täglich um fo viel früher ein, als man der von „Often nach Weften gehenden" Sonne entgegengefahren ift. Von der Schweiz bis Singapore macht dies ungefähr 6½ Stunden Zeitunterfchied aus, b. h. während die Uhr in Bern auf 12 Uhr mittags zeigt, fteht fie in Singapore fchon auf 6½ abends. Bis die Tour um die Erbkugel vollendet ift, beträgt die Summe der fämtlichen Zeitteile, um welche der Uhrzeiger nach vorne gerückt werden muß, genau 24 Stunden,

entfprechend eben der Zeit einer Erdumdrehung.* So ift es begreiflich, daß ein Schiff, wenn es die oben erwähnte Korrektur
am 180. Meridian nicht vornähme, in feiner Zeitrechnung um
einen Tag zu früh wäre.

Beifpiel: Denke man fich ein Schiff am erften Oktober von
London nach Often fahrend; es brauche zur Reife um die Welt bis
zur Rückkehr nach feinem Ausgangspunkte genau 90×24 Stunden,
käme alfo am 29. Dezember wieder in London an. Diefer Zeit-
raum, welcher für einen in London Stationirten 90 Tage ausmacht, beträgt für die Schiffsbewohner 91 Tage; die 90 Londoner-
tage beftehen eben aus genau 24 Stunden, die Schiffstage aber
dadurch, daß das Schiff der Sonne entgegenfährt, aus etwas
weniger als 24, nämlich aus $24 - {}^{24}/_{91}$ Stunden. 90×24 ift
genau fo viel, wie $91 \times (24 - {}^{24}/_{91})$. So müßte das Schiffs-
tagebuch, würde es nicht irgendwo (und nach allgemeinem Gebrauch
wird dies am 180. Meridian vorgenommen) zwei Tage in einen
verfchmelzen, bei der Ankunft in London den 30. Dezember zählen,
wäre alfo der Londoner Zeitrechnung um einen Tag voraus.

Diefen Umftand hat Phileas Fogg (in Jules Vernes Reife
um die Welt in 80 Tagen) nicht berücksichtigt. Er rechnete in
fortlaufenden Daten und zählte alfo bei feiner Ankunft in London
den 28. November, während in Wirklichkeit erft der 27. war;

------

* Daraus läßt fich berechnen (24 Stunden = 1440 Minuten dividirt durch
360 [Zahl der Meridiane] = 4), daß der Zeitunterfchied für jeden Meridian
4 Minuten beträgt, daß wir alfo bei einem täglichen Vorrücken um 10 Längen-
grade unfere Uhr um 40 Minuten vorwärts rücken müffen. Umgekehrt kann aus
der Zeitdifferenz die geographifche Länge, unter welcher das Schiff fteht, jeden
Augenblick beftimmt werden. Ein mitgenommenes Chronometer zeigt die Orts-
zeit des erften Meridians (für England: Greenwich; für Frankreich: Paris; für
Deutfchland: Infel Ferro). Vermittelft des Sextanten wird die Sonnenhöhe ge-
meffen und dadurch die Zeit des Standortes beftimmt. Beträgt die Differenz
zwifchen Chronometer- und Sextantenergebnis beifpielsweife 4 Stunden, 20 Minuten = 260 Minuten, fo ift die geographifche Länge, unter welcher fich das Schiff
befindet, $260 : 4 = 65$.

eine für ihn sehr angenehme Entdeckung, da sie ihn die Wette und damit ein großes Vermögen gewinnen ließ.

Viel Unterhaltung fand ich im Verkehr mit den beiden Japanern; die armen Burschen langweilten sich fürchterlich und waren dankbar für jede gebotene Zerstreuung. Das Deutsch, das sie sprachen, tönte allerdings oft recht asiatisch und war teilweise schwer verständlich; die aus japanisch-deutschen Wörterbüchern herausgesuchten Ausdrücke fanden hie und da recht komische Verwendung.*

Auffallend war mir das nach unsern Begriffen unpassende Mimenspiel, mit dem die zwei Japaner ihre Reden begleiteten. Ernste Dinge wurden mit Lachen, gleichgültige Erlebnisse mit ernstsauren Mienen vorgebracht. — So erzählte mir der eine der beiden Reisegefährten, seine Mutter sei an der Cholera erkrankt; daraufhin habe sich sein Vater 10 Stunden weit ins Gebirge geflüchtet, damit er von der Krankheit verschont bleiben möchte. Die Mutter sei noch 14 Tage am Leben geblieben, der Vater aber in seinem Schlupfwinkel schon nach einer halben Woche an der Cholera gestorben. Schon den Anfang der Erzählung begleitete der Redner mit halb unterdrücktem Lachen; am Schluß aber verfiel er in ein unbändiges Gelächter, so daß die englischen Tischnachbarn glaubten, er hätte mir den größten Witz erzählt. Es ist dies charakteristisch für die oberflächlich-kindische Denkweise der Japaner; der tragische Inhalt der

* Ein nur annähernd korrekt deutsch sprechender Japaner ist überhaupt eine Seltenheit. Die Japaner leben sich nicht in die Elemente und den Geist einer Sprache hinein, sondern ihre Sprachkenntnisse bestehen, wie diejenigen eines Schülers, aus auswendig gelernten Wörtern; Gedanke und Satzform bleiben japanisch. Dieser Defekt gibt hie und da zu komischen Erlebnissen Veranlassung. So schrieb ein für einige Tage nach seiner Heimat beurlaubter Assistenzarzt an seinen Vorgesetzten, einen deutschen Professor in Tokio, „es tue ihm leid, daß er auf den verabredeten Zeitpunkt nicht zurückkommen könne; seine Schwiegermutter sei gestorben und weil das Aas erst in 2 Tagen verbrannt werde, müsse er seine Abreise so lange verschieben.“

Geschichte kam dem Erzähler nicht zum Bewußtsein gegenüber der auf ihn komisch wirkenden Tatsache, daß sein Vater sich so ver= rechnet hatte. — Die beiden Japaner waren Schintoisten und gehörten zu den Feuerbestattern; das Gebet war ihnen unbekannt bis zum Tode ihrer Eltern; dann aber fingen sie an, auf der Stätte, an welcher die Asche der Verstorbenen beigesetzt war, die abgeschiedenen Seelen derselben anzurufen. Diese schöne heidnische Sitte herrscht durchwegs bei den Schintoisten.

Die Leichenverbrennung ist in Japan seit Ende des 7. Jahr= hunderts (christlicher Zeitrechnung)* eingeführt. Dazumal starb ein berühmter buddhistischer Priester, namens Dosho, 72 Jahre alt, welcher die Feuerbestattung für sich anordnete. In Kioto existirt ein Tempel zu Ehren dieses Priesters.. Nachdem 4 Jahre später auch die Kaiserin Shito gemäß testamentarischer Verfügung verbrannt worden, fand das Verfahren Anklang und wurde während 1000 Jahren allgemein geübt. Dann machte aber ein kaiserliches Verbot dieser Bestattungsweise ein Ende und erst seit 5 Jahren darf man sich in Japan wieder verbrennen lassen. Die Kosten einer solchen Feuerbestattung belaufen sich auf nur 1½—2 Dollars; die Verbrennungsdauer beträgt 8 Stunden. Die Feuerstelle ist eine muldenförmige Vertiefung in der Erde, 4 Fuß lang und 1½—2 Fuß breit, überquert von 4 starken Holzscheitern, auf welche der in Reißstroh eingehüllte Leichnam gelegt wird. Die Stätte ist überdeckt von einem kleinen, nur 12 Fuß hohen Bambushäuschen mit rundem Schornstein. Schräg an den Leichnam werden nun Holzklötze angelehnt und von den Priestern angezündet. Das Feuer glimmt nur schwach, sonst würde ja auch das kleine Häuschen in Brand geraten. Andern Tages holen die Angehörigen des so Bestatteten die nicht ver=

---

* Die Japaner beginnen ihre Zeitrechnung mit dem ersten Kaiser der jetzigen Dynastie und zählen jetzt (1888) das Jahr 2547.

brannten Knochen und setzen sie in einem Tempel bei. — Ich habe leider nie Gelegenheit gefunden, den Grad der Zerstörung der Leiche durch dieses Verfahren mit eigenen Augen zu beurteilen, so sehr ich mich auch für diese ideale und schönste Bestattungsweise interessirte; jedenfalls muß das dazu verwendete Holz ganz besonders präparirt oder von eigentümlicher, langsam brennender Art sein, wenn es während 8—10 Stunden ein leichtes und gleichmäßiges Feuer unterhalten soll.

Achtzehn Tage schon dauerte unsere Fahrt durch die Wasserwüste des stillen Ozeans und noch war uns kein einziges Schiff zu Gesichte gekommen. Endlich am Morgen des 19. tönte es vom Mastkorbe herab: Segler in Sicht! Alles rannte direkt aus dem Bette, ohne an vorherige Toilette zu denken, auf Deck, und nach einer Stunde hatten wir einen vom Sturme hart mitgenommenen Dreimaster eingeholt, der durch aufgehißte Flaggensignale mit dem Kapitän unseres Schiffes sich zu unterhalten anfing. Die Signale bedeuteten: Wir sind Amerikaner, kommen von New-York ums Kap Horn herum, gehen nach San Franzisko und haben seit 54 Tagen kein Land mehr gesehen, wissen wegen seit langem bedeckten Himmels nicht genau, wo wir sind und bitten um Angabe der geographischen Länge und Breite, auf der wir uns befinden. Unser Koloß verkürzte seinen Lauf, bis die Signalkonversation zu Ende war; die gewünschte geographische Lage wurde in Riesenzahlen mittelst eines mächtigen Stückes Kreide an den Schiffspanzer angeschrieben und ½ Stunde später sahen wir von dem Segler nur noch die Mastspitzen.

Am Abend des 5. Oktobers, nach eingetretener Dämmerung, erschreckte uns ahnungslos in der Kajüte Sitzende das schreckliche Dröhnen des Feuerhornes; wir eilten auf Deck, so schnell uns die Füße tragen wollten; dort war ein Schreien und Kettenrasseln, ein Kommandiren und Durcheinanderrennen, daß einem fast die Sinne schwanden. Was ist's? Brennt's im Schiff? Dann sind

wir alle verloren! Unsere Aufregung legte sich, als der Kapitän
die Mitteilung machte, daß es sich um eine Generalprobe im
Feuersicherheitsdienst handle; der erste Schiffsoffizier hatte unverzeihlicher Weise vergessen, den Passagieren vorher davon Anzeige
zu machen. Zwei Minuten nach dem Signale war jeder von
der Schiffsmannschaft auf seinem Posten; die Dampfspritzen
arbeiteten und sandten Wasserströme nach allen Richtungen. Wir
brauchten ziemlich lange, bis sich unsere Aufregung gelegt hatte.
Uebrigens beruhigte der Anblick der vom Heizer und Matrosen
bis auf den Salonkellner ganz aus Chinesen zusammengesetzten,
in Reih und Glied stehenden Bande, in deren Hände wir bei
dergleichen Eventualitäten unser Schicksal gelegt sehen, keineswegs.
Wir erhielten den sichern Eindruck, daß im Falle einer wirklichen
Katastrophe alle Disziplin ein Ende hätte und daß unser Schiff
der Schauplatz eines schrecklichen Rassenkampfes werden müßte. Und
was hätten wir verhaßte Nichtasiaten in so geringer Anzahl (wir
zählten mit samt dem Kapitän und den Offizieren kaum zwanzig
Mann) gegenüber den paar hundert Mongolen ausrichten können?

Einundzwanzig Tage nach unserer Abfahrt von Yokohama
eröffnete der Kapitän bei Tische, daß wir den kommenden Morgen
um 9 Uhr in San Francisco sein werden. Das gab Leben in
die Tafelrunde. Einmal wieder, nach langer Zeit, schien der
Schafsbraten zu munden und das im öligen Maschinenwasser
gedünstete Kraut fand man gar nicht so übel. Die Konversation war außergewöhnlich lebhaft; die Engländer tranken zwei
Gläser Whisky mehr, als gewohnt; der amerikanische Steuermann
schilderte zum zwanzigsten Male die unerreichten Vorzüge seiner
Vaterstadt Boston; die zwei Japaner ließen ihre Mundwinkel
in kontinuirlichem Grinsen gegen die Ohren zu spazieren und
mein Bremerfreund und ich dedizirten uns gegenseitig einige
Flaschen Milwaukee-Bier. Noch eine Nacht! Dann kann uns
der stille Ozean gestohlen werden!

Ein störendes Intermezzo erfuhr unsere Fröhlichkeit durch einen der beiden Oberstewards, welcher neben der Tafel in epileptischem Anfall zusammenbrach. Den chinesischen Dienern schien die Sache nicht ungewohnt; sie schafften den zuckenden Körper ohne weiteres in ein Nebengemach und fuhren, als ob nichts passirt wäre, unverzüglich mit ihrer Arbeit bei Tische fort. Der Schiffsdoktor, dem ich den Unglücklichen besorgen half, schimpfte, der Mensch trinke zu viel; dann könne ja das „Keinein" und das „Bromein" (Chinin; Brom), das er ihm verordne, keine Wirkung haben. Die 30 fehlenden Flaschen in meiner Bierkiste lieferten eine kleine Illustration zu dieser Aussage. — Als ich mich wieder an die Tafel setzte, drehte sich das Gespräch natürlich um die eben beobachtete Krankheit; der amerikanische Steuermann hatte das Wort und erzählte gerade, wie viel Dutzend Fallsüchtige täglich in den Straßen von Boston zusammengelesen würden.

Die letzte Nacht auf dem stillen Ozeane brachte mir wenig Schlaf; alle Viertelstunden sah ich nach der Uhr und zweimal, gleich nach Mitternacht, bestieg ich das Verdeck und suchte Land, Land. Amerika erschien mir als Vorhof der Heimat. — Mein treuester Schlafkamerad, Tschisei, der Schiffshund, ahnte die baldige Trennung; er winselte kläglich und stellte sich wohl ein Dutzend male an meiner Schlafstelle in die Höhe, schnüffelnd, ob ich noch da sei.

Vor Tagesgrauen war ich wieder auf dem Verdeck; noch lagerte die Nacht auf dem Ozeane; ihre Stille unterbrach nur das keuchende Arbeiten der Maschine und das Rauschen der vom Kiele geteilten Flut. Endlich erschien Aurora am östlichen Horizonte; ein leichter Schimmer in Rosa umkreiste das Weltmeer und die gewaltige Wasserfläche reflektirte die matten Strahlen in geisterhaftem dunkeln Glanze. Majestätisch erschien Helios und beleuchtete zu meinem Entzücken einen Streifen Landes, die

Gestade der kalifornischen Küste. Um 6 Uhr sahen wir das uns
entgegenkommende kleine Dampfschiff des Lotsen; in seiner Gesellschaft befanden sich einige elegant aussehende Herren in schwarzem
Rock und grauem Cylinder (häßliches Möbel!) und mit goldenen
Ketten größten Kalibers. Die Ankömmlinge erkletterten auf einer
heruntergelassenen Strickleiter unsern Leviathan und fielen über
ein zu ihrem Empfang bereit gehaltenes Dejeuner her, als ob
sie seit 14 Tagen darauf hätten warten müssen. — Der Schiffsposthalter, ein magerer Amerikaner, der sich bei Tische die Nase
immer mit der Hand schneuzte, weil er sein Essen nicht kalt
werden lassen wollte, raunte mir ins Ohr, die grauen Cylinder
seien Zollbeamte; wenn ich es wünsche, wolle er mich einem der
Herren vorstellen; ich läme dann rasch und leicht über die sonst
sehr lange dauernden und eingehenden Zollformalitäten hinweg.
Dies konnte mir höchstens angenehm sein und vertrug sich —
da ich nichts Zollbares mitführte und im Ein- und Auspacken
meines Koffers weder Virtuos noch Liebhaber war — sehr gut
mit meinem Gewissen und meinen Wünschen. Die Vorstellung
erfolgte; die elegante graue Angströhre blieb nachher noch einige
Zeit vor mir stehen und schien auf den Schlußpunkt der Szene
zu warten; ich fand aber den Punkt nicht, bis der Posthalter
mich zwei Schritte seitwärts nahm und mir bedeutete, ich möchte
einen 5- oder 10-Dollarschein in die Hand des Zollinspektors
drücken. Dies fiel mir allerdings nicht im Traume ein. Wozu
denn? Ich hatte keinen Grund zur Bestechung und hätte dies
auch prinzipiell nicht getan. Zur Strafe für meine Abgeneigtheit wurden dann auch meine Effekten am Landungsplatze mit
der gesetzlichen, gewissenhaftesten Genauigkeit untersucht und durcheinander gewühlt. Der englische Bankangestellte machte es einfacher; er trug chinesische Seidenstoffe unter einer oberflächlichen
Schichte von Linge und Strümpfen in seiner Kiste verborgen.
Beim Oeffnen des Koffers fand aber der Zollbeamte einen

10-Dollarschein zu oberst liegen. Mit welch eleganter Handbewegung verschwand das Papierchen! Wie rasch flog der Koffer-
deckel wieder zu und mit welchem Schwung wurde ihm das
Passagezeichen aufgetreibet!

Der Amerikaner aus Boston, der weniger freigebig war,
mußte schimpfend und fluchend zusehen, wie die Argusaugen der
Zolldiener sogar in das diskrete Fach der schmutzigen Wäsche in
seinem Riesenkoffer drangen und einen ganzen Häselimarkt von
chinesischen Porzellansachen herausholten und daneben aufstellten.
Er hatte den fünffachen Wert an Zoll zu bezahlen. — Die Korruption der Zollbehörde war der erste Eindruck, den ich auf
amerikanischem Boden erhielt.

Um 7 Uhr fuhren wir in die Bucht von San Francisco;
kurze Zeit darauf hörte das eiserne Herz, das während 500
Stunden ununterbrochen gearbeitet hatte, zu schlagen auf und
unser an Ruhe gewöhntes Ohr wurde bestürmt von dem Lärm
einer amerikanischen Riesenstadt.

San Francisco oder Frisco, wie es durchwegs von den
zeitsparenden Amerikanern genannt wird, liegt auf einer hügeligen
Halbinsel, teils am östlichen Abhange des Küstengebirges, teils
auf einer künstlich und mit ungeheurer Anstrengung dem Golfe
abgewonnenen Sandebene. Das Küstengebirge (Coast-range)
zieht sich als mächtiger Wall, welcher den andrängenden Fluten
des stillen Ozeans Halt gebietet, von Nord nach Süd; nur
e i n e Lücke zeigt es, durch welche die Wasser des Weltmeeres
und des Golfes sich vereinigen und durch welche alle Schiffe
ein- und ausgehen — das goldene Tor. Franz Drake über-
schritt als der erste dessen Schwelle, da er von der Magelhaëns-
straße herkommend nach Norden fuhr und einen Durchgang nach
dem atlantischen Ozean suchte.

Sobald wir in dem ruhigen Gewässer der San Francisco-
Bay schwammen, kamen auch die Vorderdeckpassagiere zum Vor-

schein, lauter Chinesen mit Kind und Kegel, die während drei Wochen die verpesteten Zwischendeckräume nie verlassen hatten. Bei der Mehrzahl der Weiber bemerkte ich jene abscheulich verkrümmten Füße, welche in der Form durchaus einem Pferdehufe gleichen; durch Bandagen wird schon beim Säuglinge die Entwicklung des Fußes gehemmt; die Zehen krallen sich nach der Ferse um und das Endresultat ist ein häßlicher unförmlicher Klumpen, der seiner Besitzerin das Gehen zur Qual, fast zur Unmöglichkeit macht.

Unter der vielhundertköpfigen mongolischen Gesellschaft nahm ein junges Weib vor allem meine Aufmerksamkeit in Anspruch; sie wurde, wie eine Gefangene, durch zwei gewaltige Chinesen auf das Verdeck geführt und unterschied sich in Kleidung und Gesichtsbildung durchaus von ihrer Umgebung; die feingeschnittenen Züge, der dunkle Teint, die brennend schwarzen Augen und Haare sprachen für edle kaukasische Abkunft; aber aus den glänzenden Augen schaute der Wahnsinn und es machte den Eindruck, als ob jeden Augenblick ein Wutausbruch kommen könnte. Einen Moment flog der Gedanke durch meinen Kopf: Wie, wenn es sich nicht um eine Kranke, sondern um eine rettungslos in chinesischen Klauen Verlorene handelte, die aus irgend welchen Gründen in dieser Weise auf die Seite geschafft werden sollte?

Die Unglückliche lauerte auf dem Boden; die langen schwarzen Haare hingen wirr über das abgezehrte Gesicht herunter; die Ellbogen ruhten auf den Knieen und die Finger krallten sich verzweifelnd in dem Haargewirre fest; der Kopf wurde in haftiger Unruhe hin- und hergedreht und die Angen rollten nach allen Seiten, während die Lippen in unverständlichem Murmeln sich bewegten. — Als nach dem Anlegen des Schiffes am Landungsplatze die Auswanderung der asiatischen Passagiere begann, war die arme Kranke nur unter größtem Widerstreben von der Stelle zu bringen; ein schmieriger Chinese, ein wahrer Riese von Figur, packte sie am Arme und zwang sie zum Mitkommen; dabei stieß sie aber einen mark- und beindurchdringenden Schrei aus und sträubte sich mit den Geberden und dem Gesichtsausdrucke der gräßlichsten Angst. Noch lange hörte ich das Schreien und Hülferufen der Geistesumnachteten, bis es im Getöse des Landungs- platzes unterging.

XII.

Ins Hotel. — Erster Willkomm. — Fahrt nach dem Cliffhouse. — Seelöwen. — Minstrels. — Straßenleben in San Francisco. — Woodwards Garten. — Schweizer- heim in Oakland. — Ein Gärtner als Arzt. — Amerikanische Reklame. — Familien- idyll. — Abschied. — In Pullmanns car. — Mormonenstadt. — Ueber Chicago und Niagara nach New-York. — Heimwärts.

Welcher sinnbetäubende Lärm! welches ohrzerreißende Stimmen- konzert von Zolldienern, Dienstmännern, Portiers, Camionneurs! Die letzteren stunden in dichten Haufen hinter einer Barriere, welche den Zollrevisionsplatz gegen den Ausgang nach der Stadt abschloß und machten den Eindruck von Blutgierigen, die binnen kurzem auf uns Reisende losgelassen werden sollten. Kiloweise schleuderten sie Adreßkartenbüschel, die ihre Namen trugen, in unsere Mitte; man brauchte nur einige Karten aufzulesen, sie mit seinem Namen und der Hoteladresse zu versehen und an seinen Gepäckstücken zu befestigen. Dann durfte man die letztern ruhig ihrem Schicksale überlassen und konnte gewiß sein, bei der An- kunft im Hotel dieselben schon dort vorzufinden. Die Frachtspesen las man nachher in der Gasthofrechnung. — Wir waren froh, unser sechs endlich in einem holperigen Omnibus zu sitzen und Aussicht auf baldige Beförderung zu haben. Als der Kutscher den Schlag schloß, sah ich eben noch, wie er mit dem Fuße ein kleines winselndes Tier wegschob; es war mein Freund, Tschisei,

der Schiffshund, der seine Leine durchbissen hatte und mir nachgefolgt war. — Armer Kerl! Du sahst nicht einmal mehr den
freundlichen Blick, den ich dir zum Abschiede znwarf und erhieltest
deine Anhänglichkeit mit einem Fußtritte bezahlt!

Unser Absteigequartier war das Occidental Hotel, nicht der
größte Gasthof San Franciscos, aber immerhin ein riesenmäßiges
Gebäude mit 650—700 Zimmern und mächtigen Gesellschafts-
und Speiseräumlichkeiten.

Kaum hatte ich meine Bude bezogen und auf festem Boden
wieder einmal behaglich Toilette gemacht, so meldete mir ein
schwarzhäutiger Kellner, daß ein Herr unten auf mich warte. Ich
fuhr per Lift schleunigst 40 Meter tiefer in den Parterreraum und
fand dort einen liebenswürdigen Landsmann, Herrn R. aus Arbon;
unser Steamer hatte ihm einen Brief von meinen Yokohamafreunden
gebracht, durch den ich ihm empfohlen war und er hatte sich
schleunigst auf den Weg gemacht, mich aufzusuchen. Dies gab
mir eine Idee von der fabelhaften Schnelligkeit, mit der in einer
amerikanischen Riesenstadt die Postsachen expedirt werden.

Mein erster Gang in San Francisco galt dem deutschen
Konsulate, wo ich nach vierwöchentlicher Pause wieder einmal
Briefe und gottlob gute Nachrichten von daheim vorfand. Sie
waren nach Westen an den Ort gelangt, den ich gegen Osten
erreicht hatte.

Nachmittags fuhr mich Herr R. in einem von zwei feurigen
Rennern gezogenen Wagen nach der Hauptsehenswürdigkeit der
kalifornischen Hauptstadt, nach Cliffhouse. Ueber holzgepflasterte
breite Straßen, nachher über tabellosen Macadam rollten wir in
schnurgerader Linie durch die Stadt; bald hatten wir ihre letzten
Häuserreihen hinter uns und passirten die herrlichen Friedhöfe, die
wie Lustgärten aussehen und in der ganzen Welt an Schönheit
ihresgleichen suchen; hierauf führte der Weg durch einen prachtvollen Park, den kalifornischer Fleiß in wenig Jahren aus einer

Sandwüste entstehen ließ; schließlich aber sind wir an allen Schöpfungen von Menschenhand und aller Vegetation vorüber; die Räder rollen geräuschlos über kahle Dünen; aber auch diese tragen den Stempel der Zivilisation: ein einsamer Telephondraht fliegt von Stange zu Stange und verliert sich in weiter Ferne perspektivisch im Sandboden. — Schon hören wir das Tosen gewaltiger Brandung; der stille Ozean pocht am amerikanischen Kontinente und scheint ihn erzittern zu machen. Noch 10 Minuten und wir stehen auf der Veranda eines Kiost, der — ein eleganter Einsiedler in der großartigen Einöde — auf einem Strandfelsen erbaut ist und tauchen unsern Blick in das unendliche Weltmeer. — In geringer Entfernung vom Strande erheben sich drei Klippen über dem Meeresspiegel und sie bilden das Eldorado jener gewaltigen Tiere, derentwegen dieser Platz so gerne besucht wird, der Seelöwen. Zu Hunderten sonnen sie ihre grauen Leiber auf den felsigen Klippen, stürzen sich mit Behagen ins Wasser, wälzen sich wieder aufs Trockene und kämpfen wohl auch — laut brüllend — mit einander. — Die Seelöwen werden über zwei Meter lang und verschiedene Zentner schwer; sie sind Flossenfüßler und bilden also den Uebergang der Wassersäugetiere zu den Landsäugetieren. Gesellschaftlich rangiren sie zu den Mormonen, da jedes Männchen mit einer kleinen Herde von Weibchen zusammenlebt. Es ist komisch zu beobachten, mit welchen galanten Bücklingen und Schmeicheleien der Papa Seelöwe seinen Damen den Hof macht. — Die Tiere sind wegen ihrer Gefräßigkeit den Fischern, deren Ernte sie beeinträchtigen, verhaßt, ihres Felles und ihres Speckes halber von den Jägern sehr geschätzt, stehen aber in der Umgebung des Cliffhouse unter staatlichem Schutz und dürfen nicht geschossen werden. Sie greifen unter Umständen auch den Menschen an. — Angesichts dieses fremdartigen Naturlebens genossen wir am reich besetzten Büffet des Cliffhouse ein vorzügliches Abendbrod, gewürzt durch feurigen Kalifornier; der ihn ausschenkte, war —

ein Schweizer und trug mir einen Gruß auf an „seinen Freund Bartholez, den Gasmeister in St. Gallen.“

Es dämmerte, als wir nach San Francisco zurückkehrten; eine halbe Stunde später aber ward wieder heller Tag; aber nicht die eine Sonne leuchtete, sondern ihrer viele, die durch riesige Motoren erzeugten elektrischen Zentrallichter.

Zum Diner fand sich der größere Teil unserer Schiffsgesell-schaft im Speisesaale des Hotels zusammen; es war keine leichte Aufgabe, sich aus der wirklich riesenmäßigen Speisekarte ein Menu zusammenzustellen; denn unsere schiffskostmüden und doch hungerigen Magen wollten bei jeder Nummer Halt machen und doch gipfelte sich mein Verlangen schließlich in einem Stück langentbehrten frischen Rindfleisches. — Deu spätern Abend brachten wir bei den minstrels zu, in einem jener Theater, auf deren Bühne eine große Anzahl teils wirklicher, teils imitirter Neger sich produzirt. Das Theater ist schön und komfortabel gebaut; Logen und sammt-gepolsterte Sperrsitze enthielten viel elegante Welt; aber was ich über die Bretter gehen sah, war der fürchterlichste Unsinn, den ich je in meinem Leben gehört, dramatisch-musikalische Kalauer jener Sorte, die nur bei geöffneten Fenstern zu ertragen sind. Ich wußte am Schlusse wahrhaftig nicht, ob ich mich unterhalten oder gelang-weilt hatte, und mein Reisekamerad aus Bremen vermochte es auch nicht zu sagen, so sehr uns die Rippen vom Lachen weh taten.

Aber das weiß ich jetzt noch, mit welchem Behagen ich mich nachher wieder einmal — eingedenk des schmalen Marterkastens in der Schiffskabine — in ein weiches, großes kontinentales Bett legte; die Glieder zerstreuten sich arrogant nach allen 4 Himmels-richtungen in lange entbehrtem Vergnügen und der Kopf durch-maß wiederholt den Raum von einem Kissenende zum andern. Einem unbefangenen Beobachter hätte ich den Eindruck eines horizontalen Turners machen müssen. — Nur etwas vermißte ich — meinen kleinen winselnden Freund Tschisei! — Noch mehrere

Tage dauerte es, bis ich das auch aufs Festland übertragene Gefühl der Schiffsbewegung verlor und beim Aufstehen am ersten Morgen taumelte ich wie ein Betäubter.

Der zweite Tag meines Aufenthaltes in San Francisco war ein Sonntag. Mein freundlicher Landsmann — Herr R. — stellte sich schon in aller Frühe wieder zu meiner Verfügung und widmete sich mir bis zum späten Abend. Der Vormittag wurde zu einer Rundreise durch die Stadt benützt; der Nachmittag brachte mir das lieblichere Teil — ein glückliches Familienidyll innerhalb der behaglichsten vier Wände, die ich seit langem angetroffen.

San Francisco ist eine wunderbare Stadt, die einzige in der Welt, welche zu ihrer Größe eine so kurze Geschichte hat. Noch im Jahre 1847 war „alles wüst und leer"; vier kleine Häuser bildeten den Anfang einer Niederlassung; zwei Jahre später wurde das erste Goldlager entdeckt und diese Entdeckung gab den Anstoß zu einer Völkerwanderung von Osten her. Die Gier nach Gold, nach Reichtum trieb Tausende nach Kalifornien; verblendet vom Mammon kannten sie nur das eine Heil: Gold, Gold; nebenan wucherten alle Laster und Leidenschaften und die Geschichte der ersten Jahre von San Francisco ist eine endlose Reihe von Mord und Totschlag und von wilden Orgien, zu deren Schilderung keine Feder paßt. — 1850 zählte die Stadt schon 25,000 Einwohner und gegenwärtig beträgt ihre Zahl über 300,000.

Aber das Gold ist nicht der größte und wahre Reichtum des Landes, sondern seine wunderbare Fruchtbarkeit; was der Boden Kaliforniens Jahr für Jahr hervorbringt, ist unglaublich und noch harren Millionen von Jucharten der Kultivirung. Wenn beispielsweise der Weinbau in gleicher Weise sich entwickelt, wie seit 1870, so wird Kalifornien nach 10 Jahren die ganze Welt mit dem edlen Safte versorgen können.

Die Häuser San Franciscos sind größtenteils aus Holz, die Hotels und öffentlichen Gebäulichkeiten aber, wie z. B. die City

Hall, von beispielloser Pracht. Der neunstöckige Riesenbau des Palace Hotel enthält 800 große Zimmer, die meisten nach amerikanischer Art mit Abort und Baderaum, beherbergt 1300 Gäste auf einmal und kostete annähernd 20 Millionen Franken. — Die Straßen gehen schnurgerade ohne Rücksicht auf die Gestaltung des Bodens und schneiden sich in rechtem Winkel. Die Steigung ist oft eine so bedeutende, daß Wagen nicht verkehren können. Die Aufgabe der Personalbeförderung in großem Maßstabe, bergauf und bergab über diese gebirgigen Stadtteile löste ein deutscher Ingenieur mit der Konstruktion eines Tramsystems eigener Art. In der Mitte zwischen den längs der Straßen gelegten Eisenbahnschienen und parallel mit ihnen zieht eine mit Eisen eingefaßte Spalte, welche in einen zirka 2 Fuß unter der Oberfläche laufenden Kanal führt. In diesem Kanal läuft, von einer riesigen Dampfmaschine bewegt, ein Drahtseil in kontinuirlicher, gleichmäßiger Bewegung; jeder Tramwagen besitzt nun eine klammerartige Versenkung durch die Rinne in den Kanal hinein; sobald der Konbukteur durch einen einfachen Mechanismus die Klammer schließt, umfaßt sie das Drahtseil in der Tiefe, und der so daran befestigte Wagen macht seine Bewegung mit. So ist es verständlich, daß die Wagen, ohne sichtbaren Motor, die steilsten Bergabhänge hinauf und herunter mit der gleichen und gleichmäßigen Schnelligkeit sich bewegen. — Im ganzen macht San Francisco so recht den Eindruck der rasch, fast provisorisch erstellten Stadt; die Straßen sind größtenteils schlecht, weil in dem weichen und beweglichen Grunde alles Pflaster sich bald lockert. Das Leben und Treiben darauf spottet aller Beschreibung; Equipagen aller Art, die feinsten der Welt, wie die elendesten, und ein aus allen Erbteilen rekrutirter Völkerstrom — von der deutschen Köchin bis zum Chinesen — wogen in geschäftlicher Hast durcheinander; gelegentlich staut sich der ganze Strom an einem echt amerikanischen Hindernis — einem vielleicht vierstöckigen Hause, das auf Rollen einige 100 oder 1000

Meter weggeführt — in ein anderes Quartier plazirt wird. Die Insaßen ziehen deshalb nicht etwa aus; die aus den Fenstern hängende Wäsche und neugierige Kinderköpfe zeigen im Gegenteile, daß die wandelnde Kaserne stark bevölkert ist.

Mehrere Stunden widmeten wir Woodwards Garten — dem Barnum-Etablissement des amerikanischen Westens. Früher Privatbesitz eines amerikanischen Ministers (Woodward), ist er jetzt durch testamentarische Verfügung desselben der Oeffentlichkeit übergeben und enthält außer prächtigen Anlagen, Treibhäusern, Blumengruppen, Gesellschaftsräumlichkeiten und Kinderspielplätzen sehr reiche und sehenswerte naturhistorische Museen, Gemäldegalerien und eine prächtige Menagerie; namentlich fesselte meine Aufmerksamkeit ein großer Käfig, der die Inschrift „Happy family" trug und einen majestätischen Löwen, ein Schaf, ein Schwein, einen Fuchs, einen kreuzfidelen Affen und einen Hund in friedlicher Eintracht beisammen enthielt. Sogar der instinktive Haß der Raub= und Beutetiere erlischt unter der Macht der Gewohnheit.

In einem der Museumssäle fällt ein farbenreiches Naturgemälde, the tropics, auf. Ueppige tropische Vegetation ist eingerahmt von prächtigen Szenerien. Nur bei ganz genauem Zusehen bemerkt man, daß die bemalte Leinwand einen großen zentralen Ausschnitt hat, durch welchen der Blick sich in einen mit tropischen Pflanzen gefüllten Raum verliert. Die Täuschung ist schon in geringer Entfernung eine vollkommene und es kann nicht gesagt werden, wo die Natur anfängt und die Kunst aufhört.

Unter zahlreichen Kuriositäten des Gartens befindet sich auch ein kaum 12 Fuß langes verwettertes Boot, in welchem vor wenig Jahren ein tollkühner amerikanischer Kapitän 7000 Meilen auf dem großen Ozean zurückgelegt hat. Er hatte sich in den Kopf gesetzt, mit der Nußschale von Kalifornien nach Australien zu fahren. Das Boot ist überall hermetisch abgeschlossen und zeigt an der Oberfläche einen Schieber, durch dessen Oeffnung der Schiffer feinen Oberkörper herausstreckte, um ein kleines Segel zu dirigiren. Nachts aber und bei heftigem Sturme verkroch er sich in den kleinen Schiffsbauch, in welchem er neben seinem Vorrat an konservirten Nahrungsmitteln kaum Platz fand. Schließlich wäre er unweit der australischen Küste doch noch verhungert, wenn ihn nicht ein Segler entdeckt und samt seiner Holzschachtel an Bord genommen hätte.

Zu Mittag fuhren wir mit der Riesenfähre über die San Francisco Bay nach Oakland, einer freundlichen Stadt von 35,000 Einwohnern und beliebtem Sommeraufenthalt, in welchem viele der großen Geschäftsleute San Franciscos ihren Wohnsitz haben. Am Landungsplatz besteigt man einen der Lokalzüge, die ohne Barriere, ohne besondern Bahnkörper, wie ein gewöhnlicher Tram durch die Straßen Oaklands fahren und bald da bald dort anhalten. Zur Warnung für die Passanten wird auf der Lokomotive eine gewöhnliche Glocke durch den Heizer in beständiger Bewegung erhalten; auch die transkontinentalen Bahnen benützen kein anderes Signal; der „schrille Pfiff der Lokomotive" ist nirgends gekannt. — Das Haus des Herrn R. ist ein in Blumen und freundliches Grün gestellter Bau, ein Bijou an äußerer Gestalt und innerer Einteilung. Und drinnen schaltet eine famose schweizerische Hausfrau, und ihren Hauptschmuck bilden zwei blondlockige Kinderköpfchen; die ganze Gesellschaft wußte vom ersten Augenblicke an dem ankommenden Fremdling so traut und heimisch zu begegnen, daß er nicht ohne Rührung von ihnen Abschied genommen und seither schon manches Mal mit viel guten Wünschen an sie zurückgedacht hat. — Das gastliche Haus des Herrn R. glich an jenem Sonntag Nachmittag einem Taubenschlag. Schweizer und Deutsche gingen in großer Zahl ein und aus und sonnten sich an der Gastfreundschaft der lieben Familie. Von besonderem Interesse war mir ein junger Schaffhauser, Herr M.; er war vor 3 Jahren als Gärtner nach Frisco gekommen; sein Logis hatte er während des letzten Jahres im Hause eines Arztes gehabt und während

der Mußestunden in deffen Büchern genafcht. Nun fühlte er fich
ftark und weife genug, um felbftändig als Berater und Helfer der
leidenden Menfchheit aufzutreten. Er kam, Abfchied zu nehmen
und reiste mit dem nächften Schiffe nach Guatemala, um fich dort
als Arzt aufzutun. Ich bin überzeugt, daß er die Infignien
feines wahren Berufes, Gartenfpatel und Okulirmeffer, nicht auf
feinen Hausfchild fetzen ließ. — Mit der Medizin fteht's überhaupt im Süden und Weften Amerikas etwas im Argen. Nicht
daß es an tüchtigen Aerzten fehlte, aber der Schwindel auf diefem
Gebiete treibt befonders kraffe Blüten. In San Francisco hat
ein ehemaliger Hotelportier, ein abfoluter Ignorant in ärztlichen
Dingen, horrende Praxis, feit er — wie die Fama erzählt und
wie gerne geglaubt wird — einen Herrn im letzten Stadium der
Tuberkulofe durch innerliche Darreichung eines Liters Petroleum
innerhalb 24 Stunden geheilt hat. Keine Tuberkulofe mehr!
Steinöl! Steinöl! O Menfchheit!

Den nüchtern und reell gewöhnten Europäer fchreckt überhaupt
der Schwindel, der in Amerika auf allen Gebieten getrieben wird,
zurück und ekelt ihn an. Jeder, der kleine Gefchäftsmann wie
das Direktorium der riefigsten Weltbahn, benützt eine ins Lächer-
liche getriebene Reklame; nichts verdient Vertrauen; von jeder
Anpreifung müffen 90 Prozent abgezogen werden. Zwanzig ver-
fchiedene Bahngefellfchaften überfchütten den Reifenden mit reich
ausgeftatteten Gratisbrofchüren, in welchen die jeweilige Linie als
die einzig fichere, einzig breitfpurige, direktefte, einzig mit Palaft-
und Speifewagen befahrene gefchildert wird; die beigegebenen
Karten find geradezu gefälfcht, indem die einzelnen Bahntracés
gewaltfam fo gezeichnet find, daß ihre Kürze gegenüber den andern
Konkurrenzlinien fofort in die Augen fällt. Daran nicht genug:
Die Agenten der Bahnen, elegante, füß-liebenswürdige und gefällige
Herren überfallen den Fremden, bearbeiten ihn und laffen fich
fchließlich auch dazu herbei, die Fahrpreife zu reduziren, wenn fie

damit ihren Konkurrenten einen Passagier wegschnappen können. —
Als Blüten der Zeitungsreklame notire ich hier folgende Beispiele:

Ein gräßliches Eisenbahnunglück

hat sich in der Nacht vom 10. auf den 11. Oktober zugetragen.
Der von Ogden nach San Francisco fahrende, wesentlich wollene
Kleider führende Frachtzug entgleiste auf dem Riesendamme bei X.
Viele Jucharten sind mit demolirten Waggons und Kleidungsstücken
bedeckt. Die Unterzeichneten haben sich das ganze Terrain käuflich
von der Bahngesellschaft angeeignet. Die Kleider werden durch 200
von uns abgesandte Angestellte gesammelt und heute Abend 4 Uhr
wird der erste damit belastete Warenzug hier eintreffen. Der Verkauf findet zu Spottpreisen innerhalb der nächsten acht Tage statt.

San Francisco, 12. Oktober 1883. X. X.

Ein in der Salzstadt wohnender Kunsthändler und Photograph, der fallirt hatte und nun, auf den Ruinen des alten
Geschäftes, ein neues eröffnete, machte den nötigen Lärm mit
folgender Annonce:

Neueste Telegramme!

Empfangen Sie meine Gratulationen zur Eröffnung Ihres
neuen Bazars. Alexander III.

Das schöne Frankreich sendet herzliches Glückauf dem energischen Besitzer des neuen Bazars! Grevy, Präsident.

Ich kann leider nicht selber kommen, aber ich werde meine
ganze Familie schicken, um sich in ihrem neuen Atelier photo-
graphiren zu lassen. Viktoria, Königin von England.

Ganz Deutschland ist entzückt. Alle Blätter sind voll des
Ruhmes über Ihr neues Atelier und die bei der Eröffnung
stattgehabten Festlichkeiten. Kaiser Wilhelm.

Betrübt über Ihr Unglück, freue ich mich über Ihre Wieder-
auferstehung. Bravo, alter Junge! Fürst Bismarck.

Es tut mir Leid, daß ich dieses Jahr nicht zu Ihnen nach

Utah kommen kann; ich werde Ihnen schreiben, sobald mir ein Besuch bei Ihnen möglich wird. Besten Erfolg wünscht Ihnen
Arthur, Präsident der Vereinigten Staaten.

Alle diese Telegramme liegen zur Einsicht bei dem sich empfehlenden
C. R. Savage.

Mit Anzeigen dieser und ähnlicher Art sind die Riesenblätter Amerikas gespickt; eine einfache, der Wahrheit entsprechende Empfehlung findet keine Beachtung; wer reussiren will, muß übertreiben, und dieses beständige Rechnen mit unreellen, imaginären Größen, das sich auch auf den mündlichen Verkehr überträgt, ist es, was mir Amerika schon in den ersten Tagen verleidete.

Montag der 16. Oktober war der Tag meiner Abreise von San Francisco; ich benützte den Vormittag zu Streiftouren in der Stadt und besuchte einen Landsmann aus dem Kanton Thurgau, Herrn D. von Stettfurt, der sich durch unermüdliches Streben und geschäftliche Tüchtigkeit zum Inhaber eines renommirten und soliden Wolltuchwarengeschäftes gemacht hat. Mehr als für seine Warenmagazine hatte ich Sinn und Auge für sein freundlich in Blumen gebettetes, reizendes Holzhaus; als wir anläuteten, wurde die Haustüre geöffnet von Frau D., die aus der Zeit meiner Kantonsschuljahre mir wohl bekannt war und deren Erscheinung mit einem Schlage eine Flut von Jugenderinnerungen heraufbeschwor. Aus jeder Ecke des trauten Häuschens guckte ein gesundes, lachendes Kindergesichtchen; als ich schließlich die kleine Gesellschaft beisammen hatte, waren es ihrer sechse, die alle — bis auf den noch in Windeln liegenden Kleinen — mein liebes „Schwizerbütsch" plauderten und sich ohne Scheu der Reihe nach von mir wie von einem längst Bekannten auf den Knieen schaukeln ließen. Wieder ein wahres Stück Schweizerheimat an den Gestaden des stillen Ozeans.

In dem gigantischen Adreßbuch San Franciscos fand ich schließlich auch noch den Namen eines Mannes, dessen elterliches Haus in der Nähe meines Wohnortes, in Hagenbuch, steht und mit deffen Angehörigen, biebern Bauersleuten, ich viele Stunden schwerer Sorge durchgemacht hatte. Ich ließ nicht nach mit Suchen, bis ich den Mann vor mir hatte und traf ihn als Leiter der größten lithographischen Anstalt, die ich je gesehen. Hunderte von Maschinen, durch ebenso viele gut gekleidete Mädchen bedient, waren dort in Tätigkeit. Dem durch meinen unerwarteten Besuch Ueberraschten spürte ich die Rührung an, als ich von seinen Eltern und Geschwistern erzählte; zum erstenmale nach langer Zeit regte sich in dem in Kalifornien zum Manne Gereiften wieder ein rechtes Heimweh, wie er mir nachher schrieb. Möge es ihm vergönnt sein, seinen alten Eltern die Freude des Wiedersehens noch ein= mal bereiten zu können!

Nun drängte aber die Zeit; ich packte im Hotel meine Effekten zusammen und eilte ins Geschäftslokal des Herru R., der mich noch bis Oakland, dem Ausgangspunkte der Pacificbahn, begleitete. Ueber tausend Personen und wohl 20 Equipagen bestiegen das über den Golf fahrende Riesenboot; durch die Menschenmenge drängte sich ein silberhaariger Greis in meine Nähe; es war ein Toggenburger, den ein Jahr zuvor nach 30jährigem Aufenthalte in San Francisco das Heimweh nach der alten Heimat zurück= getrieben hatte. Dort waren allerdings Berg und Tal nuver= ändert geblieben, aber die Menschen andere geworden; der Greis fühlte sich als Fremdling unter den Unbekannten und lenkte seine Schritte wieder nach Kalifornien zurück. Hier aber weckte das Erscheinen eines heimwärts ziehenden Landsmannes neuerdings die Sehnsucht nach dem altgeliebten Vaterlande; Tränen rollten über das gefurchte Antlitz des Mannes, als er mir zum Abschiede die Hand drückte. Der müde Erdenpilger hat wohl unterdessen die ersehnte Ruhe gefunden! — In Oakland war der transkontinentale Zug mit dampfenden Lokomotiven und langen Wagenreihen schon zur Abfahrt bereit. Die Fähre entleerte sich rasch in die Waggons und fort ging's — nach Osten. In einem der Pullmannschen

Prachtwagen fand sich so ziemlich unsere Schiffsgesellschaft wieder zusammen. Der englische Kapitän und der Bankangestellte aus Hongkong hatten ein Kompagniegeschäft abgeschlossen, nämlich als Proviant für die lange bevorstehende Fahrt eine 6 Liter haltende Whiskyflasche getauft; sie sollte bis New=York reichen; aber die Rechnung war falsch, denn schon bei der Ankunft in Chicago zeigte das strohumflochtene Gefäß absolute Leerheit bis auf die Nagelprobe.

Der englische Oberst und seine Frau hatten sich vollständig häuslich eingerichtet; ein mitgenommener großer Bastkorb enthielt mancherlei Eßwaren, kaltes Fleisch, Biscuits 2c.; in einem Schnell= brenner wurde Thee gekocht und schließlich erfolgte an uns eine Einladung zur Theevisite; den aromatischen Trank schlürfend saßen wir plaudernd am Tischchen des Ehepaares, während die Nacht hereinbrach und unser Salon einen Kilometer per Minute vorwärts flog. — Um halb 9 erschien ein mürrischer Neger und wandelte im duftenden Schweiße seines Angesichtes den Familien= und Konversationswagen in einen Schlafsaal um. Die seitlich ein= gerichteten Schlafstellen sind durch Vorhänge gegen einen frei= bleibenden mittlern Gang abgeschlossen. Bald kroch eines nach dem andern unter die geheimnisvolle Draperie; wer noch außer= halb sich aufhielt, genoß ein seltsames Schauspiel; von den ver= borgenen Mitreisenden sah man nur die Füße oder Füßchen; die in engstem Raume ausgeführten rückgängigen Toilettenkünste und Bewegungen teilten sich in verschämter Form dem Vorhange mit; dort läßt er ahnen, daß ein langer Herr sich bemüht, seine Bein= kleider auszuziehen; da strengt sich der korpulente englische Kapitän an, sich eines Rockes zu entledigen; dort — doch bald gehöre auch ich nicht mehr zu den Außenbewohnern, sondern werde in meiner Rückbildung zum Bettkostüm selber Gegenstand der Unterhaltung für andere. Eine Stunde später und der letzte Passagier ist aus dem Rauchsalonwagen „heimgekehrt" und unter seine Decke ge= krochen; alles schläft und schnarcht, nur die Lokomotive braust

mit ungeſchwächter Kraft vorwärts und ſchleppt uns Träumende
über die kahlen Höhen der Sierra Nevada und durch die endloſe
Steinwüſte Nevadas, den Tummelplatz von Büffeln und Indianern.
Was mögen die früheren Herren des Landes denken beim Anblick
des fauchenden Eiſenroſſes, das täglich Tauſende ihrer Unter=
drücker vor ihren Augen vorbeiführt!

Zwei Nächte und zwei Tage ununterbrochener Fahrt brauchte
es, bis wir Ogden, die Abzweigungsſtation von der Zentralpacific=
bahn nach Salt=Lake=City, erreicht hatten. — Von dort aus be=
nützte ich die Denver=Rio=Grande=Linie, ſtaunte am Salzſee
während 24 Stunden eine der größten Verirrungen des menſch=
lichen Geiſtes, das Mormonentum, an und hätte blutige Tränen
weinen mögen über das Schickſal einiger tauſend verblendeter,
dorthin gelockter Landsleute, von welchen es kein einziger auf einen
grünen Zweig gebracht hat. 2000 Schweizer und 1000 Deutſche
ſitzen in Utah, elend, mit getäuſchten Hoffnungen, in babyloniſcher
Gefangenſchaft, wagen es nicht zu klagen und haben keine Mittel,
den unglücklichen Schritt rückgängig zu machen. — Die kleinen
Beutel, die ſie brachten, floſſen alle zuſammen im Palaſte des
größten Schwärmers und Betrügers unſeres Jahrhunderts —
des Brigham Young. Er hat auf dieſe Weiſe ſeinen 20 Weibern
über 30 Millionen Franken hinterlaſſen können.

Von der Salzſtadt weg führt die Bahn ſüdlich 11,800 Fuß
hoch über das Coloradogebirge; wo dem Blicke durch die Schnee=
ſchutzdächer ein freier Ausfall geſtattet iſt, fällt er in ſchwindelnde
Tiefen; der ganze Bahnbau iſt tollkühn, amerikaniſch leichtfertig;
aber kein Hahn kräht darnach, wenn hie und da eine Holzbrücke
ſamt dem darüber raſenden Zuge zuſammenbricht. — Bedeutend
vermindert wird die Fahrſicherheit auch durch den Umſtand, daß
die ganze Linie Ogden=Denver ſchmalſpurig angelegt iſt. — Auch
der Zug, den ich in Salt=Lake=City (trotz inſtändiger Bitten meines
direkt weiterfahrenden Reiſegefährten aus Bremen) verließ, verun=

glückte in der darauf folgenden Nacht. Die anhaltenden Regen-
güsse hatten Erdrutschungen zur Folge gehabt, und der Zug fuhr
mit aller Macht auf einen über die Linie gewälzten Felsblock.
Lokomotive und vordere Wagen wurden vernichtet; die hintern
Waggons kamen mit dem Schrecken davon. Mein Koffer, der im
Gepäckwagen die Reise mitmachte, zeigt jetzt noch die Spuren jenes
Unfalles, blieb aber im ganzen unversehrt, während der brüchige
Teil seines Inhaltes durch die gewaltige Erschütterung ruinirt
wurde. In Amerika hätte der Fabrikant des Reisekoffers diese
kleine Erzählung längst als geschäftliche Reklame verwertet.

Von schauerlicher Großartigkeit sind an den südlichen Abhängen des Coloradogebirges die gewaltigen Cannons, jene 1000
und mehr Fuß tiefen Spalten, welche die fließenden Wässer in die
Sandsteinmassen eingefressen haben. Kaum findet der Bahnkörper
Platz neben dem tosenden Flusse, und der in die Höhe gerichtete
Blick sieht senkrecht emporstrebende, sich fast berührende Felswände,
welche oben nur einen ganz schmalen Streifen Himmel zwischen
sich lassen. In Pueblo, an der Grenze Neu-Mexikos, wendet sich
die Linie ostwärts und mündet in Denver in die prachtvolle Chicago-
Burlington-Route. Es war am Nachmittag des 21. Oktober, als
wir in das riesig ausgedehnte Zentraldepot der Chicago-Alton-Linie
einfuhren. Mein Absteigequartier nahm ich im Palmerhouse, einem
Riesenhotel; mein Zimmer trug die Nummer 556½ und war ein
großer, mächtig hoher Raum im 6. Stockwerk. Der Gedanke, daß
ein in diesem Hotel ausgebrochenes Feuer seinerzeit die Veranlassung zu dem großen Chicago-Brande gewesen ist, trug nicht
gerade dazu bei, mir diese Höhe als angenehme Schlafstätte erscheinen zu lassen. — Chicago ist eine Stadt unheimlicher Größe
und Gewerbstätigkeit; der einzelne Mensch verschwindet vollständig
in dem Gewühle der Straßen und muß froh sein, wenn er nicht
überrannt oder überfahren wird. Ein gemütlicher Spazierschritt
ist dort unbekannt; alles eilt in geschäftlicher Hast und die Trieb-

feber dieser millionenfachen Jagd ist — der Dollar. Die größte
Sehenswürdigkeit der Hauptstadt von Illinois sind nicht ihre
Museen, Kunstsammlungen und Theater, sondern — ihre Schlacht-
häuser, die Union-Stock-Yards. Sie bilden eine Stadt für sich,
mit eigenen Kirchen, Schulen und Banken. — Ueber 5000 Menschen
sind in den Schlächtereien beschäftigt; von dem Verkehr daselbst
mag die Notiz einen Begriff geben, daß zur Zeit der Schweine-
metzgerei nur an Schweinen tagtäglich 70,000 Stück geschlachtet
und verarbeitet werden. — Teilung der Arbeit bis zur äußersten
Grenze, bis zum Arbeitsatom, und sinnreiche Verwendung von
Dampf und Maschinen aller Arten ermöglichen diese erstaunliche
Leistung.

Mehrere Tage verwendete ich zu einer Reise aufs Land, nach
Oden und Forest (Livingstone County), woselbst ich zwei liebe
Vettern, seit Jahren als Farmer in Amerika, mit meinem Besuche
überraschte. — Potz Wetter, was machte der „Johannes" für
Augen, als plötzlich und unerwartet einer hinter ihm stand und
Grüß Gott sagte, der vor Jahren so manchen tollen Jugendstreich
mit ihm ausgeführt hatte. Er war gerade im Begriffe, ein Pferd
zu verkaufen und hielt das Tier am Zügel. Aber Pferd und
Käufer wurden vergessen und stehen gelassen; der liebe Kerl rannte
auf mich zu und umarmte mich in altgewohnter derber Weise und
kümmerte sich 3 Tage lang nicht mehr um seine Pferde und seine
Farm. Vom Wohnhause her ertönte unterdessen ein freundliches
Willkomm; die junge Frau und zwei gesunde Kinder kamen, den
„Onkel aus Europa" zu begrüßen. — Den in Forest auf einer
Farm lebenden Bruder, zu dem wir per Wagen hinfuhren, überraschte ich nicht weniger. Was hatten wir uns alles zu erzählen,
als wir abends um die Lampe saßen und den selbst gepflanzten
amerikanischen Wein kosteten! — Von Illinois nahm ich die
Ueberzeugung mit fort, daß unsere Bauern es ebenso gut haben
können, wie die amerikanischen Farmer, wenn sie auf manche

gesellschaftliche Vergnügungen so Verzicht leisten, wie dies in Amerika die Verhältnisse erheischen.

Von Chicago gelangte ich in 13stündiger Eilfahrt zu dem erhabensten Naturschauspiel Amerikas, vielleicht der ganzen Welt — den Niagarafällen. Der Geist des verrückten Kapitäns Webb schwebte noch über den brausenden Wassern der rapids; man sprach noch ab und zu von dem wahnwitzigen Unternehmen des Verunglückten und verkaufte in zahllosen Exemplaren eine Photographie des Strudels, in welchen ein kleiner schwarzer Punkt eingezeichnet war, natürlich der Kopf des mit den Wogen kämpfenden Kapitäns.

Ueber Buffalo führte mich der Zug nach Albany und von dort längs der Gestade des romantisch schönen Hudson-River nach New-York. Sieben Tage und sieben Nächte hatte ich nun seit San Francisco im Eisenbahnwagen zugebracht. — Durch die Geldschröpfeinrichtungen am Niagara war mein Barvorrat auf ein Minimum reduzirt; mit 5 Cents in der Tasche stieg ich im Part-Hotel in New-York ab, wo ich laut Abrede meinen vorausgereisten Bremerfreund zu finden und — anzupumpen hoffte. Vergebliche Hoffnungen, Täuschungen und Trugbilder! — Auch die Banken waren schon geschlossen und blieben es den folgenden Tag, der ein Sonntag war. Erst am Montag zuckte wieder jener nervus rerum, ohne den in New-York kein Leben und kein Vergnügen denkbar ist.

New-York ist eine Stadt, die sich ganz gut mit den europäischen Großstädten vergleichen läßt. Aber das Leben und Treiben trägt überall den Charakter des Fieberhaften. Auf die Straße gestellt, glaubt man im dichten Gewoge eines riesigen Eisenbahnperrons zu sein. Alles scheint mit den Sekunden zu geizen, um früh genug auf den Zug zu kommen.

Recht im Gegensatz zu der gepriesenen Gleichheit der republikanischen Bewohner Nordamerikas sind die grellen Kontraste, denen man auf Schritt und Tritt begegnet. In Toiletten und

Equipagen habe ich nirgends so wahnsinnigen Luxus angetroffen, als in der amerikanischen Metropole.

Aber allerdings betrachtet dies der arme Teufel ohne Neid; denn der Reichtum, welcher den Aufwand ermöglicht, ist das Ziel, das auch ihm vorschwebt, das er sicher zu erreichen hofft und oft auch erreicht. So weckt ihm der Anblick der eleganten Welt keine sozialistischen Ideen, sondern reizt ihn zur Arbeit, dem Mittel, vorwärts zu kommen.

Um allfällige Briefe aus der Heimat in Empfang zu nehmen und mir einige Aufschlüsse zu erbitten, verfügte ich mich auf das Bureau des schweizerischen Konsuls. Der dieses Amt bekleidet, behandelte mich aber impertinent. Ich muß zu wenig gewürdigt haben, daß er in Seide macht und wohl reich, sehr reich ist. Die a r m e n Einwanderer, dachte ich im Stillen, die vielleicht hülflos auf dem Pflaster sind und sich einbilden, daß sie bei ihrem Konsulate freundlichen Rat holen können! Noch sehe ich den hochtrabenden Herrn — ohne mich eines Blickes zu würdigen — hinter seinem Pulte stehen; noch höre ich seine frostige Stimme. Wie kontrastirte sein unfreundliches Wesen mit der herzlichen Weise, die ich an unsern Konsuln in Yokohama und Batavia erfahren hatte!

Die Zeit meiner Abreise war auf den 1. November festgesetzt. Gerne schied ich aus dem nüchternen Amerika, wo über der Jagd nach Dollars und dem geschäftlichen Kampfe mancherorts alles ideale Streben und aller Sinn für Höheres erstickt scheint.

⁎

Ein Prachtsdampfer des Norddeutschen Lloyd, die „Fulba", führte mich nach England über den Atlantischen Ozean, der seine Winterphysiognomie noch nicht angenommen hatte und uns auffallend freundlich und ruhig behandelte. — Um so ärger wütete der Kanal, und ein alter Rabkasten, der mit uns von Southampton nach Havre fuhr, machte mehrmals ernstliche Miene, sich vollständig auf die Seite zu legen; die Seekrankheit habe ich nirgends in so miserabler Form und Allgemeinheit gesehen als auf dieser zwölfstündigen Jammerfahrt von England nach dem europäischen Kontinente.

Endlich, endlich sah ich wieder die Schweizerberge, betrat die Stätte meiner Jugend und den Kreis lieber Geschwister und Angehörigen und — mein Heimweh hatte ein Ende.

Zur Strafe dafür geht mir jetzt hie und da, wenn Nebel die Sonne deckt oder Schneestürme haufen, so etwas wie leises Sehnen über die Seele, wie ein Sehnen nach Palmen und Urwald und tropischer Farbenpracht, aber nur einen Moment, denn bald erhebe ich mich wieder in dem herrlichen Gefühle, den schönsten und besten und liebsten Fleck Erde mein Vaterland zu nennen!